Easy 시리즈 17

쉽게 배워 폼나게 활용하는

생각이 움직이는 피지컬 컴퓨팅

아두이노 코딩
Arduino Coding

YseLab
와이셀랩은 우리나라의 소프트웨어 교육을 연구하는 모임입니다. '소프트웨어 바르게 가르치기'라는 연구목적을 가지고 활동하고 있으며 매월 소프트웨어 교육연수를 진행하고 있습니다. 원하는 사람이면 누구든지, 장소에 구애 없이 어디서나 소프트웨어를 배우고 꿈을 키우기를 희망합니다.

▶연구회 비전
'소프트웨어 바르게 가르치기'
'소프트웨어로 따뜻해지는 세상'

▶연구활동
1. 다양한 연수 프로그램 운영
2. CT(Computational Thinking)기반의 소프트웨어 교육연구
3. 교재 및 교구 개발
4. 교육과정 개발

성안당
www.cyber.co.kr

● 아두이노 코딩 부품 리스트

순번	그림	명칭
1		막대저항 4색-1M옴
2		막대저항 4색-10K옴
3		막대저항 4색-220옴
4		미니 스위치 5개
5		아두이노 우노 R3 호환보드(Arduino uno R3)
6		USB-B 케이블 50cm/아두이노 케이블 (우노, 메가 호환 전원 케이블)
7		5mm LED 빨강 5개
8		5mm LED 노랑 5개
9		5mm LED 초록 5개
10		조도센서
11		2N2222 트렌지스터 또는 2N3904
12		1N4001 다이오드
13		1V ~ 12V DC모터/아두이노호환/ MEC-88456
14		DIY 미니 선풍기 프로펠러 팬
15		LM35 아날로그 온도센서
16		SG90 서보모터

순번	그림	명칭
17		HC-SR04 초음파 거리센서
18		10K 가변저항 (포텐쇼미터) 1개
19		능동부저/5V
20		40핀 커넥터 F-F 10cm (Female - Female) 점퍼선
21		830핀 규격 브레드보드
22		투명 플라스틱 부품케이스
23		USB B 케이블 1m/데스크탑 용 케이블
24		악어클립 케이블 / 5컬러 10개 세트
25		GY-61 ADXL335 3축 가속도 센서
26		적외선 근접센서
27		LM393 토양 수분감지 센서 (YL-38, YL-69)
28		5mm LED RGB 3색 LED/캐소드타입
29		5mm LED 투명 5개
30		브레드보드용 MM 점퍼케이블 65핀/ 아두이노 점퍼선(수컷, 수컷)

PREFACE

머리말

안녕하세요.

저자 장수정입니다. 소프트웨어 교육이 필수로 지정되면서 코딩교육에 대한 관심이 높아지고 교육 영역도 확대되어지고 있습니다.

본 교재인 '아두이노 코딩'은 소프트웨어와 하드웨어를 융합한 소프트웨어 융합교육의 시작으로 블록코딩을 이용하여 전자부품과 센서를 동작합니다. 이를 통해 하드웨어를 움직이는 소프트웨어를 좀 더 잘 이해할 수 있으며, 코딩융합교육을 할 수 있게됩니다.

본 교재는 수년 동안 아이들과 성인을 교육하면서 아두이노를 어떻게 하면 쉽게 배울 수 있을까를 고민하며 수업한 경험을 바탕으로 교재를 개발하였습니다.

교재를 사용하는 선생님과 학생들에게 가장 쉬운 아두이노 코딩 교재일 것입니다.

1. 미리알아보기를 통해 아두이노 부품에 대한 자세한 소개로 이해를 돕고
2. 기초 다지기를 통해 기본 동작 구현을 하여 부품에 사용을 알며
3. 실력다지기를 통해 생활에 필요한 것을 만들어 내도록 수업 설계되었습니다.

아두이노 코딩 블로그 : http://blog.naver.com/codedu(한국소프트웨어융합센터)
블로그를 통해 교육지원을 해드립니다.

본 교재를 이용한 아두이노 받기를 원하시면 '한국소프트웨어융합센터'에서 진행하는

소프트웨어 교육 일정 : http://blog.naver.com/codedu/220929864573('네이버에서 코딩강사되기 캠프' 검색) 확인 후

신청해주시면 됩니다.

다음에 소개할 '수업계획 가이드', '책의 구성'을 참고하면 아두이노 코딩을 학습하는데 도움이 될 것입니다.

생각이 움직이는 아두이노 코딩을 통해 창의 융합 인재가 키워지고 더 좋은 세상이 만들어지길 희망합니다.

codedu@naver.com
저자 : 장수정

수업 계획 가이드

■ 방과후 학교 교재 사용

방과후 학교 선생님들이 학교 수업에 사용할 경우 편리하게 수업할 수 있도록 구성되었습니다.

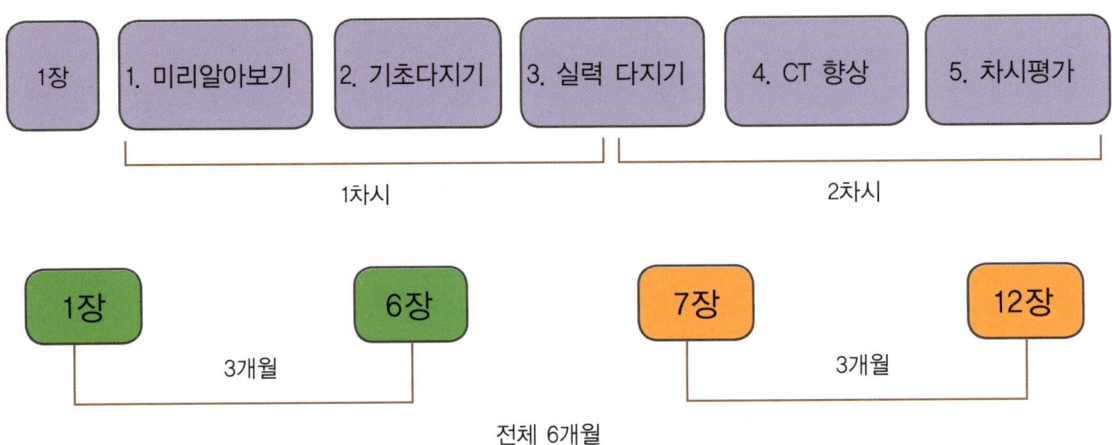

한 장은 최대 2차시까지 수업할 수 있는 내용입니다.(1차시 100분 수업 기준)

총 12장으로 구성된 본 교재는 24차시(1차시 100분 수업 기준) 수업 분량으로 6개월 동안 수업할 수 있습니다.

■ 초, 중, 고등학교 교재 사용

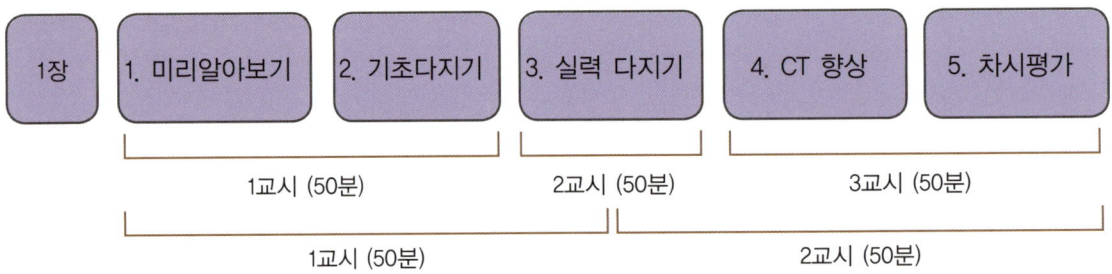

한 장을 위 그림과 같이 학생의 이해도에 따라 2교시 또는 3교시 수업이 가능합니다.

■ 기타 교육기관

교육기관의 수업성격에 따라 수업을 계획할 수 있습니다

■ 가정에서 스스로 학습

각 장은 스스로 학습이 가능하도록 코딩과 각 부품에 대한 설명이 자세하게 집필되어 집에서 교재를 보면서 학생 또는 성인이 학습하도록 구성되어있습니다.

책의 구성

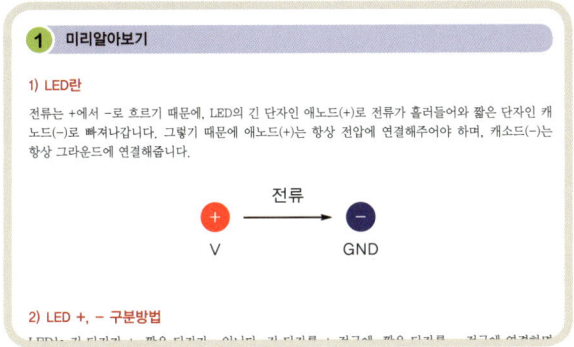

1. 미리 알아보기
미리 알아보기를 통해 이번 차시에서 학습할 아두이노 부품의 구조의 개념에 대해서 이해합니다.

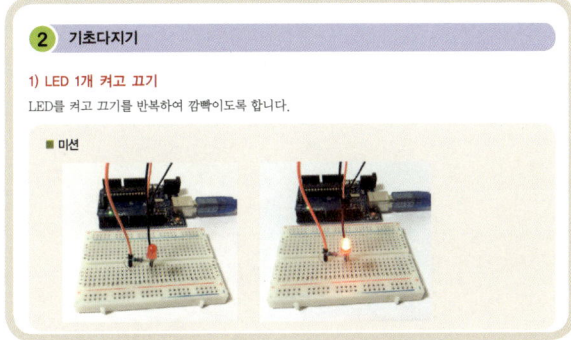

2. 기초다지기
미리알아보기를 통해 이해한 아두이노 부품을 직접 코딩을 통해 체험하며 학습합니다.

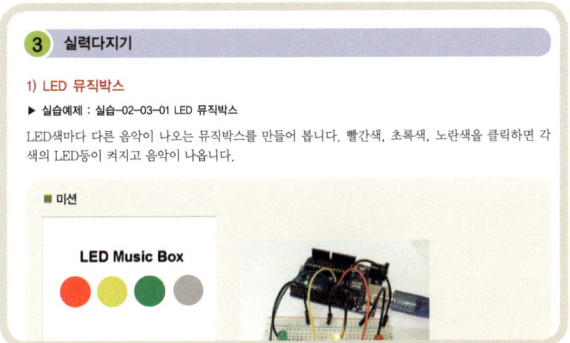

3. 실력다지기
기초다지기를 통해 학습한 아두이노 부품을 다양한 예제를 통해 실생활에 적용하여 완성도 있는 프로젝트를 만들어 봅니다.

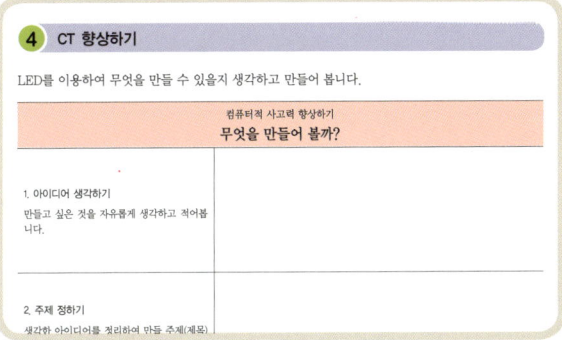

4. CT향상하기
향상된 실력으로 우리 삶에 필요한 아이디어를 스스로 구상하고 설계하여 실생활에 필요한 유익한 도구를 만들어 봅니다.

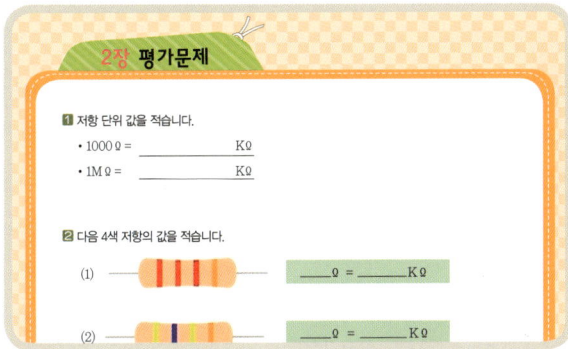

5. 평가하기
평가를 통해 이번차시에 배운 내용을 정리하며, 주요내용을 기억해봅니다.

- **교육지원 블로그**
- 본 교재에 대한 수업자료 및 문제해결을 아래 블로그에서 제공됩니다.
- 아두이노 코딩 블로그 : http://blog.naver.com/codedu(한국소프트웨어융합센터) 블로그에서 상단에 '아두이노 코딩' 클릭
- 네이버 '코딩강사되기 캠프' 카페

- **교구 구입**
- 스마트스토어/코딩플레이에서 구입할 수 있습니다.
- http://smartstore.naver.com/codingplay

- **교육 문의**
- codedu@naver.com
- 한국 소프트웨어 융합 센터 : http://blog.naver.com/codedu
- 소프트웨어 교육 일정 : http://blog.naver.com/codedu/220929864573
- 네이버 '코딩강사되기 캠프' 카페

목 차

1장 아두이노를 이해하고 설치하기

1. 아두이노란   8
2. 아두이노 활용 예   11
3. 아두이노 소프트웨어 설치하고 동작하기   12
4. 아두이노 구성품 살펴보기   25
5. 컴퓨터에서 아두이노와 S4A시작하기   26

2장 클릭! LED 뮤직 박스

1. 미리알아보기   29
2. 기초다지기   31
   1) LED 1개 켜고 끄기
   2) 두개의 LED 깜빡이기
3. 실력다지기   39
   1) LED 뮤직박스
   2) 빨, 노, 초 신호등 만들기
4. CT 향상하기   49
2장 평가문제   50

3장 내가 만든 조이스틱

1. 미리알아보기   52
2. 기초다지기   55
   1) 풀다운 방식으로 버튼을 누르면 LED전구 켜기
   2) 풀 다운 방식으로 두 개 버튼을 사용하여 LED전구 켜지기
3. 실력다지기   61
   1) 농구게임
   2) 내가 만든 조이스틱
4. CT 향상하기   67
3장 평가문제   68

4장 오로라 등 만들기

1. 미리 알아보기   70
2. 기초다지기   74
   1) 삼색 LED 켜기
   2) 다양한 색 LED켜기
3. 실력다지기   80
   1) 변수 슬라이더를 이용하여 RGB값을 조절하여 색 만들기
   2) 무지개 전등 만들기
4. CT 향상하기   89
4장 평가문제   90
형성평가   91

5장 댄스 댄스 네온싸인

1. 미리알아보기   93
2. 기초다지기   94
   1) 가변저항으로 LED밝기 조절하기
   2) 가변저항으로 스프라이트 움직이기
3. 실력다지기   103
   1) 댄스댄스! 네온 싸인 만들기
   2) 최고의 골기퍼
4. CT 향상하기   111
5장 평가문제   112

6장 젤리 피아노

1. 미리 알아보기   114
2. 기초다지기   115
   1) 악어클립으로 스프라이트 움직이기
   2) 오렌지 점프 조이스틱 만들기
3. 실력다지기   125
   1) 연필 조이스틱 만들기
   2) 젤리 피아노 만들기
4. CT 향상하기   136
6장 평가문제   137

7장 우리 가족을 지키는 똑똑한 가로등

1. 미리 알아보기   139
2. 기초다지기   143
   1) 자동으로 켜지는 LED 만들기
   2) 조도센서 이용해서 부저로 소리내기
3. 실력다지기   151
   1) 우리 집 지키는 똑똑한 가로등 만들기
   2) 알록달록 빛으로 연주하는 피아노
4. CT 향상하기   161
   7장 평가문제   162

8장 스마트 선풍기

1. 미리알아보기   164
2. 기초다지기   167
   1) 더우면 올라가는 온도센서
   2) DC모터 돌리기
3. 실력다지기   175
   1) 스마트 온도계
   2) 스마트 선풍기
4. CT 향상하기   183
   8장 평가문제   184
   형성평가   185

9장 사람 감지 초인종

1. 미리 알아보기   187
2. 기초다지기
   1) 서보모터 돌리기
   2) 초음파센서로 거리재기   189
3. 실력다지기
   1) 내 방 자동 초인종
   2) 자동차 진입 차단기   198
4. CT 향상하기   206
   9장 평가문제   207

10장 물을 채워 주세요!

1. 미리 알아보기   209
2. 기초다지기   211
   1) 수분센서 측정하기
   2) 수분이 부족하면 소리나기
3. 실력다지기   218
   1) 휴대용 건조주의보 알리미
   2) 화분에 물주는 화분 알리미
4. CT 향상하기   224
   10장 평가문제   225

11장 눈사람을 맞춰라!

1. 미리 알아보기   227
2. 기초다지기   229
   1) 가속도센서를 이용하여 비행기 움직이기
   2) 가속도 센서의 아날로그 값을 각도 변환하여 동작하기
3. 실력다지기   241
   1) 공을 피하는 자동차 레이싱
   2) 눈사람을 맞춰라
4. CT 향상하기   248
   11장 평가문제   249

12장 폭탄이다! 멈춰라!

1. 미리 알아보기   251
2. 기초다지기   252
   1) 적외선센서를 이용하여 LED켜기
   2) 적외선센서로 DC모터 제어하기
3. 실력다지기   259
   1) 폭탄이다! 멈춰라!
   2) 지구를 구하는 우주 원숭이
4. CT 향상하기   267
   12장 평가문제   268
   형성평가   269

● 실력쑥쑥   270

1장 아두이노를 이해하고 설치하기

1 아두이노란

1) 역사

아두이노는 2005년 이탈리아 밀라노 옆에 있는 Ivrea라는 마을에서 시작한 프로젝트 이름입니다. 이 프로젝트는 가난한 학생들에게 저렴한 컨트롤장치를 제공하기 위해 만들기 시작했습니다. 아두이노는 11세기 Ivrea를 정복하고 이탈리아의 왕이 된 Arduino의 이름을 따온 것입니다.

▲ 출처 : google maps

전 세계적으로 30만개 이상의 아두이노 유닛[1]을 사용할 수 있으며, 2015년 탄생 10주년을 맞이하였습니다.

---
1) 독립적인 동작을 할 수 있는 디바이스

2) 아두이노의 구성

아두이노는 '오픈소스 기반인 단일보드 마이크로컨트롤러'로 관련 개발도구와 소프트웨어를 합쳐서 아두이노라고 합니다. 오픈소스 하드웨어란 대중에게 모든 소스를 공개한 것으로, 모든 사람들이 자유롭게 수정, 배포, 판매할 수 있습니다. 아두이노 보드인 마이크로 컨트롤러에는 CPU, 기억장치(RAM, ROM), 입출력제어회로 등이 단일의 칩에 모두 내장되어있는 직접회로를 가진 작은 컴퓨터라고 할 수 있습니다.

아두이노 하드웨어보드   아두이노 소프트웨어

3) 아두이노 보드의 종류

가. 아두이노 우노

나. 아두이노 메가

다. 웨어러블 아두이노

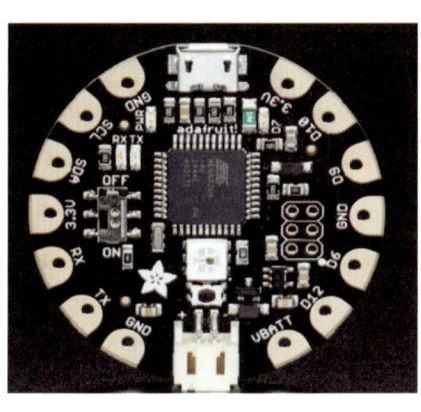

라. 아두이노 갈릴레오

그 밖에도 사용자의 용도에 따라 다양한 형태의 보드가 있습니다.

4) 아두이노 소프트웨어의 종류

가. 스케치

스케치 프로그램은 C언어 또는 파이썬과 유사한 구조를 가진 언어로 텍스트를 기반으로 프로그래밍을 하고 아두이노와 전자부품을 동작시킬 수 있습니다.

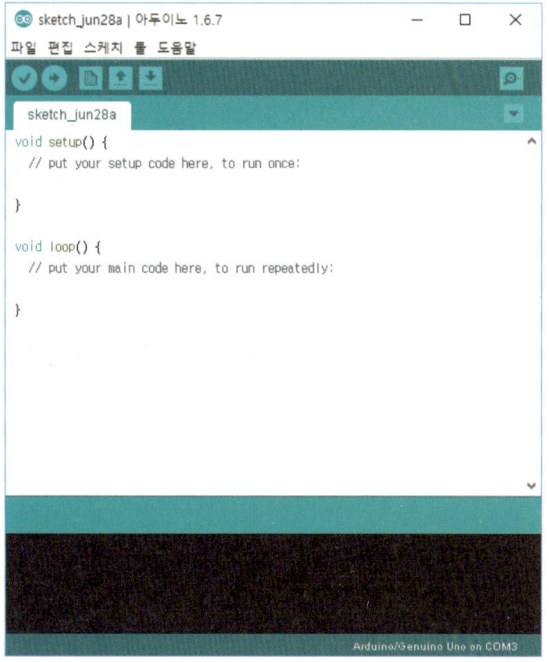

나. S4A

S4A는 스크래치에서 아두이노를 블록코딩으로 제어하기 위해 개발된 블록기반의 언어로 스케치보다 쉽게 아두이노와 전자부품을 동작할 수 있습니다. 대신 다양한 동작이 어렵고 모든 전자부품을 동작시킬 수 없는 단점이 있습니다. 그래도 사용이 쉽기 때문에 텍스트 기반의 프로그래밍으로 가기 전에 코딩과 전자부품의 구조를 쉽게 이해할 수 있어서 사용하기에 좋습니다.

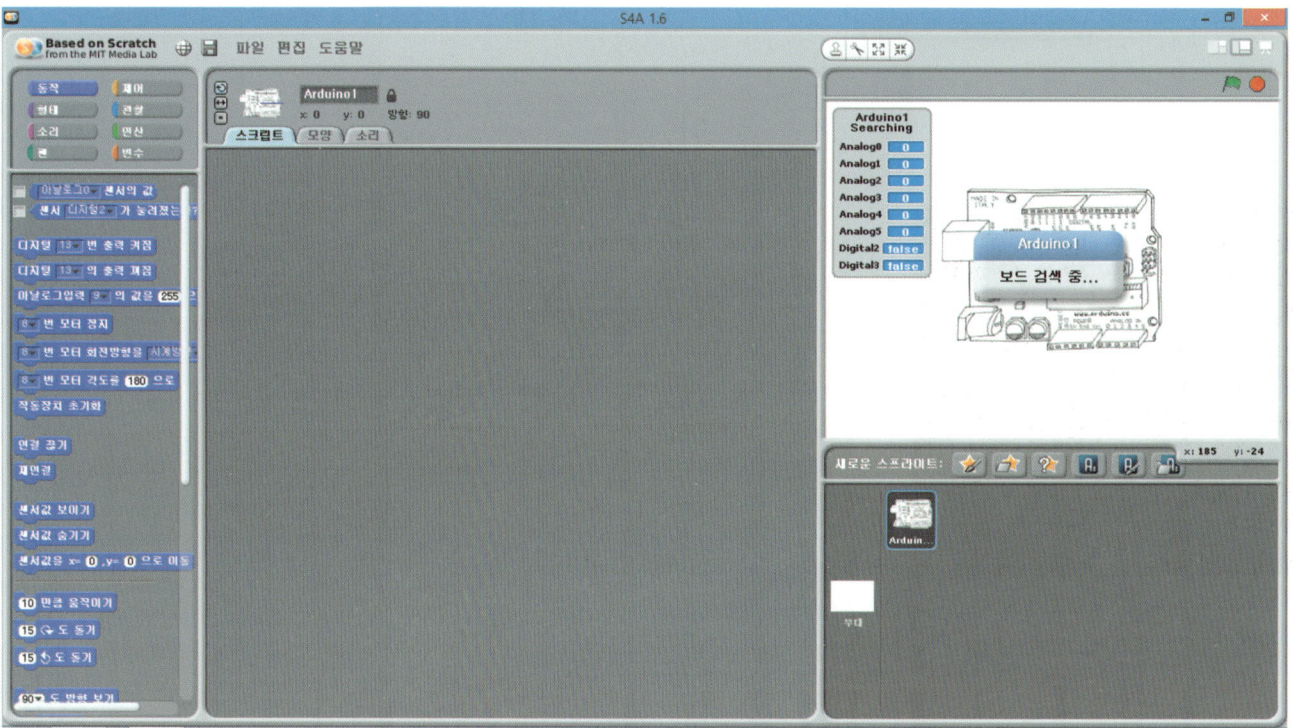

그 밖에 엔트리, 스크래치 X 등 아두이노 보드를 사용할 수 있는 다양한 소프트웨어들이 있습니다. 구조와 사용법은 비슷하기 때문에 S4A를 사용할 줄 알면 다른 소프트웨어를 통해서도 아두이노를 동작할 수 있습니다.

2 아두이노 활용 예

– 아두이노로 만든 로봇

– 아두이노로 만든 3D 프린터와 드론

– 아두이노 작물성장 모니터와 아두이노 테이블(백남준 비디오 아트)

▲ 출처 : • www.open-electronics.org
  • 티나파머 http ://106.240.234.10/mediafarmHome/
  • 메카위키 http ://mechasolutionwiki.com/

3 아두이노 소프트웨어 설치하고 동작하기

아두이노를 사용하기 위해서는 프로그램을 작성하는 소프트웨어를 설치해야 합니다. 스케치 프로그램과 S4A를 설치해 보겠습니다. 아두이노를 설치하기 전에 컴퓨터이름이 한글이면 설치에 오류가 생깁니다. 컴퓨터이름 확인과 영어설정 방법은 아래 사이트에서 확인합니다.

- 컴퓨터이름 영어로 변경하기
- 설치파일을 보관하는 폴더명도 영어로 지정

1) 스케치 설치하기

❶ 인터넷 주소창에 'www.arduino.cc'를 입력합니다.

❷ 'Download' – 'Windows Installer'를 클릭합니다.

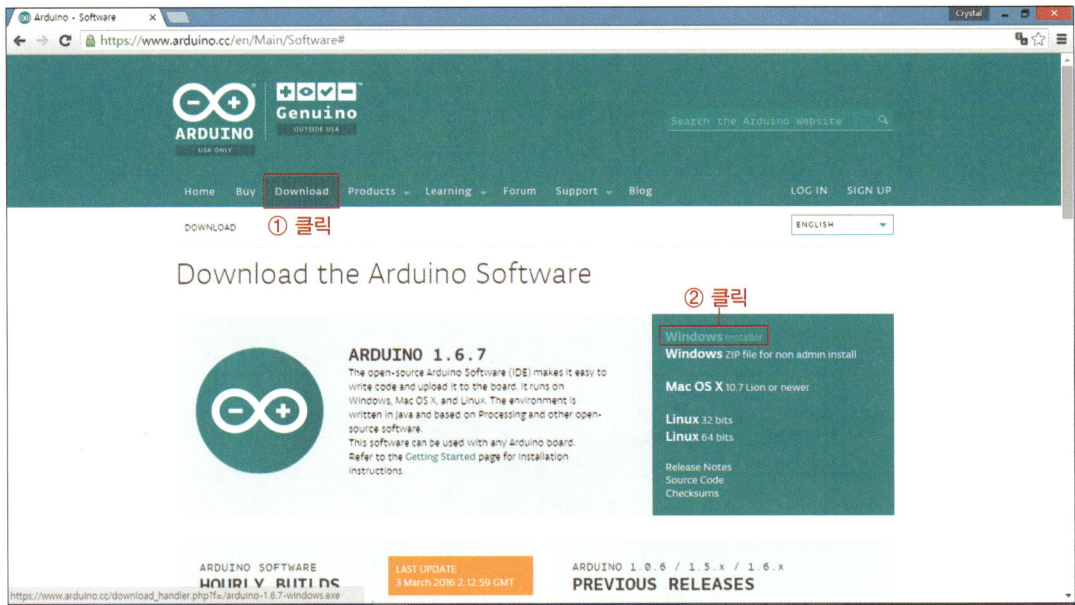

❸ 'JUST DOWNLOAD'를 클릭합니다.

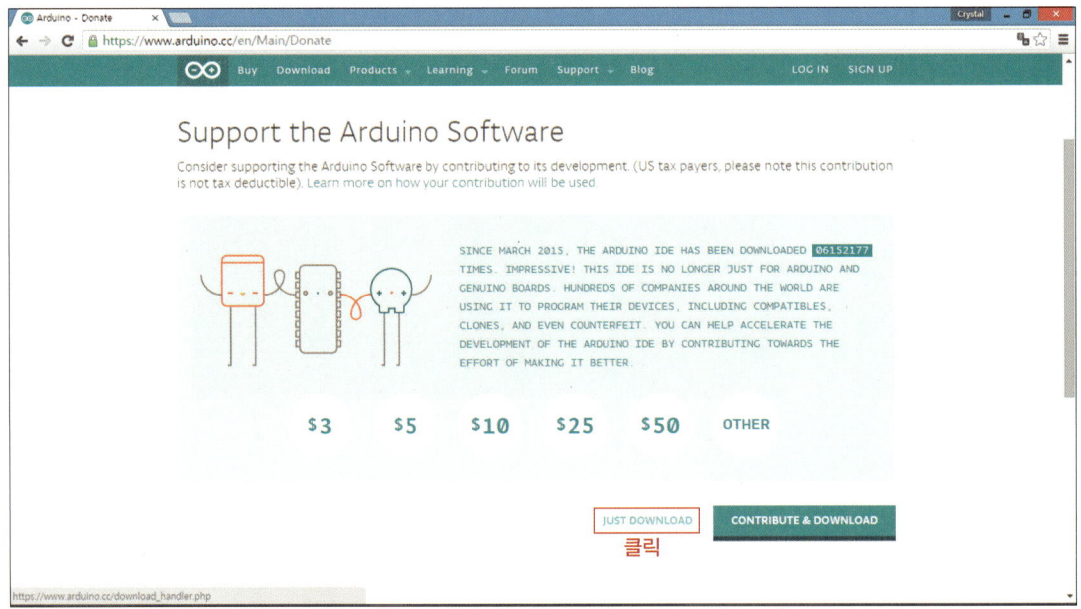

❹ 다운로드가 끝나면 다운로드 된 폴더를 열고 실행파일을 더블클릭합니다.

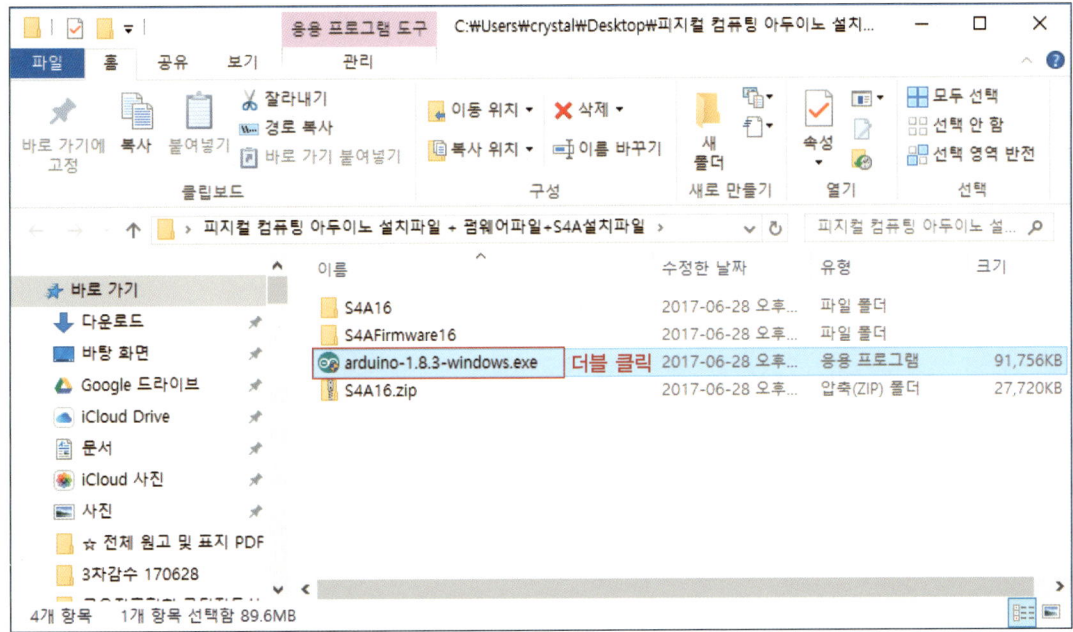

❺ 'I Agree'를 클릭합니다.

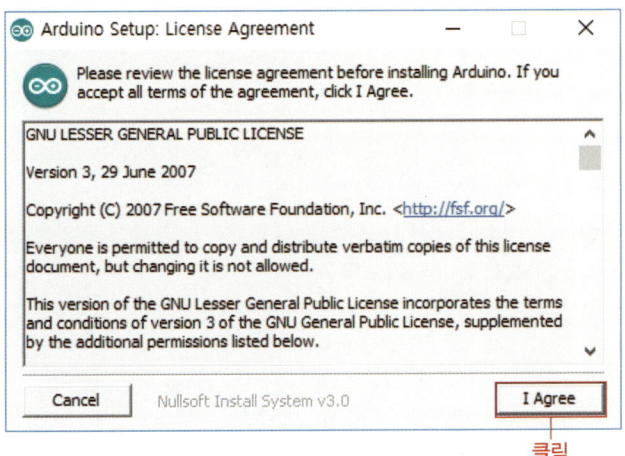

❻ 'Next'를 클릭합니다.

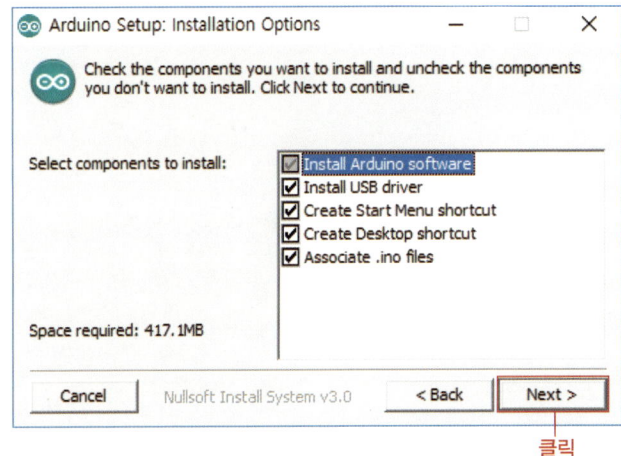

❼ 'Install'을 클릭합니다.

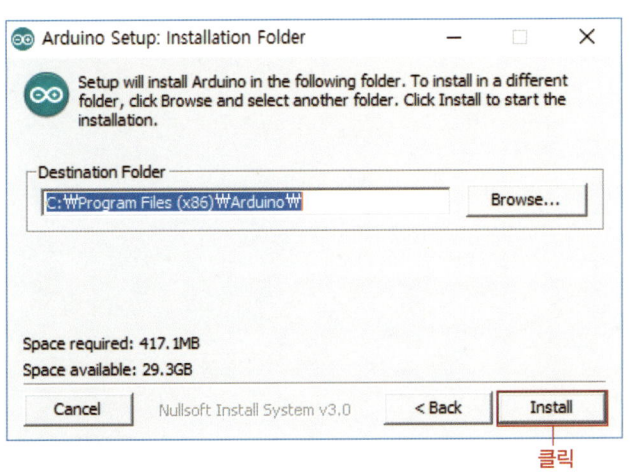

❽ 설치가 완료되면 'Close'를 클릭합니다.

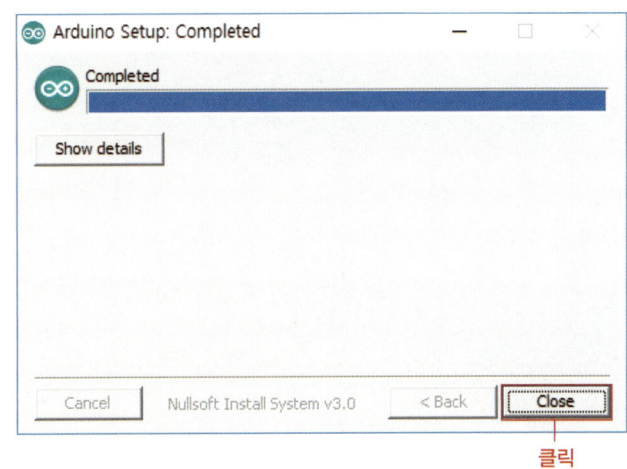

TIP

중간 '설치하시겠습니까?' 문구가 뜨면 '설치'를 클릭하여 다 설치합니다.

2) 아두이노 연결하고 드라이버 설치하기

❶ 먼저 USB케이블로 아두이노 우노보드와 컴퓨터를 연결합니다.

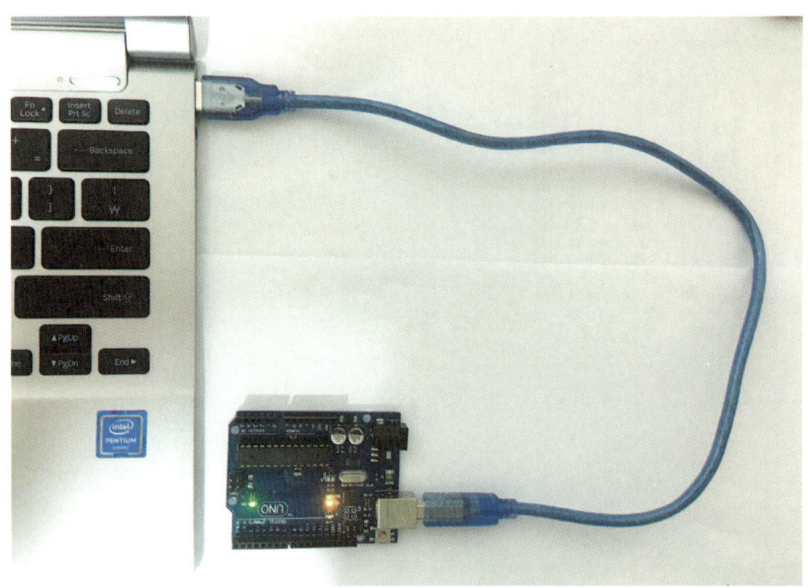

❷ 아두이노 드라이버가 자동으로 설치됩니다. 확인해 보겠습니다. '제어판'-'장치 관리자'를 클릭합니다.

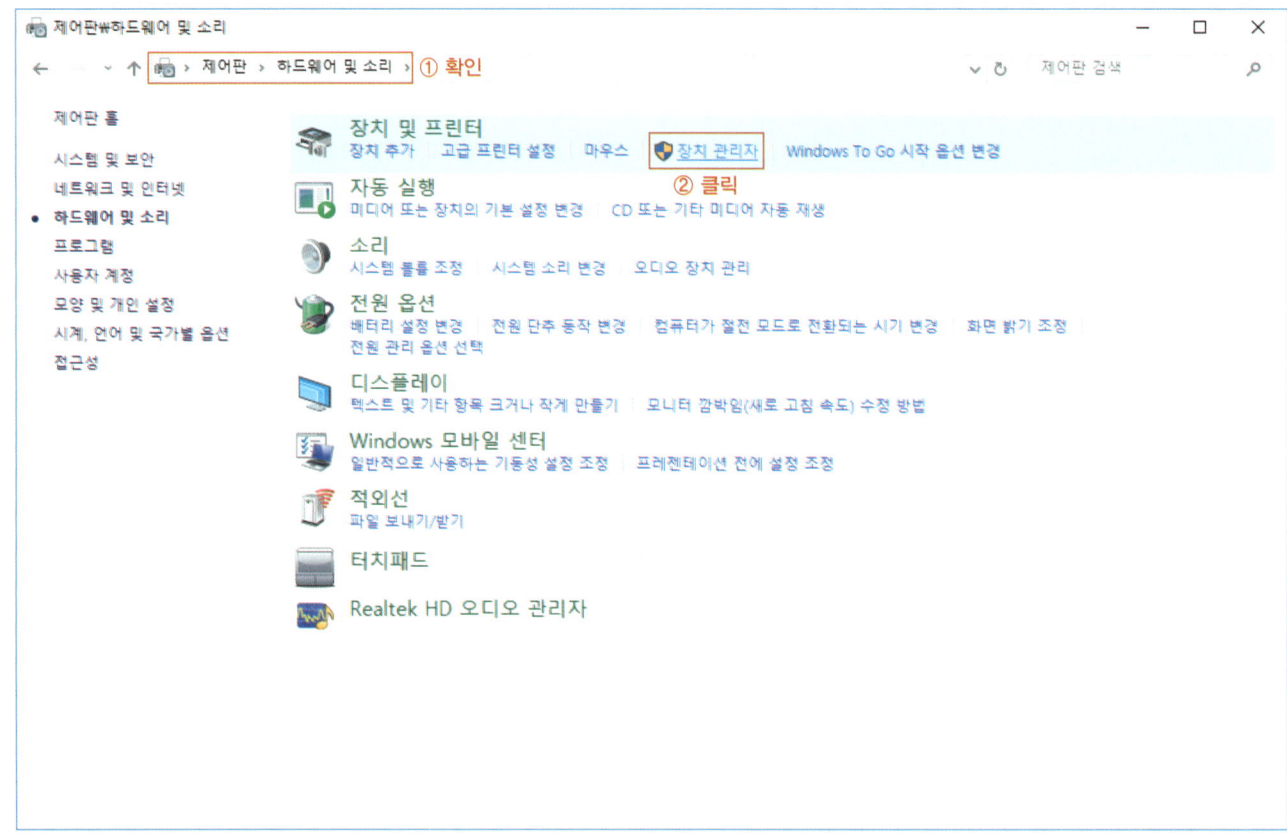

❸ '포트'를 클릭하면 'Arduino Uno'가 설치된 것을 확인할 수 있다. COM3은 드라이버가 사용하는 포트번호입니다. 사용자 컴퓨터 마다 포트번호가 틀릴 수 있습니다.

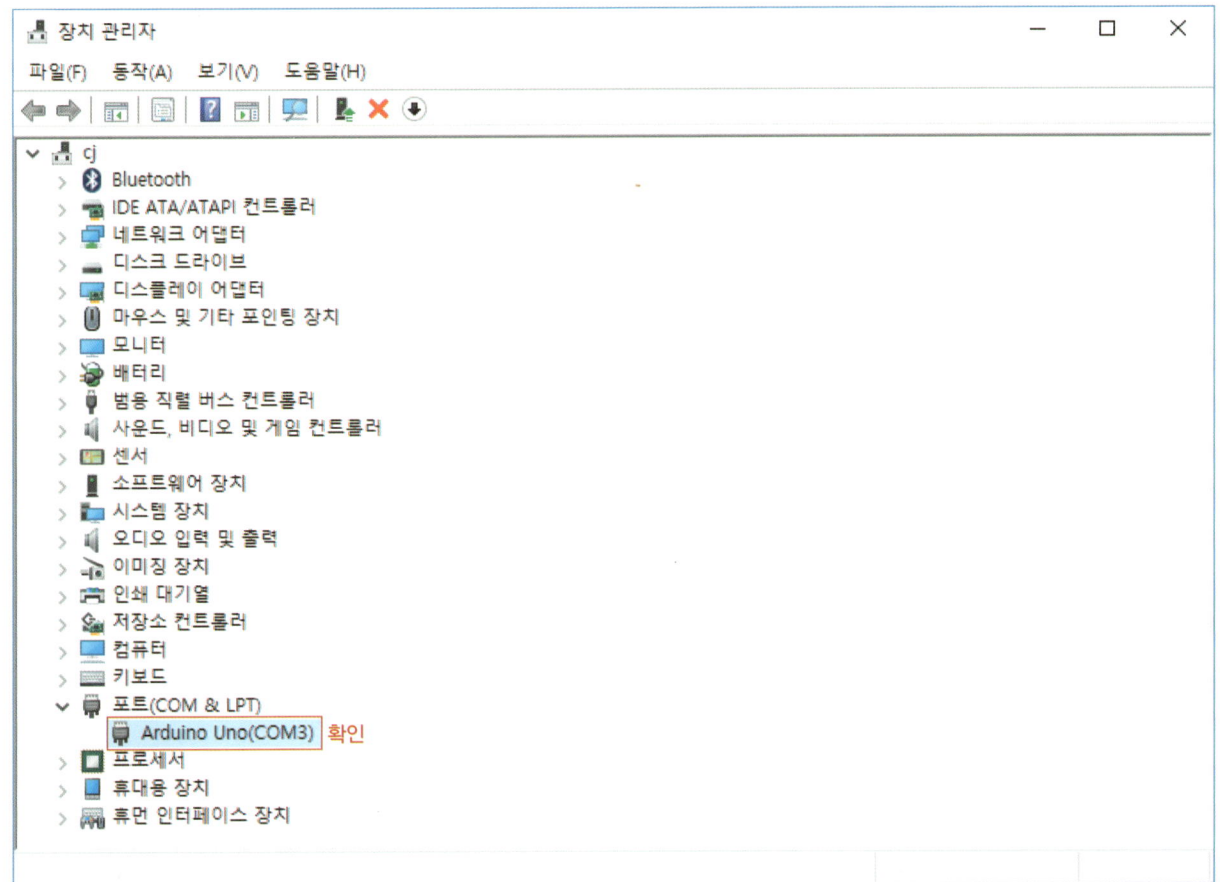

TIP

만약 자동으로 드라이버가 설치가 안 되고 '드라이버를 찾을 수 없다.'는 메시지가 뜰 경우 '제어판' – '장치관리자'에 가서 '기타장치'를 클릭하면 '알 수 없는 장치'가 생깁니다. '알 수 없는 장치'에서 마우스 오른쪽을 클릭하여 '드라이버 소프트웨어 업데이트'를 선택하고 '다음'을 계속 누르고 마지막에 '확인'을 눌러 설치하시면 됩니다.

3) 아두이노 보드와 포트 연결하기

❶ 바탕화면에서 아두이노 를 실행한 후 '툴' – '보드' – 'Arduino Uno'를 선택합니다.

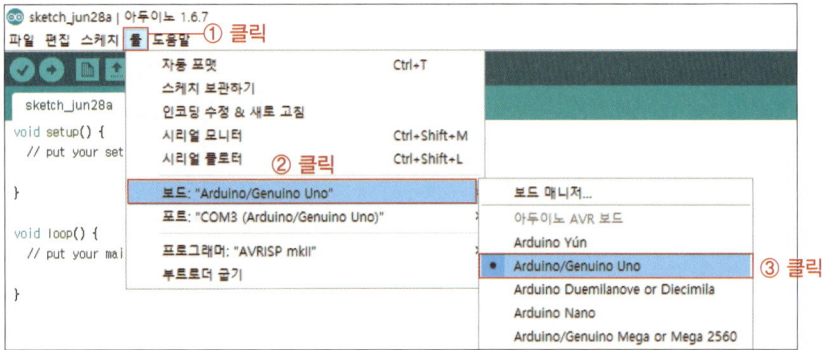

❷ '툴' – '포트' – 'Arduino Uno' – 'COM3'을 선택합니다. 장치관리자에서 확인한 포트번호와 같아야 합니다.

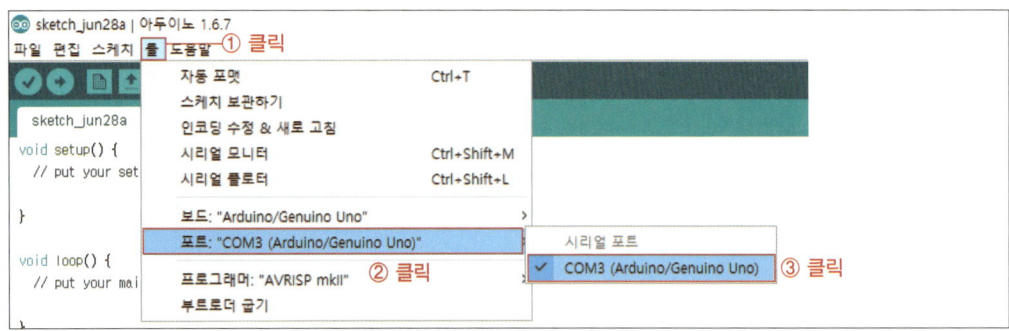

4) 아두이노 동작 확인하기

❶ ' 열기' – 'Basics' – 'Blink'를 클릭한 후 ' 확인'을 클릭하여 컴파일을 시작합니다.

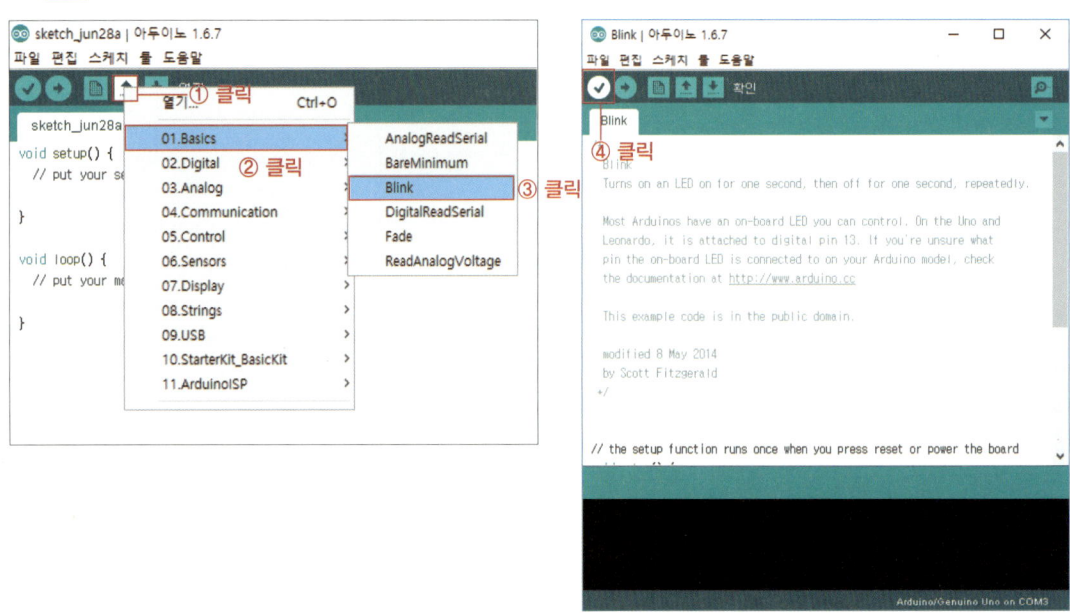

TIP

'Blink'는 스케치에서 제공하는 라이브러리로 아두이노 보드에서 'LED'를 깜박이게 해주는 프로그래밍입니다. 이를 사용하여 아두이노보드와 소프트웨어가 오류없이 잘 동작하는지 확인합니다.

❷ 컴파일이 끝나면 '컴파일 완료'가 뜹니다. ' 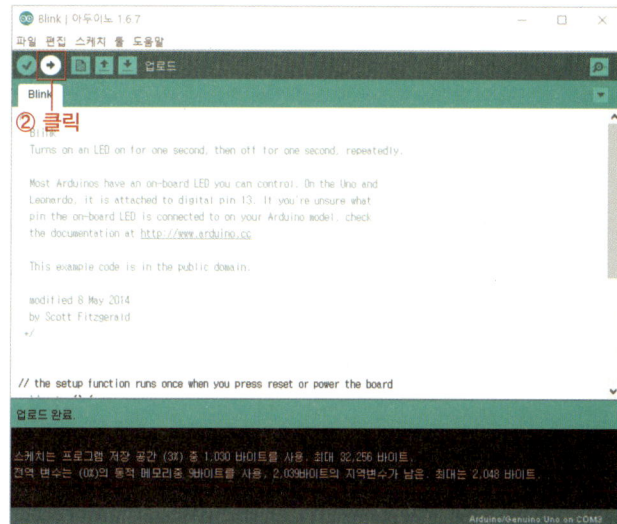 업로드'를 클릭하여 아두이노 보드로 전송합니다.

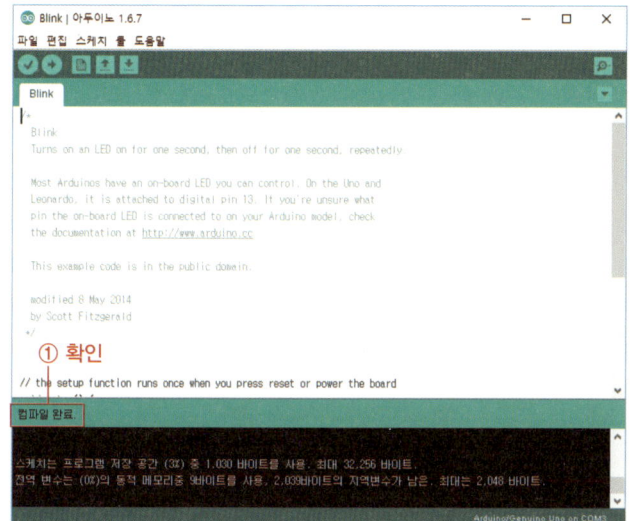

TIP

컴파일은 스케치로 작성한 프로그래밍이 오류가 있는지 확인하고 아두이노가 실행되도록 기계어로 번역하는 작업을 합니다. '업로드'를 하면 기계어가 아두이노 보드로 전송되어 아두이노 보드가 작동하게 됩니다.

5) S4A설치하기

❶ 인터넷 주소창에 's4a.cat'라고 입력합니다.

❷ 'Download' - 'Windows'를 클릭합니다. 다운로드가 진행됩니다.

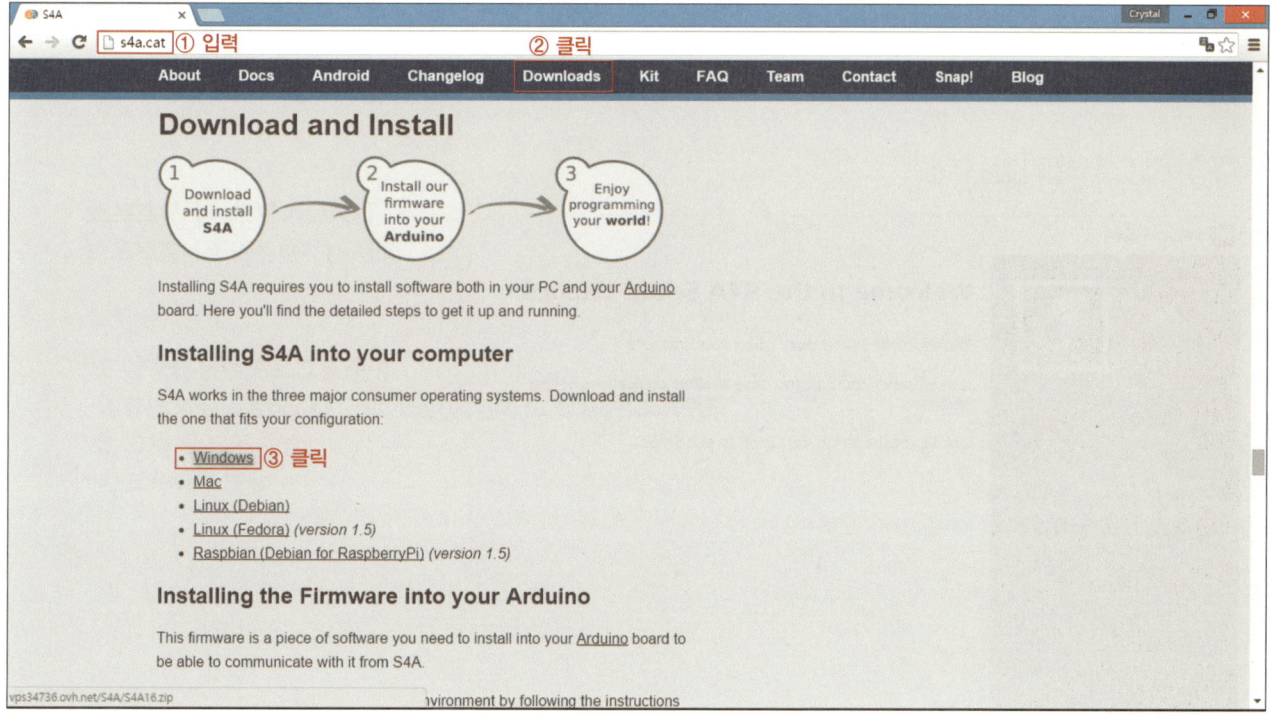

1장 아두이노를 이해하고 설치하기 **17**

❸ 다운로드가 완료되면 다운로드 받은 폴더로 가서 'S4A16.zip'파일을 '압축풀기'합니다.

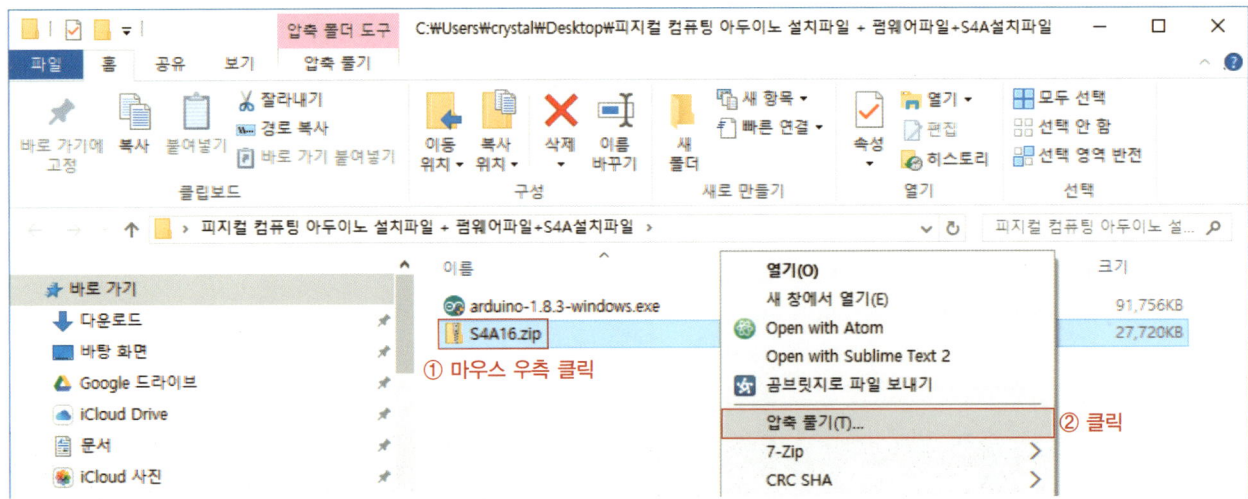

❹ 'S4A16.exe'파일을 더블클릭합니다.

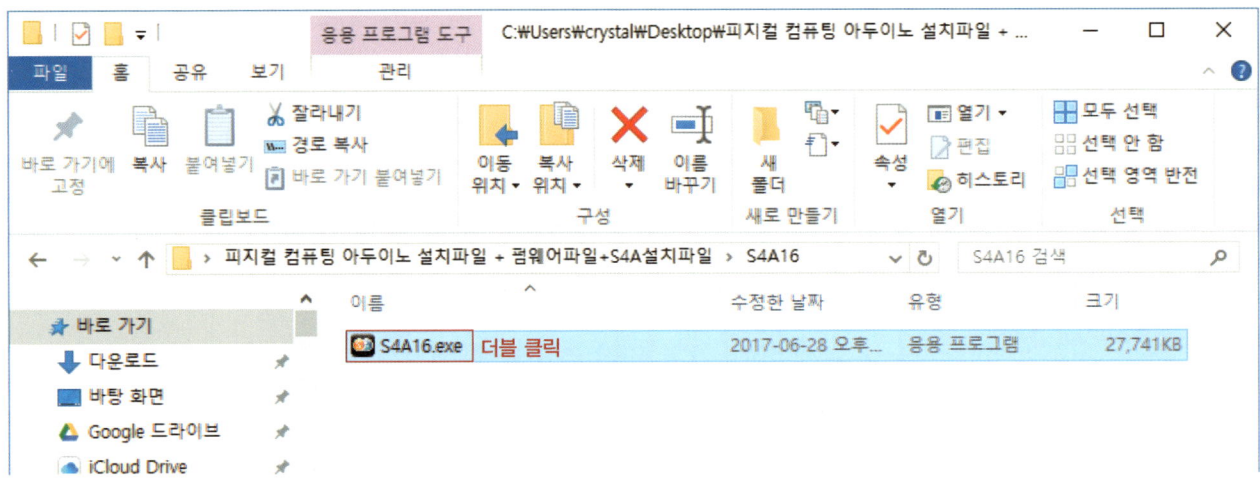

❺ 'Next'를 클릭합니다.

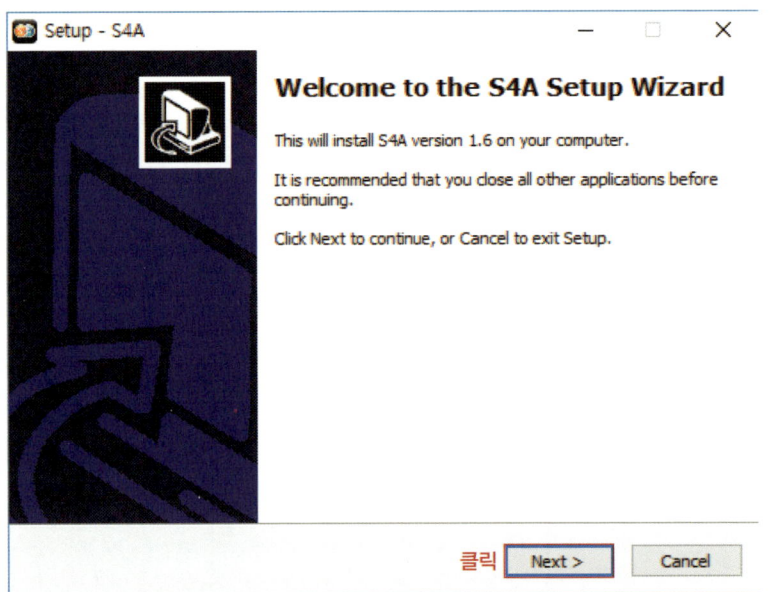

❻ 'I accept the agreement'를 선택하고 'Next'를 클릭합니다.

❼ 'Next'를 클릭합니다.

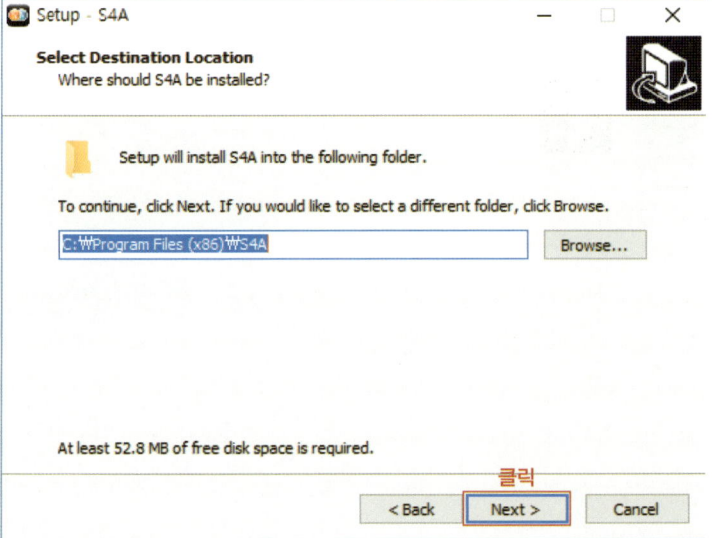

❽ 'Next'를 클릭합니다.

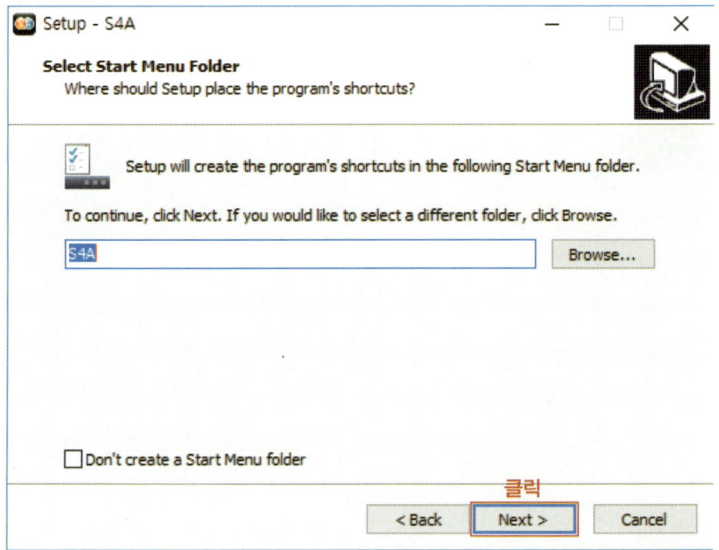

❾ 'Create a desktop icon'을 선택하고 'Next'를 클릭합니다. 이것을 선택하면 설치완료 후 바탕화면에 바로가기 아이콘 ' '이 생깁니다.

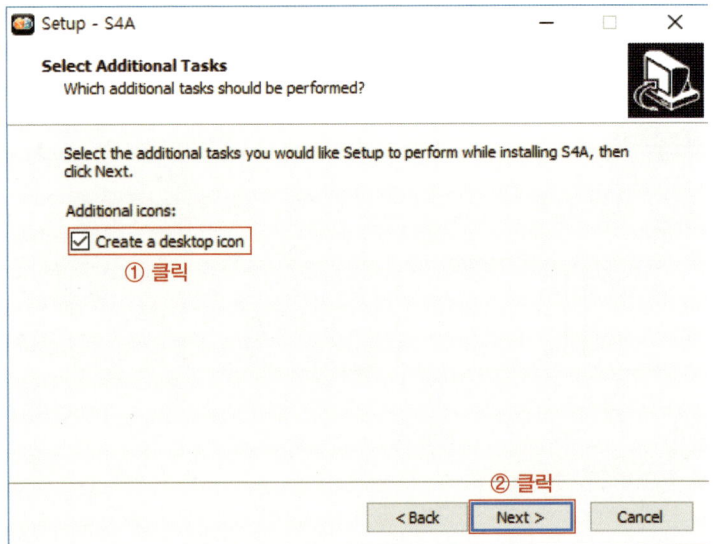

❿ 'Install'을 클릭합니다.

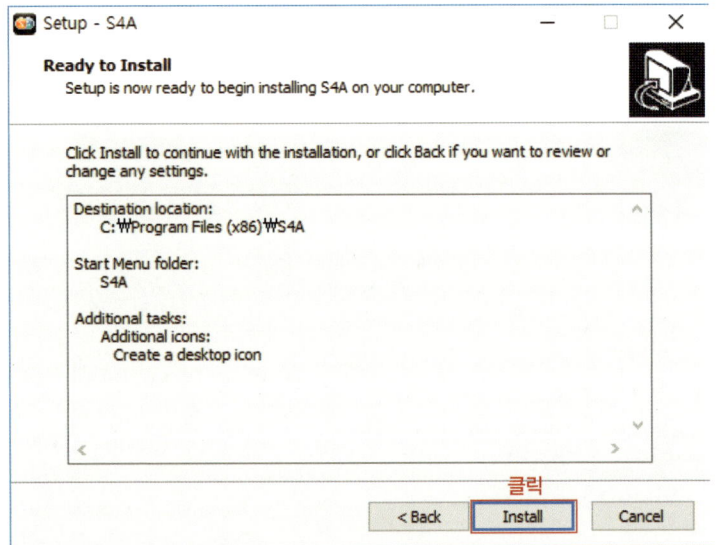

⓫ 설치가 완료되면 'Finish'를 클릭합니다.

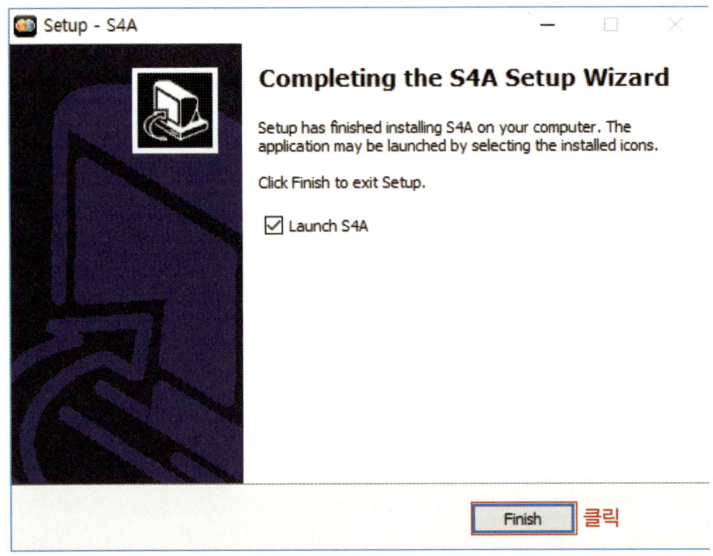

6) S4A와 아두이노가 통신하기 위한 펌웨어 설치하기

이 작업은 S4A에서 코딩한 것을 아두이노보드가 인식하여 동작하도록 하기 위한 작업입니다. S4A가 실행되어 있다면 반드시 S4A 창을 닫고 아래 내용을 진행해야 합니다. S4A와 스케치가 동시에 같이 열려있으면 오류가 발생합니다.

❶ 먼저 USB케이블로 아두이노 우노보드와 컴퓨터를 연결합니다.

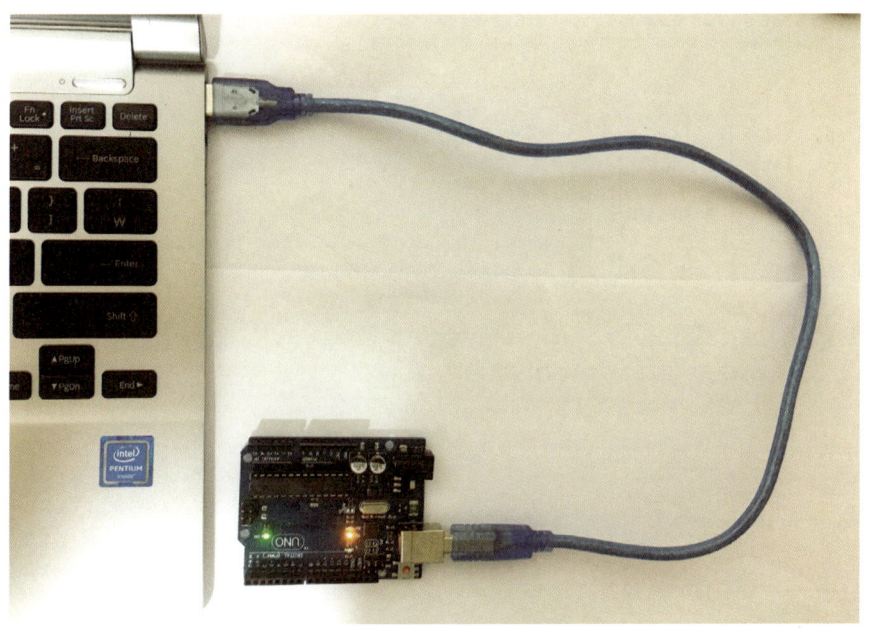

❷ 's4a.cat'사이트에 접속한 후 'Downloads' – 'here'에서 마우스 오른쪽을 클릭하여 '다른 이름으로 링크 저장'을 클릭합니다.

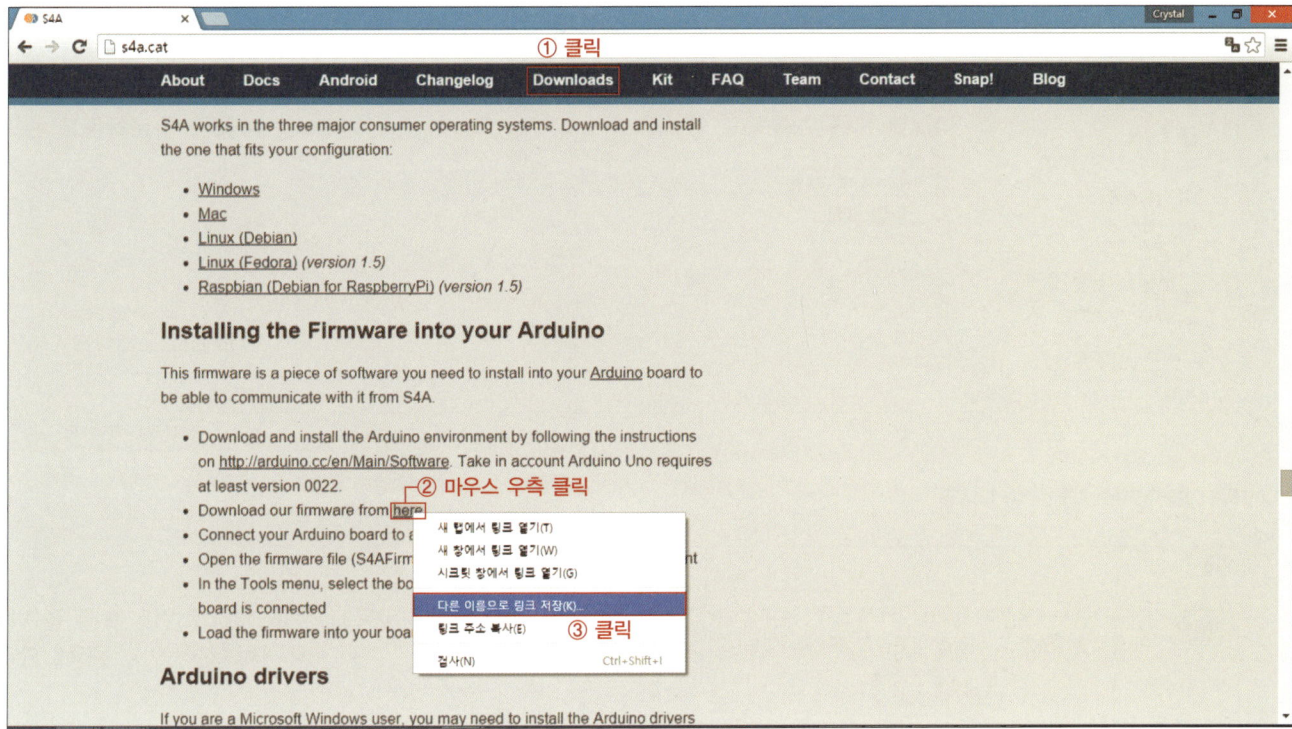

❸ 저장을 원하는 위치를 선택하고 '저장'을 클릭합니다. 여기서 확장자가 'ino'가 아니면 파일명 뒤에 직접 'ino'를 적어줍니다.

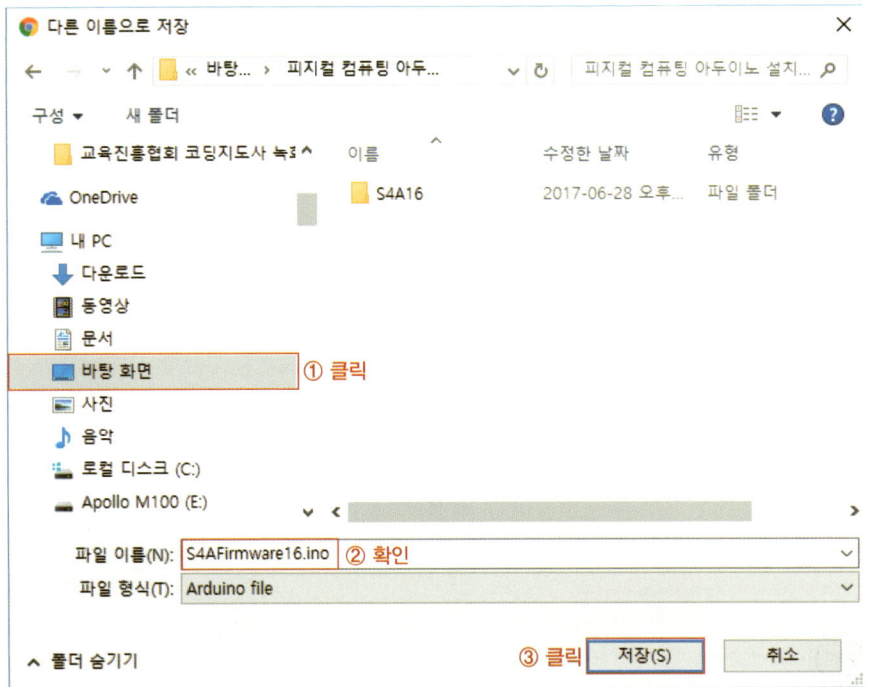

❹ 저장된 'S4AFirmware16.ino'를 더블클릭합니다.

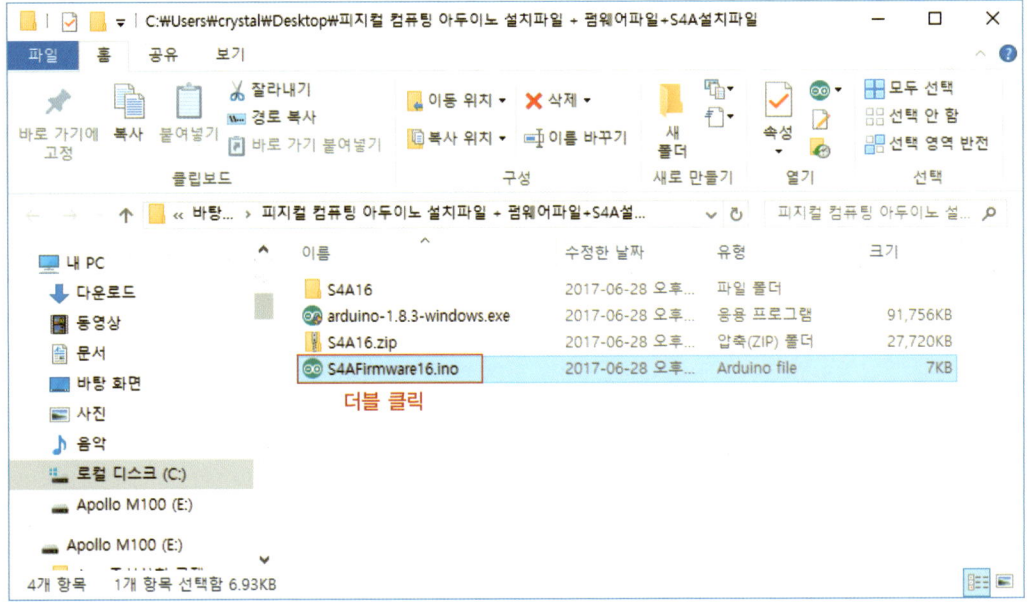

❺ '확인'을 클릭합니다.

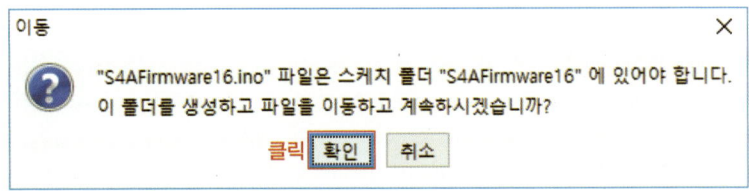

> **TIP**
>
> 'S4AFirmware16.ino'를 더블클릭해도 스케치 화면이 안 열리고 'S4AFirmware16.ino'를 더블클릭해도 스케치 화면이 안 열릴 경우에는 수동으로 열어주면 됩니다.

가. 바탕화면에서 아두이노 바로가기 아이콘()을 더블클릭하여 스케치 프로그램을 실행합니다.

나. 파일 – 열기

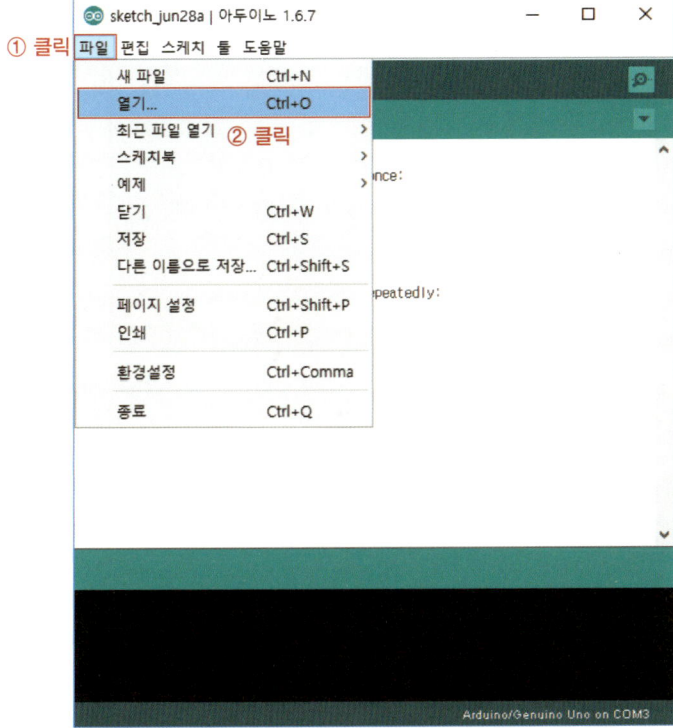

다. S4AFirmware16.ino를 찾아 선택하여 '열기'합니다. S4AFirmware16.ino는 앞부분 's4a.cat'에서 다운로드하여 저장해 두었습니다.

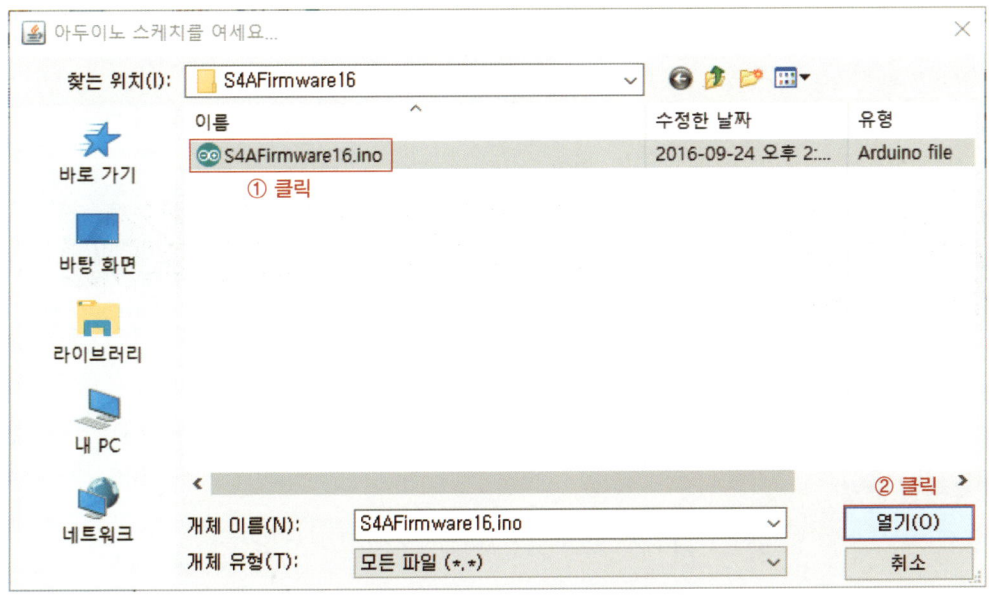

라. 새로운 스케치 창이 열리면서 'S4AFirmware16' 소스 코드가 보입니다.

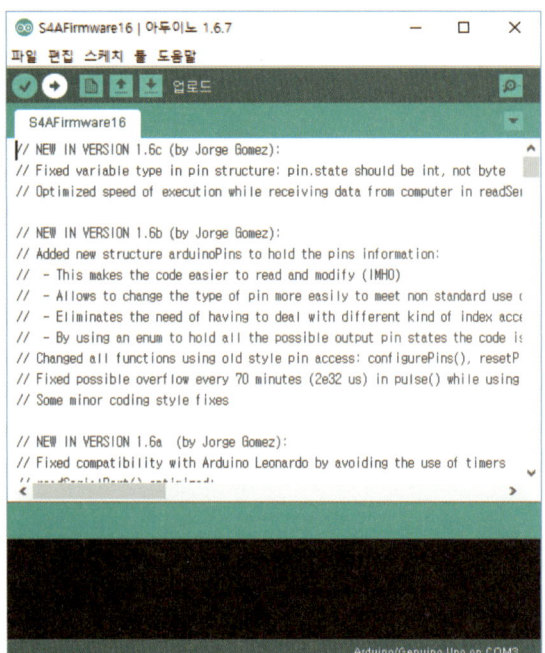

❻ '업로드'를 클릭하여 컴파일을 합니다. 컴파일을 해서 오류를 확인할 수 있습니다. 오류가 없으면 '컴파일 완료'가 뜹니다.

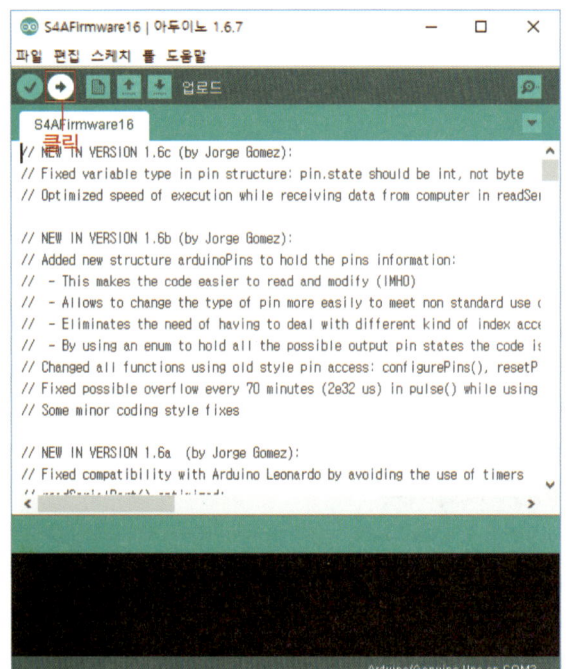

❼ 아래에 '업로드 완료'가 되면 S4A를 사용하기 위한 준비가 끝났습니다.

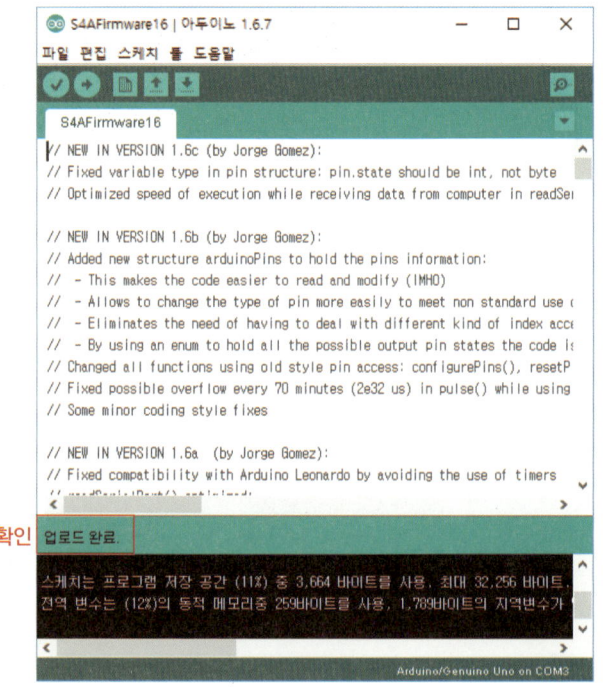

아두이노 펌웨어 업로드 시 오류해결 방법

아두이노에 S4A 펌웨어를 업로드 시 오류가 발생하는 경우가 있습니다. 아래의 사이트에서 오류를 해결하는 방법을 확인하여 설치해주세요.

- 생각이 움직이는 SW : http://blog.naver.com/codedu/220999610291

4 아두이노 구성품 살펴보기

1) 브레드보드

브레드 보드는 전자부품들을 쉽게 연결할 수 있도록 해주는 도구입니다. 핀을 꽂을 수 있는 구멍들이 있어서 점퍼선이나 부품들을 바로 꽂아 사용할 수 있습니다. 브레드보드 안에는 가로, 세로 방향으로 철심이 연결되어 있어서 같은 줄에 있는 구멍에 연결하면 됩니다. 위아래 긴 두 줄에서 빨간 줄은 +극으로 전원을 연결하고 파란 줄은 -극으로 그라운드를 연결합니다.

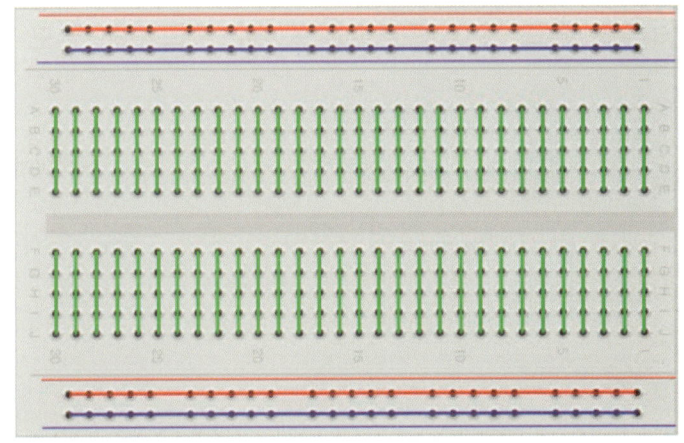

▲ 출처 : binworld.kr

2) 아두이노 우노보드

아두이노 우노는 아두이노를 시작하는 사람이 사용하기에 좋은 모델입니다. 아두이노 표준모델이자 가장 사랑받는 모델입니다.

우노보드는 14개의 디지털 핀과 6개의 아날로그 핀을 가지고 있습니다. 디지털은 0(LOW, 끄기)과 1(HIGH, 켜기) 두 가지 값을 가집니다. 아날로그는 0, 1뿐만 아니라 다양한 숫자를 표현합니다. 예를 들어 온도나 습도와 같이 숫자의 범위를 지정할 수 있습니다.

1. 마이크로컨트롤러
2. 동작 전압 : 5V(하지만, 7~12V도 가능)
3. 14개의 디지털 입출력 핀(그 중 6개는 PWM으로 사용 가능, pwm사용 시, 0-255 표현)
4. 6개의 아날로그 입력 핀(센서값 읽을 때 주로 사용)

▲ 아두이노 우노 호환보드(참고 : 메카솔루션)

5 컴퓨터에서 아두이노와 S4A시작하기

아두이노 보드, 브레드 보드, S4A를 이용하여 LED 부품을 제어해 보겠습니다. S4A와 스케치 프로그램은 동시에 실행되어 있으면 아두이노가 보드를 검색하지 못합니다. 반드시 스케치 프로그램을 닫고 S4A만 실행하여 수업합니다.

❶ S4A( )를 더블클릭하여 실행합니다.

아래와 같이 '보드 검색 중'이라고 뜨는 경우는 아두이노 보드가 컴퓨터와 연결이 안 되었기 때문입니다.

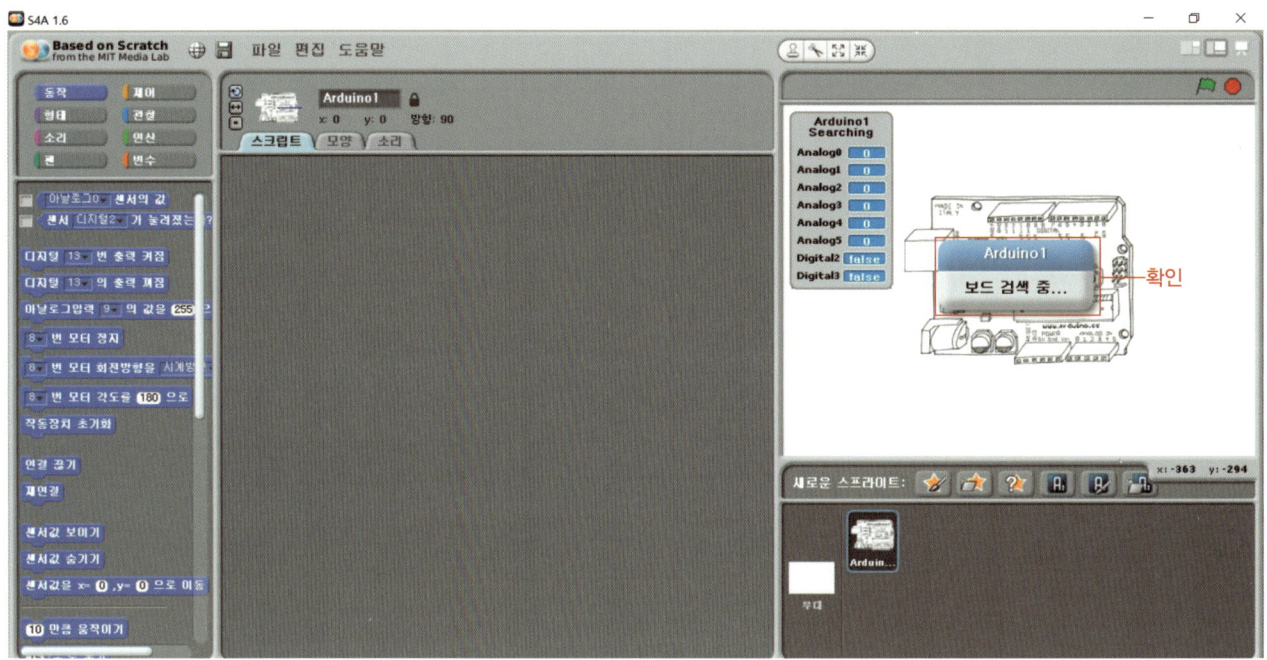

❷ 아두이노 보드를 컴퓨터와 연결합니다.

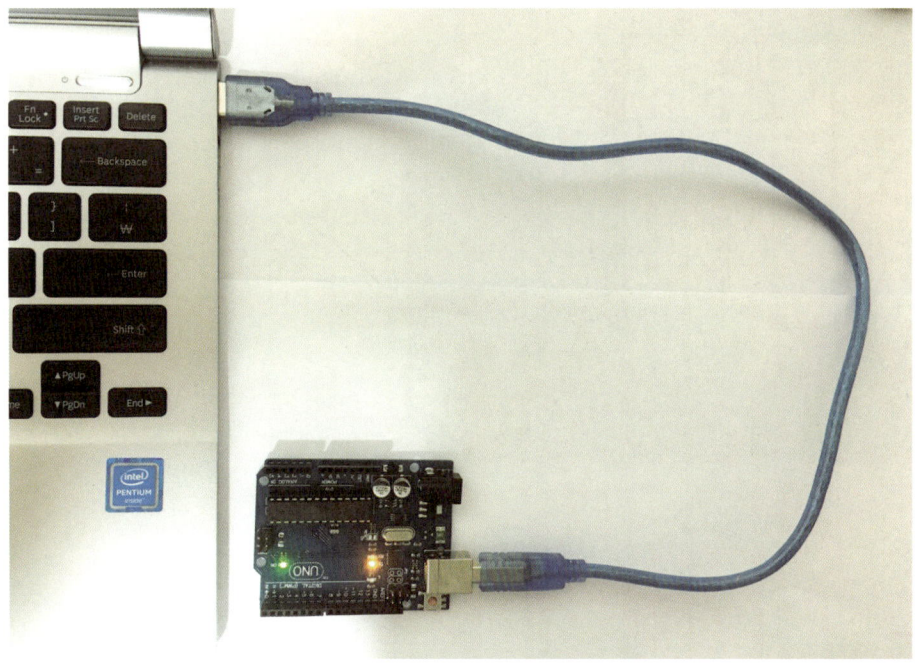

26 아두이노 코딩

❸ 아날로그 입력값이 변하는 것을 확인할 수 있습니다. 아날로그 입력값은 0~1023까지 범위 안에서 변화합니다.

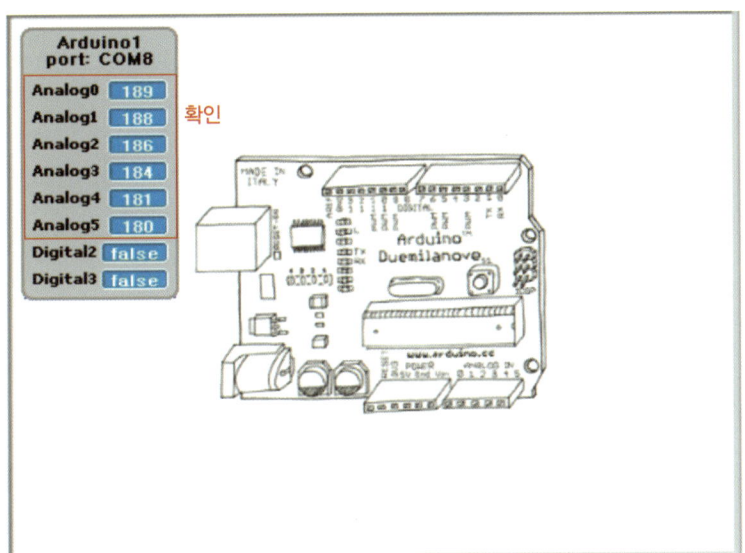

보드에 TX와 RX가 깜빡이는 이유

아두이노의 부착된 LED중 RX는 데이터 수신 시, TX는 송신 시 반짝거리는 LED 입니다. USB를 이용하여 소스를 업로드 할 때 이 두 LED가 반짝거리는 것을 확인 하실 수 있습니다.

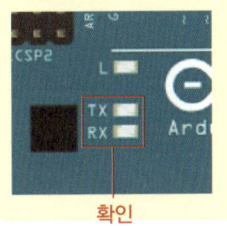

❹ +에서 -로 흐르는 전류를 이용하여 LED 켜보기

전류는 전하의 흐름을 말합니다. 전류는 전선을 따라 전압이 높은 곳에서 낮은 곳으로 흐릅니다. 높은 곳은 전원이 나오는 곳으로 +극이며 낮은 곳은 전원이 빠져나오는 곳으로 -극입니다. 아래와 같이 5V전압과 G N D에 전선을 연결합니다.

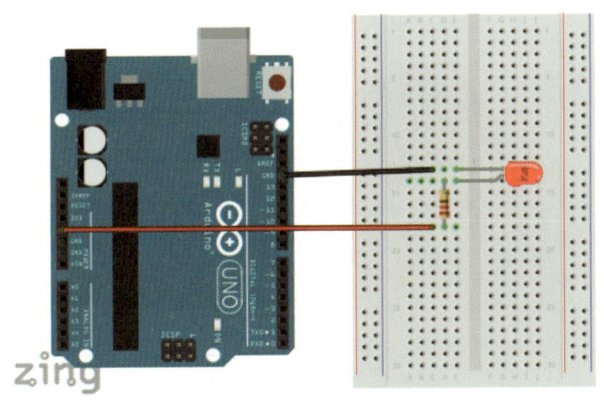

❺ 그럼 2차시에서 LED켜기를 자세히 배우면서 재미있는 프로젝프를 만들어 보도록 하겠습니다.

저항을 사용하지 않으면 LED가 고장나요

저항 없이 LED를 꽂으면 과전류로 인해 LED가 손상됩니다. 자세한 내용은 2차시 LED켜기에서 살펴봅니다.

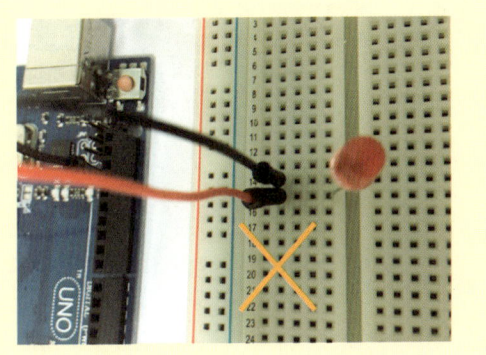

   1. 전류, 전압, 저항 알아보기   ❖ 270페이지에서 확인하세요

2장 클릭! LED 뮤직 박스

LED를 이용하여 아두이노 코딩을 합니다.
* 아두이노 학습 요소 : LED, 저항
* 코딩 학습 요소 : 순차, 무한반복, 메시지방송, 소리, 디지털 출력

● LED 뮤직 박스 만들기

● 빨, 노, 초 신호등 만들기

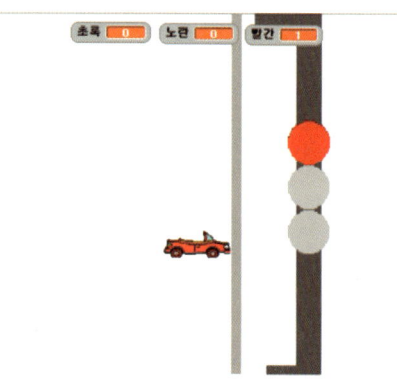

체크포인트

학습목표

1. 아두이노 우노 보드에서 LED를 켜고 전류의 흐름을 이해할 수 있다.
2. 저항과 점퍼선의 사용을 이해하고 적용할 수 있다.
3. 보드, S4A, 컴퓨터와의 통신을 알고 적용할 수 있다.

학습포인트

1. 미리알아보기 : 브레드 보드, LED, 저항에 대해서 알아봅니다.
2. 기초다지기 : LED를 동작해 봅니다.
3. 실력다지기 : LED를 이용하여 뮤직박스와 빨, 노, 초 신호등을 만들어 봅니다.
4. CT 향상하기 : LED를 이용하여 무엇을 만들 수 있을지 생각하고 만들어 봅니다.
5. 평가하기 : 이번 차시 배운 내용을 정리하며 평가해 봅니다.

1 미리알아보기

1) LED란

전류는 +에서 −로 흐르기 때문에, LED의 긴 단자인 애노드(+)로 전류가 흘러들어와 짧은 단자인 캐노드(−)로 빠져나갑니다. 그렇기 때문에 애노드(+)는 항상 전압에 연결해주어야 하며, 캐소드(−)는 항상 그라운드에 연결해줍니다.

2) LED +, − 구분방법

LED는 긴 단자가 +, 짧은 단자가 −입니다. 긴 단자를 + 전극에, 짧은 단자를 − 전극에 연결하면 LED가 켜집니다.

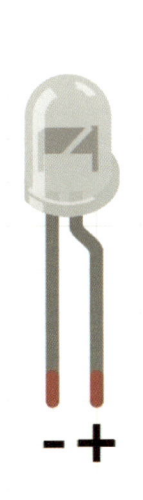
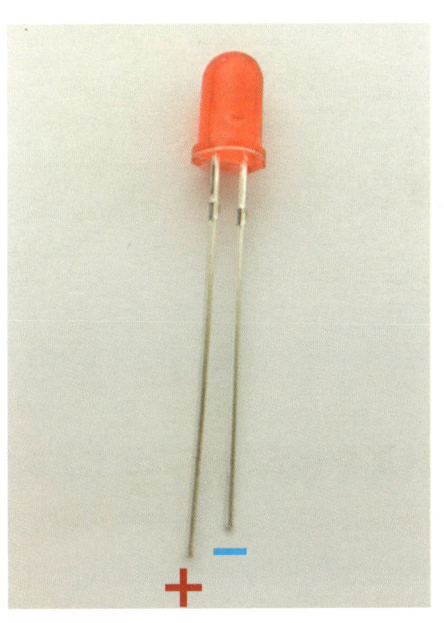

3) 저항

저항은 전기를 열로 바꾸어주며 모양은 색깔띠가 표시되어있습니다. 이 띠의 색은 저항값을 뜻하고 단위는 옴(Ω)을 씁니다. 전자부품에 자신이 버틸 수 있는 전류보다 더 높은 전류가 흐르면 많은 열이 발생하여 타버릴 수가 있습니다. 이 때 바로 저항이 이런 과전류로부터 전자부품을 보호하기 위해 사용합니다. 하지만 필요한 저항보다 작은 저항값을 사용한다면 저항을 사용하는 의미가 없어서 꼭 적당한 저항값을 확인하고 사용하는 것이 좋습니다. 그리고 저항은 4색 띠와 5색 띠가 있으며 저항값에 따라 색 표시가 다릅니다.

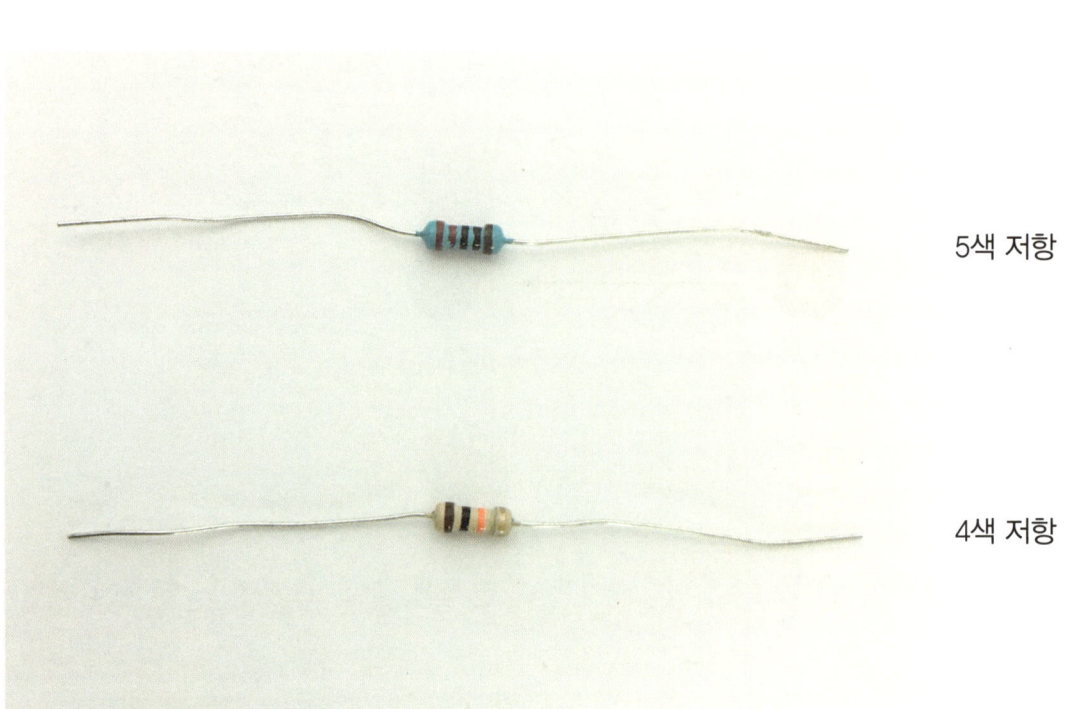

5색 저항

4색 저항

 2. 저항을 읽는 방법　　　　　　　　　❖ 272, 273페이지에서 확인하세요
3. 저항 계산하기

🔖 TIP

그럼 전기는 어떻게 생길까요?

음의 전하인 전자가 움직이면서 전기가 발생하게 됩니다.

전자는 전위차로 인해 －극에서 ＋극으로 이동하지만 그림에서처럼 전류의 방향은 ＋극에서 －극으로 흐른다고 약속하고 있습니다.

그 이유는 전자가 발견되기 전에 과학자들이 전자의 흐름을 ＋극에서 －극으로 보고 정의하였기 때문입니다. 정의한 후 전자가 발견되고 전자의 흐름이 전류이며, 전자가 －극에서 ＋극으로 이동한다는 사실이 밝혀졌지만, 예전에 정의한 데로 사용하기로 약속하였습니다.

－극의 전하인 '전자'는 흘러 전자부품을 통과하여 ＋극으로 이동하고 다시 －극으로 오면서 전자부품이 동작하게 됩니다.

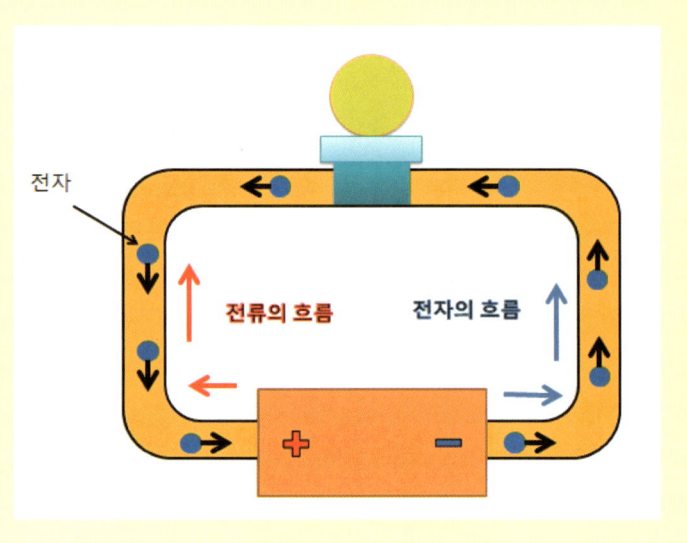

2 기초다지기

1) LED 1개 켜고 끄기
LED를 켜고 끄기를 반복하여 깜빡이도록 합니다.

■ 미션

■ 준비물 : 아두이노 보드(UNO), 브레드 보드, LED 1개, 저항 220Ω 1개(빨빨갈), 점퍼선 2개

■ 실제 LED 모습

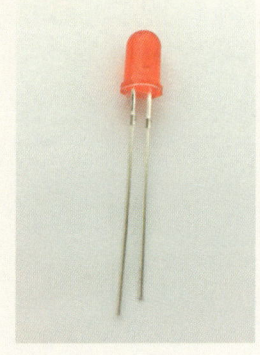

(1) 아두이노 연결

완성모습

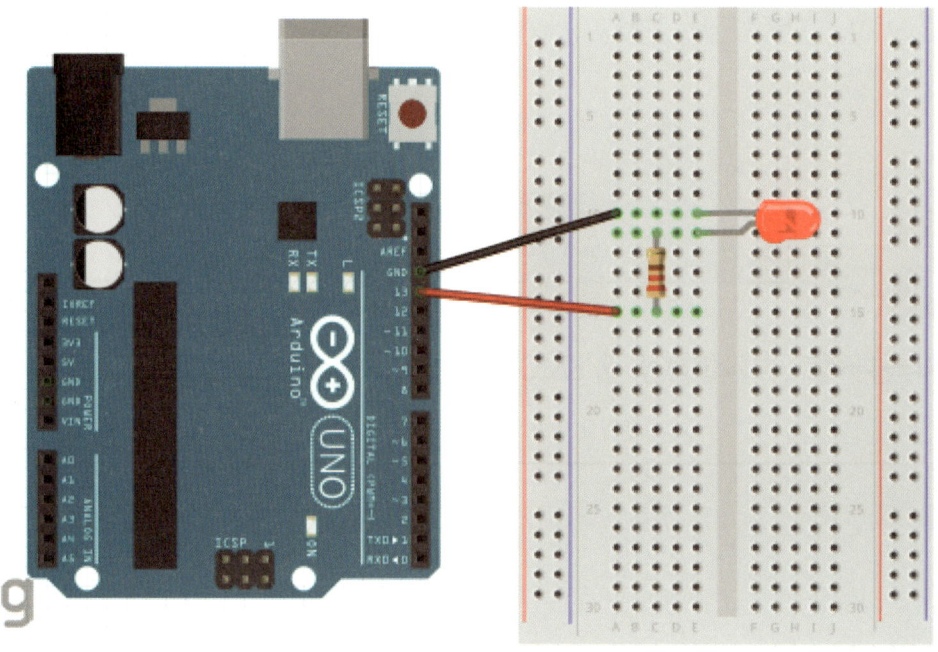

실제모습

❶ LED를 보드에 꽂기

그림과 같이 꽂으면 되는데, 방향이 바뀌어도 괜찮습니다. 대신 나중에 +전극과 -전극을 정확히 연결해주어야 합니다.

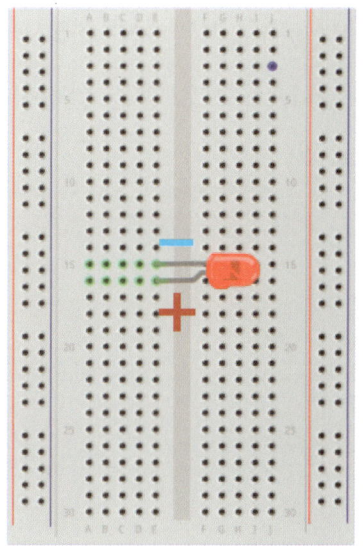

❷ LED의 긴 단자(+)와 저항을 연결하기

우선 아두이노 보드에 있는 13번 핀에 점퍼선을 꽂습니다. 우리가 사용할 S4A 프로그램에서 디지털 출력 핀이 10, 11, 12, 13 번이기 때문에 이 4가지 중 아무거나 사용해도 괜찮습니다. 이 예제에서는 13번 핀을 사용하겠습니다. 그리고 저항을 연결해 주는데 그 이유는 전압이 너무 강하면 LED가 손상을 입을 수 있기 때문에 저항으로 전류의 세기를 낮추어 주어야 합니다. 그림과 같이 저항과 점퍼선을 꽂습니다.

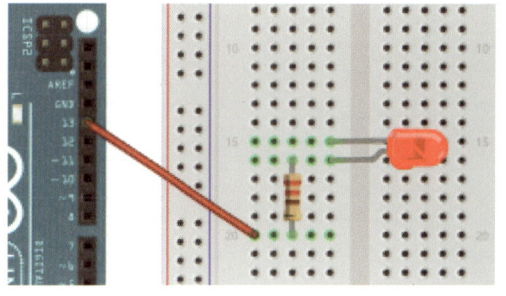

❸ LED의 짧은 단자(-)와 그라운드(G N D)연결하기

전류가 +극에서 들어왔으니 빠져나갈 곳이 있어야 합니다. 전류는 +에서 -로 흐르기 때문입니다. LED의 짧은 단자인 -극으로 빠져나가도록 연결해 주어야 합니다. 그림과 같이 점퍼선을 LED의 짧은단자(-)와 연결하고 다른 한쪽은 그라운드에 연결합니다.

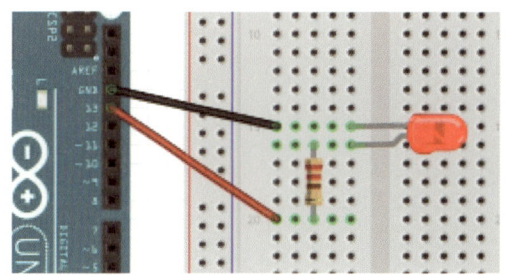

> **TIP**
>
> **G N D 는 검정색 점퍼선을 사용해요.**
>
> 점퍼선의 색은 다양합니다. 여러 개의 부품을 점퍼선으로 연결하다보면 아두이노 연결이 복잡해집니다. 그럴 때 똑같은 연결부분에는 같은 색 점퍼선을 사용하면 아두이노 연결을 보다 쉽게 이해할 수 있습니다. 그래서 -극으로 빠져나가는 G N D연결은 검정색 점퍼선을 사용하고 전원(5V)와 연결할 경우는 빨간색 점퍼선을 사용하면 좋습니다.

(2) S4A 연결

❶ 컴퓨터와 아두이노 연결하기

S4A 프로그램을 실행시키면 다음과 같이 보드 검색 중이라는 화면이 나옵니다.

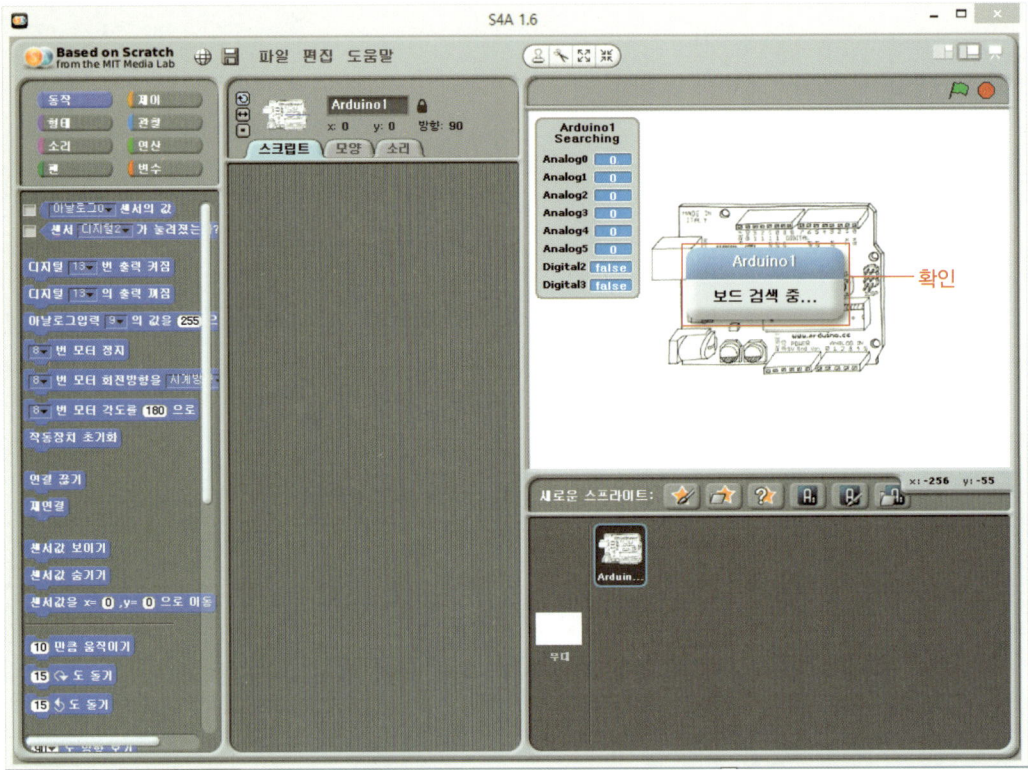

❷ USB케이블을 이용하여 아두이노를 컴퓨터에 연결하면 화면에 아날로그 값이 변하는 것을 볼 수 있습니다.

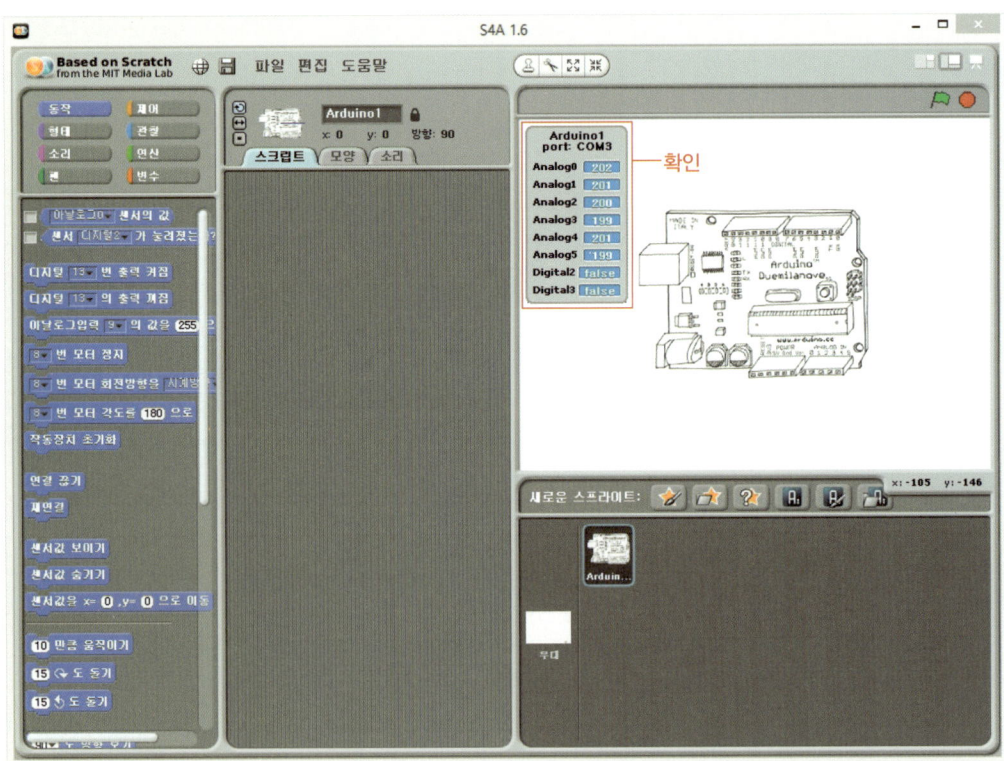

❸ LED 켜기

다음과 같이 코딩합니다. 녹색 깃발을 클릭하면 디지털 13번과 연결된 LED에 불빛이 들어옵니다.

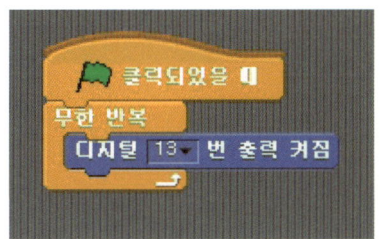

❹ LED 켜고 끄기

다음과 같이 코딩합니다. 녹색 깃발을 클릭하면 디지털 13번과 연결된 LED에 불빛이 들어온 후 1초 있다가 13번과 연결된 LED가 꺼지고 1초 있다가 다시 켜지는 동작을 무한반복 합니다.

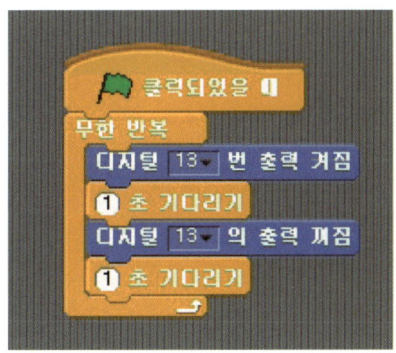

2) 두개의 LED 깜빡이기

빨간색, 노란색 LED가 서로 번갈아가면서 깜빡이도록 합니다.

■ 미션

■ **준비물** : 아두이노 보드(UNO), 브레드 보드, LED 2개(빨간색, 노란색), 저항 220Ω 2개 (빨빨갈), 점퍼선 5개

■ 실제 LED 모습

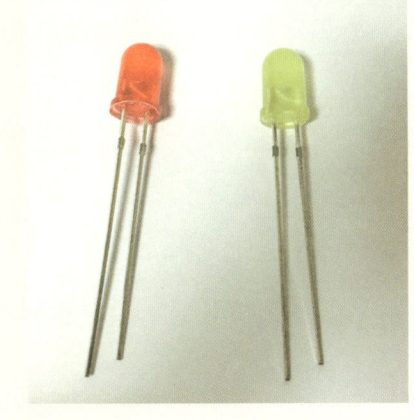

(1) 아두이노 연결

> 완성모습

> 실제 연결 이미지

❶ '완성모습'과 같이 브레드보드에 부품들을 꽂습니다. 빨간 LED 전구는 13번 핀을 사용하겠습니다. 앞 예제와 같이 빨간 LED전구 +극에 저항을 연결하고 점퍼선으로 아두이노 보드에 13번 핀과 연결합니다. 노란색 LED는 12번을 사용합니다.

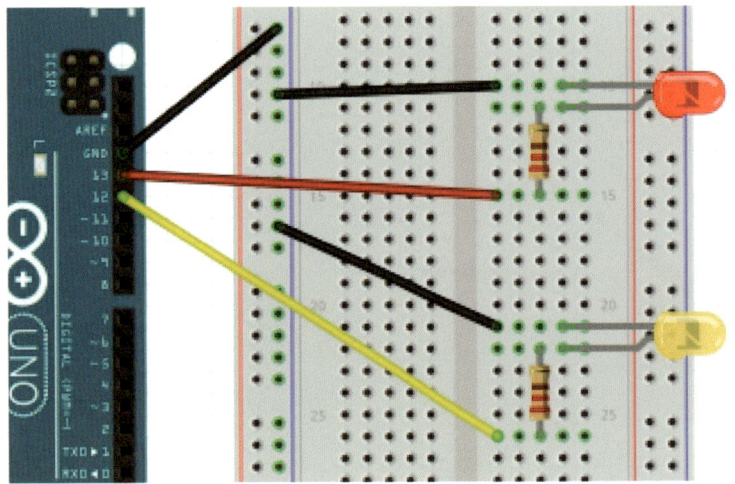

여러 개의 부품이 하나의 그라운드(GND)와 전원을 같이 사용해요.

그라운드(G N D)에 두 개의 LED 전구를 사용해야 하므로 그림처럼 LED 전구의 －극을 브레드 보드의 －극과 연결하고 브레드보드의 －극을 아두이노 보드의 GND와 연결할 수 있습니다. 부품의 개수가 많아서 G N D를 여러 부품이 사용하게 될 때는 이와 같이 연결해주면 됩니다.

(2) S4A 코드

❶ 다음과 같이 코드를 입력합니다.

13번과 연결된 빨간색 LED가 켜지고 12번과 연결된 노란색 LED가 꺼집니다. 1초 기다립니다. 13번과 연결된 빨간색 LED가 꺼지고 12번과 연결된 노란색 LED가 켜집니다. 1초 기다립니다. 위 동작을 무한반복 합니다.

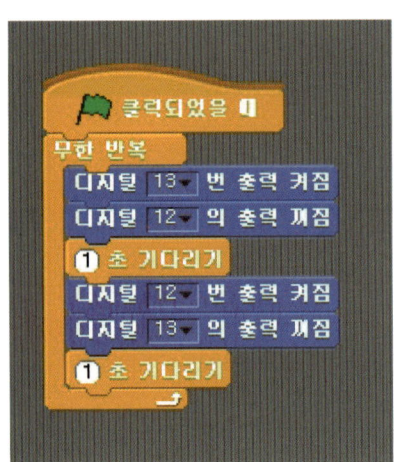

3 실력다지기

1) LED 뮤직박스

▶ 실습예제 : 실습-02-03-01 LED 뮤직박스

LED색마다 다른 음악이 나오는 뮤직박스를 만들어 봅니다. 빨간색, 초록색, 노란색을 클릭하면 각 색의 LED등이 켜지고 음악이 나옵니다.

■ 미션

■ **준비물** : 아두이노 보드(UNO), 브레드 보드, LED 3개(빨강색, 노란색, 초록색), 저항 220Ω 3개, 점퍼선 7개(검정 4개, 빨강1개, 노랑1개, 초록1개)

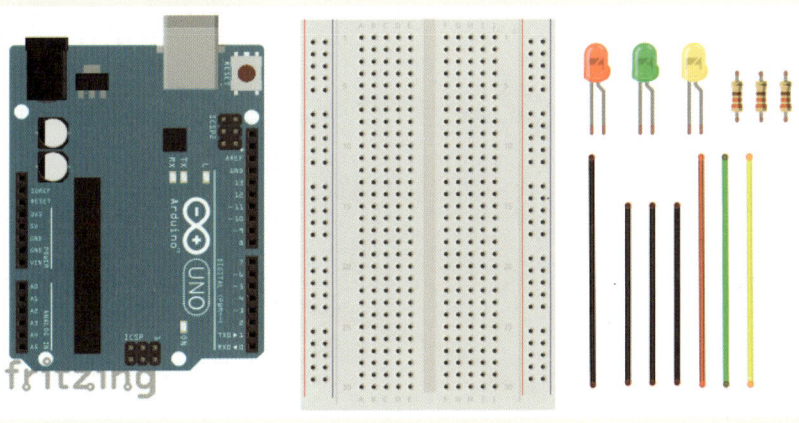

■ 실제 LED 모습

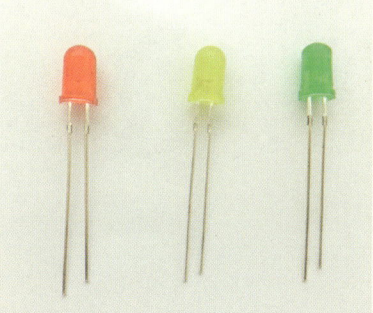

(1) 아두이노 연결

완성모습

디지털 13번 빨간 LED
디지털 12번 노란 LED
디지털 11번 초록 LED

실제모습

(2) S4A코드

❶ 색을 클릭하면 해당 LED등 켜지기

빨간색을 클릭했을 때 빨간색 LED등이 켜지도록 코딩합니다. 같은 코딩으로 노란색, 초록색, 끄기 스프라이트를 클릭할 때 해당 메시지 방송으로 이동하여 LED가 동작하도록 합니다.

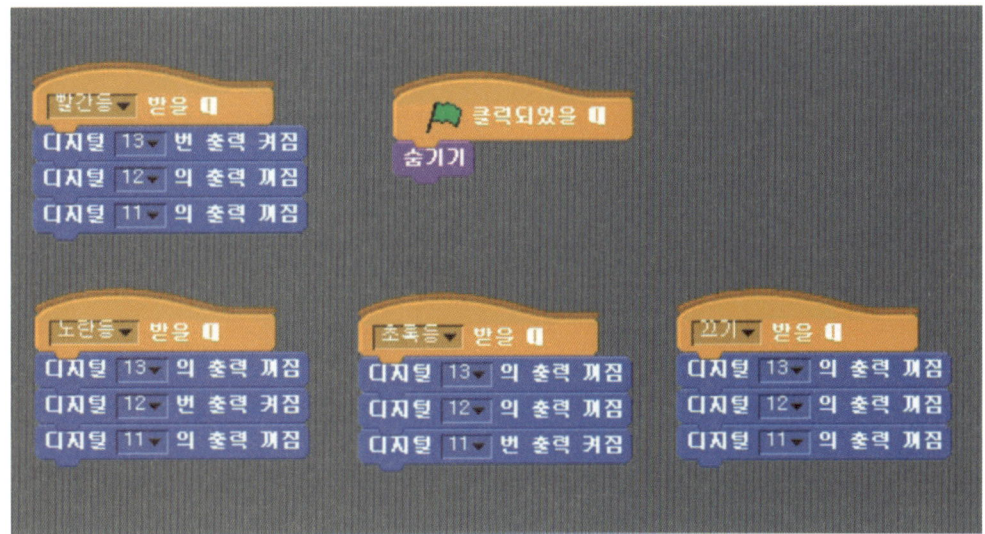

 스프라이트

 스프라이트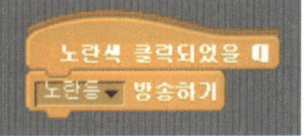

 스프라이트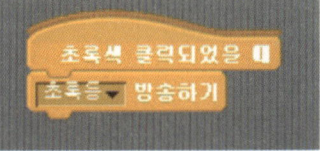

 스프라이트
스프라이트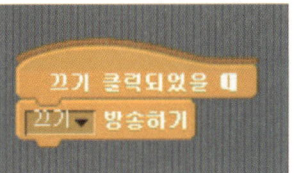

❷ LED색을 클릭하면 음악 나오기

LED색을 클릭하면 해당 LED가 켜지면서 음악이 나오도록 코딩합니다. '소리'탭 – '가져오기'를 클릭하면 'Sounds'폴더가 보입니다. 원하는 소리가 있는 폴더로 들어가서 소리를 선택하면 됩니다. 여기서는 'Music Loops'를 선택한 후 '확인'을 클릭합니다.

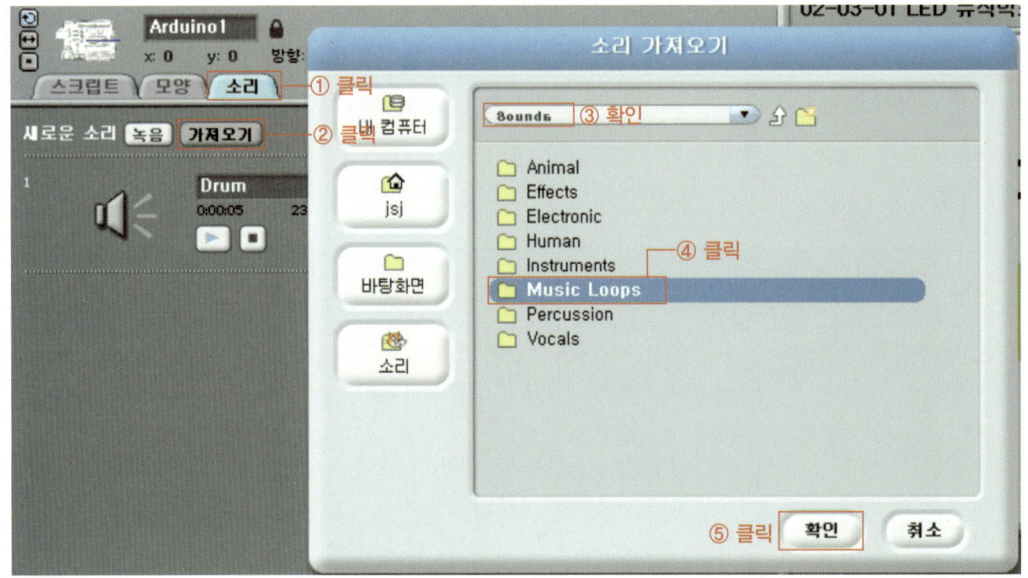

'Drum'을 선택하고 '확인'을 클릭하고 블록에 'Drum'으로 선택해 줍니다.

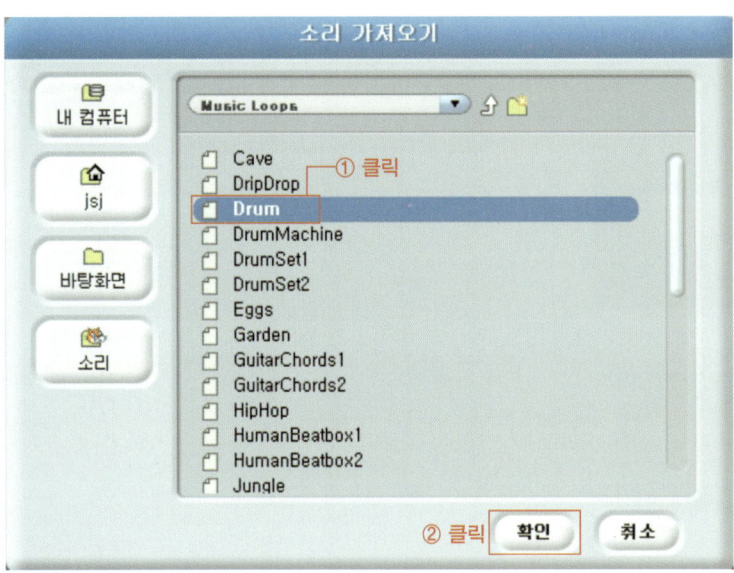
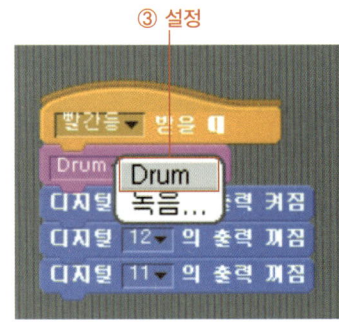

같은 방법으로 다른 LED에도 소리를 삽입해 봅니다.

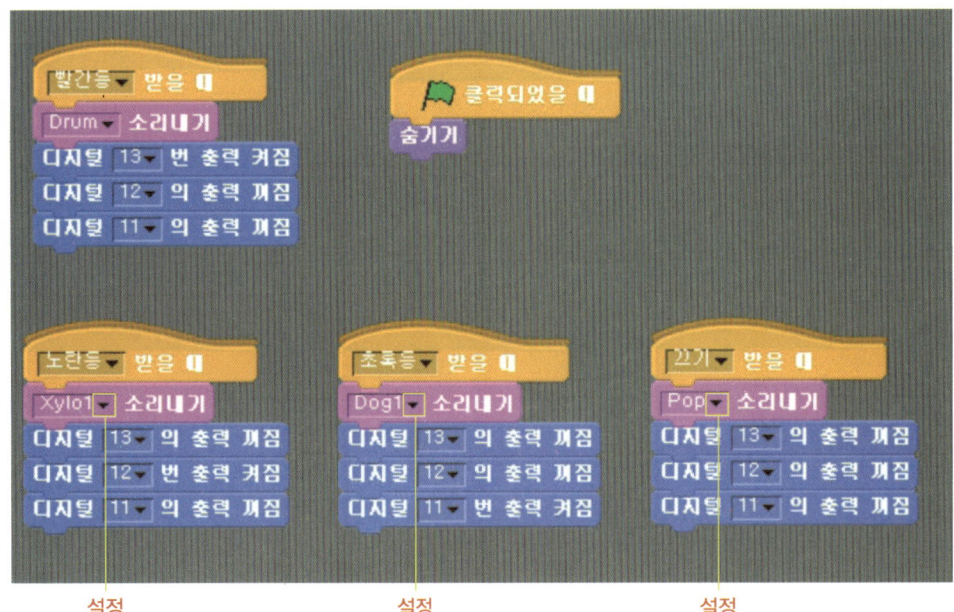

❸ 확인하기

각 색을 클릭하여 해당 LED가 켜지고 소리가 나는지 확인해 봅니다.

TIP

센서값과 아두이노 그림을 숨기기

1) 센서값 숨기기와 보이기

'동작'에서 '센서값 보이기'와 '센서값 숨기기'를 이용합니다.

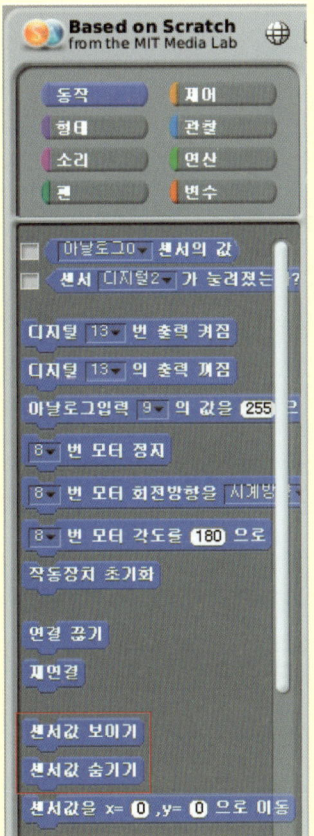
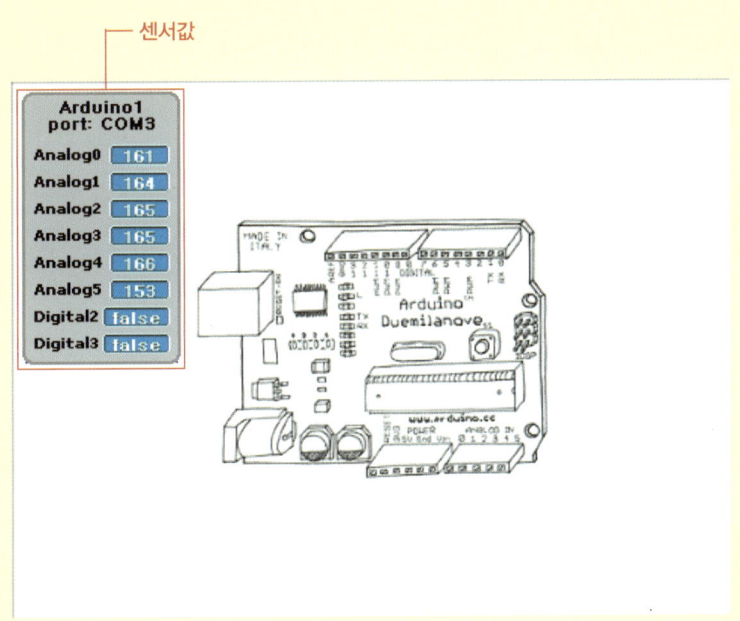

2) 아두이노 그림 숨기기와 보이기

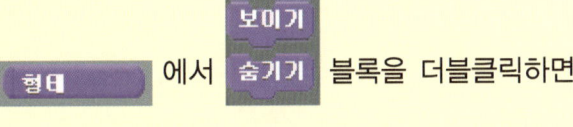 블록을 더블클릭하면 보이기와 숨기기가 가능합니다.

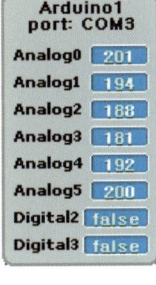

 **4. 소리 녹음하기**   ❖ 274페이지에서 확인하세요

2) 빨, 노, 초 신호등 만들기

▶ **실습예제** : 실습-02-03-02 빨, 노, 초 신호등 만들기

횡단보도를 건널 때 표시되는 빨간, 노랑, 초록색 신호등을 만들어봅니다. 빨간색이면 자동차가 멈추고 초록색이면 자동차가 지나가도록 합니다.

■ 미션

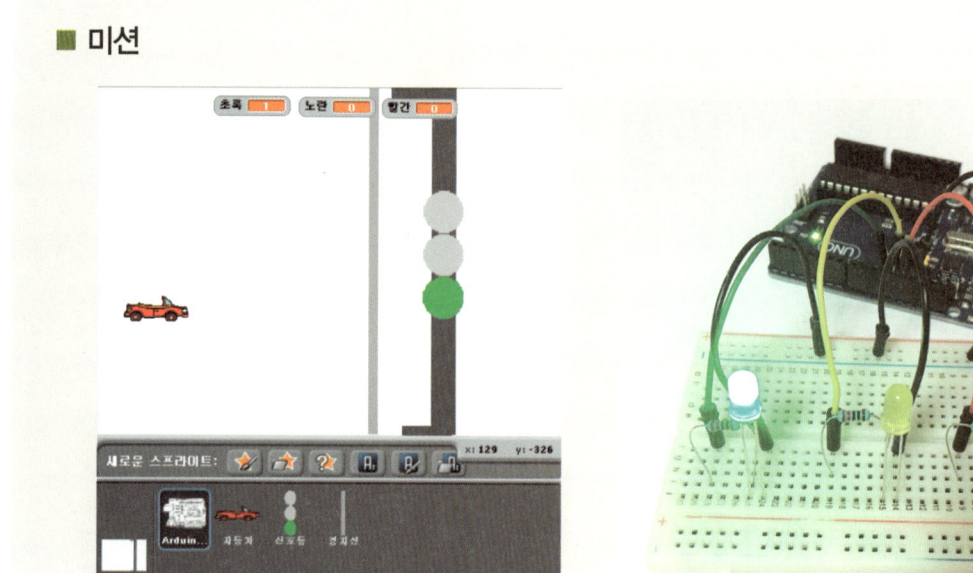

■ **준비물** : 아두이노 보드(UNO), 브레드 보드, LED 3개(빨강색, 노란색, 초록색), 저항 220Ω 3개, 점퍼선 7개(검정 4개, 빨강 1개, 노랑 1개, 초록 1개)

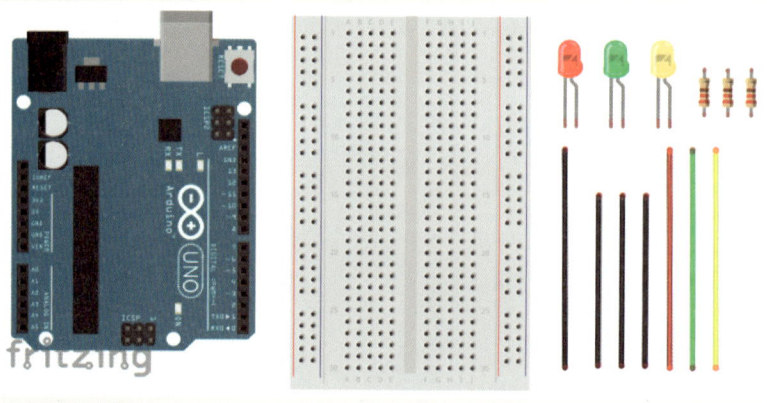

■ 실제 LED 모습

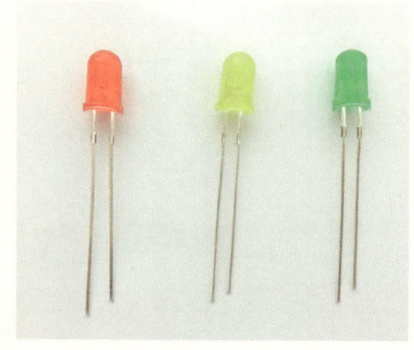

(1) 아두이노 연결

완성모습

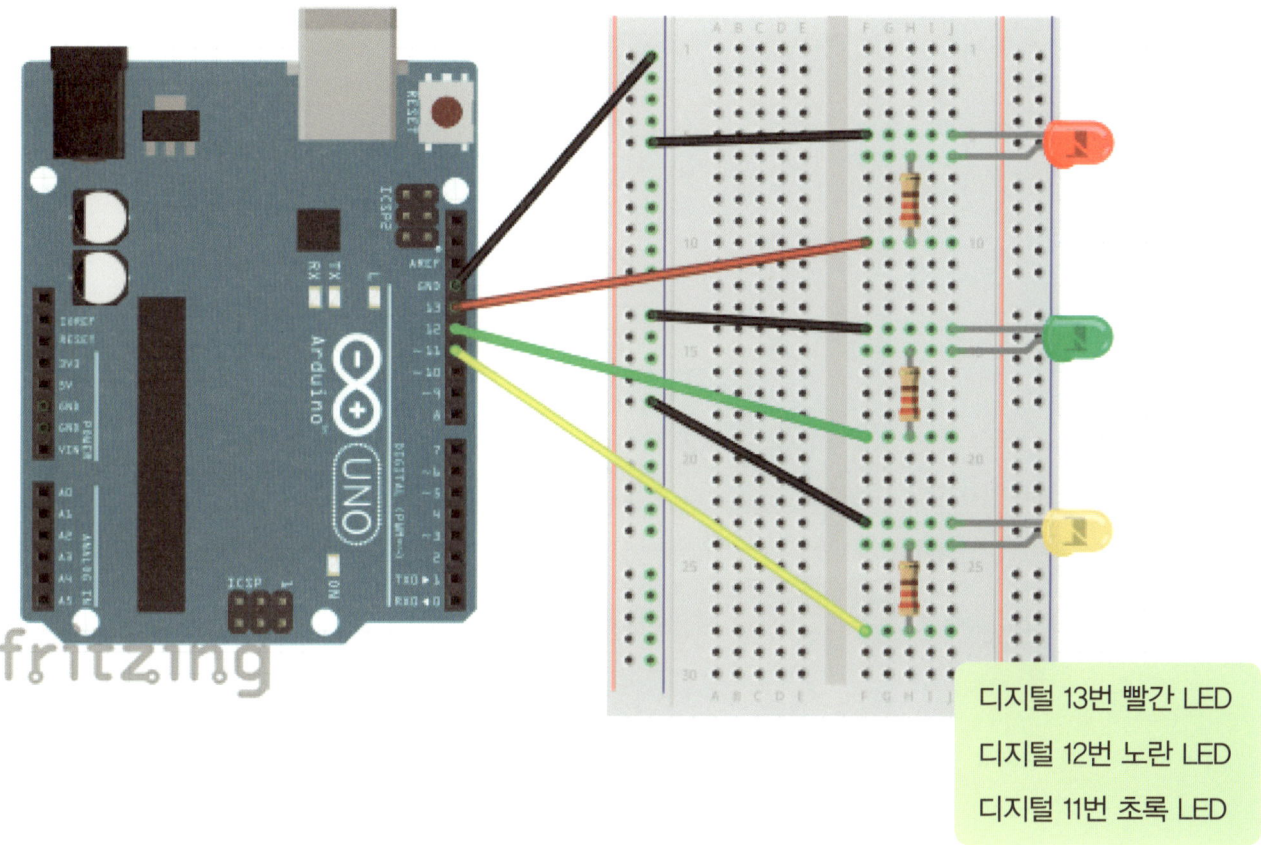

디지털 13번 빨간 LED
디지털 12번 노란 LED
디지털 11번 초록 LED

실제모습

2장 클릭! LED 뮤직 박스

(2) S4A코드

❶ 빨, 노, 초 신호등 켜기

신호등이 빨간, 노랑, 초록 등으로 바뀌면 LED도 똑같은 색으로 켜지도록 코딩합니다.

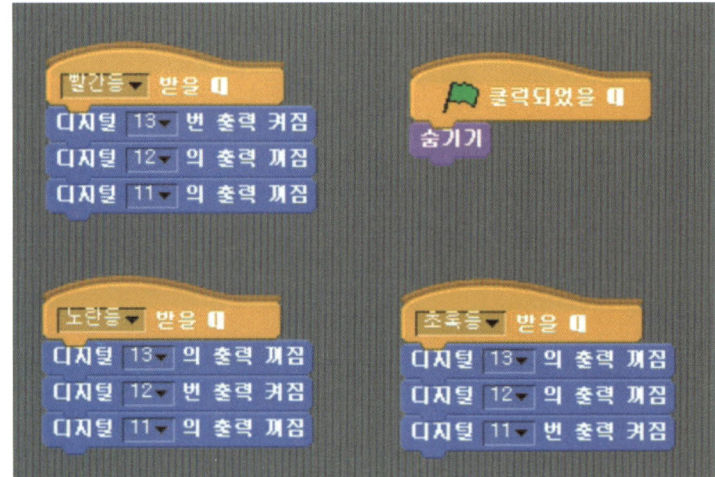

 스프라이트

 스프라이트

❷ 확인하기

녹색깃발을 클릭하여 신호등 스프라이트 색과 LED색이 똑같이 켜지는지 확인합니다.

46 아두이노 코딩

❸ 자동차가 LED 색에 따라 움직이기

신호등과 LED가 초록색이면 자동차가 움직이고, 노란색이면 천천히 움직이고, 빨간색이면 멈추도록 코딩합니다. 색에 따라 자동차의 동작을 제어하기 위해서 '변수'를 사용합니다. LED가 켜졌을 때 변수를 '1'로 저장하여 변수가 '1'일 때 동작을 하도록 합니다.

예를 들어

- 초록색 LED가 켜지면 '초록'변수에 '1'을 저장합니다.
- '초록'변수가 '1'이면 자동차가 움직입니다.
- 노란색 LED가 켜지면 '노란'변수에 '1'을 저장합니다. '노란'변수가 '1'이면 자동차가 천천히 움직입니다.
- 빨간색 LED가 켜지면 '빨간'변수에 '1'을 저장합니다.
- '빨간'변수가 '1'이면 자동차가 멈춥니다.
- 먼저 '변수'를 클릭하여 '노란', '빨간', '초록' 변수를 만듭니다.

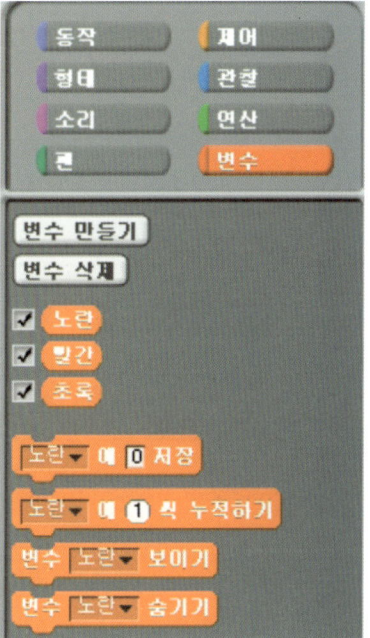

'신호등' 스프라이트를 클릭하여 신호등 색에 따라 변수에 '1'이 저장되도록 합니다.

 스프라이트

'자동차' 스프라이트 클릭하여 '변수'에 따라 자동차의 움직임이 제어되도록 합니다.

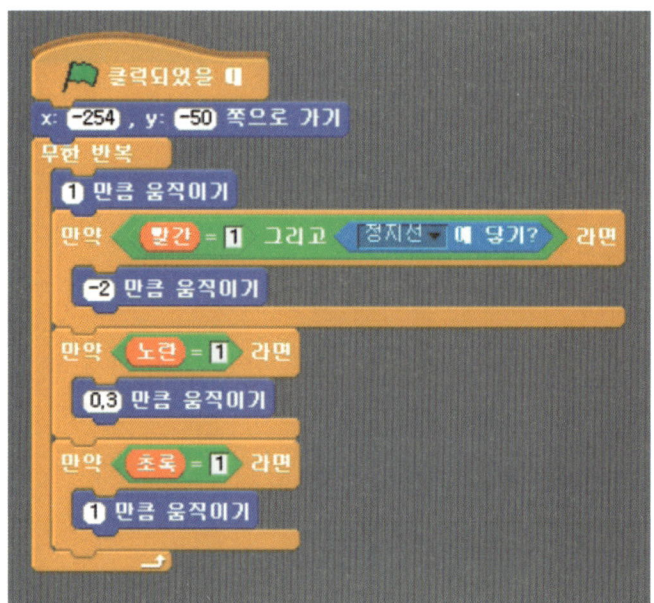

 스프라이트

❹ 확인하기

녹색깃발을 클릭하여 잘 동작 되는지 확인합니다.

4 CT 향상하기

LED를 이용하여 무엇을 만들 수 있을지 생각하고 만들어 봅니다.

컴퓨터적 사고력 향상하기 **무엇을 만들어 볼까?**	
1. 아이디어 생각하기 만들고 싶은 것을 자유롭게 생각하고 적어봅니다.	
2. 주제 정하기 생각한 아이디어를 정리하여 만들 주제(제목)를 적어봅니다.	
3. 아두이노 연결하기 아두이노에 부품을 연결합니다.	
4. 코딩하기 연결한 부품이 잘 동작하도록 코딩합니다. S4A에 스프라이트들도 같이 동작하도록 코딩합니다.	
5. 친구들과 공유하기 내가 만든 작품을 친구들에게 보여줍니다.	

2장 평가문제

1 저항 단위 값을 적습니다.

- 1000 Ω = _____ KΩ
- 1MΩ = _____ KΩ

2 다음 4색 저항의 값을 적습니다.

(1) 주황 주황 빨강 금색   _____ Ω = _____ KΩ

(2) 노랑 보라 노랑 금색   _____ Ω = _____ KΩ

3 다음 회로도를 보고 저항을 계산합니다.

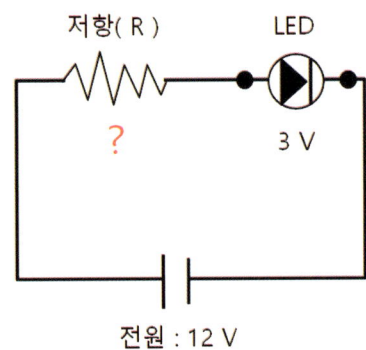

- 전원 : 12V
- LED 동작 전압 : 3V
- LED 소모전류 : 30mA

이 때 사용되는 저항의 값은?

정답

1) 1, 1000
2) 3300Ω=3.3KΩ, 470000Ω=470KΩ
3) 저항=9V/0.03A=300Ω (저항이 전압=12V-3V=9V)

내가 만든 조이스틱

스위치(단추)의 구조와 사용법을 알고 LED와 함께 동작해 봅니다.
* 아두이노 학습 요소 : 스위치(버튼)
* 코딩 학습 요소 : 무한반복, 조건 참, 조건 참거짓, 메시지방송, 좌표, 난수, 디지털 센서, 디지털 출력

● 농구게임

● 내가 만든 조이스틱

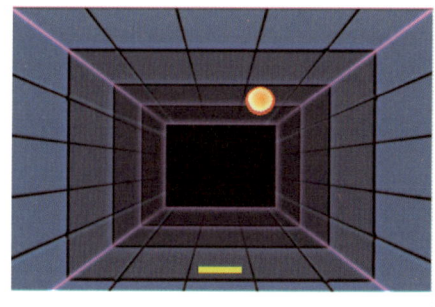

체크포인트

학습목표

1) 풀업과 풀다운을 이해하고 적용할 수 있다.
2) 풀업과 풀다운방식 버튼으로 LED를 켤 수 있다.
3) 여러개의 풀다운방식 버튼으로 스프라이트를 제어할 수 있다.

학습포인트

1. 미리알아보기 : 스위치, 풀업, 풀다운에 대해서 알아봅니다.
2. 기초다지기 : 풀업, 풀다운 방식으로 버튼을 제어하여 LED를 동작해 봅니다.
3. 실력다지기 : 풀다운 버튼으로 LED와 스프라이트를 제어하여 농구게임과 조이스틱을 만들어 봅니다.
4. CT 향상하기 : LED를 이용하여 무엇을 만들 수 있을지 생각하고 만들어 봅니다.
5. 평가하기 : 이번 차시 배운 내용을 정리하며 평가해 봅니다.

1 미리알아보기

1) 풀업 설명

풀업 저항은 스위치를 누르지 않아도 전류가 흐르도록 연결하는 것을 말합니다. 전류는 항상 전압이 낮은쪽으로 흐르기 때문에 스위치를 누르지 않아도 1(HIGH)의 신호를 갖게 되며 LED전구가 있을 경우 켜진 상태가 되고, 스위치를 누를 경우 GND로 흐르기 때문에 0(LOW) 상태가 되어 LED전구가 있을 경우 꺼진 상태가 됩니다. 즉, 스위치가 열려있을 경우 전류는 상대적으로 낮은 13번 핀으로 흐르고 닫혀있을 경우 GND로 흐르게 되어 13번 핀의 값은 0(False)의 값을 갖게 됩니다. 풀업은 저항을 5V쪽에 둡니다.

■ HIGH 상태

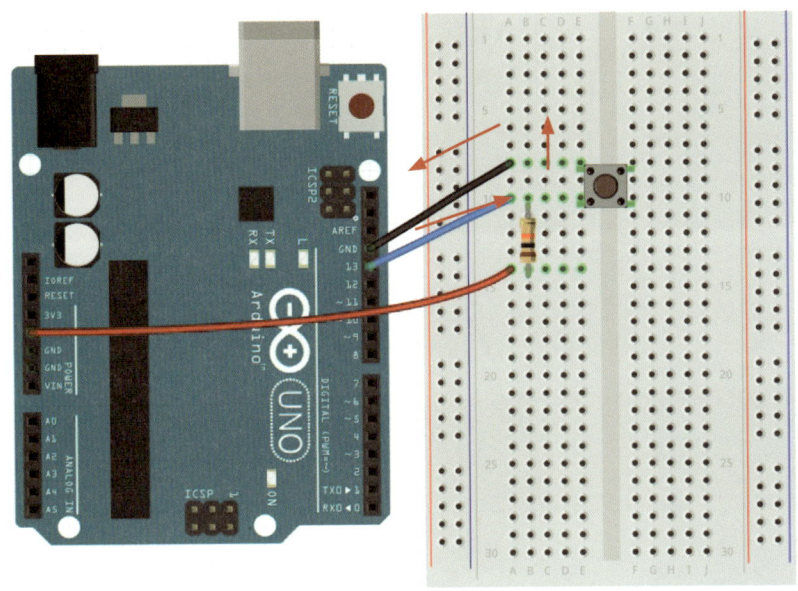

■ LOW 상태

■ 풀업

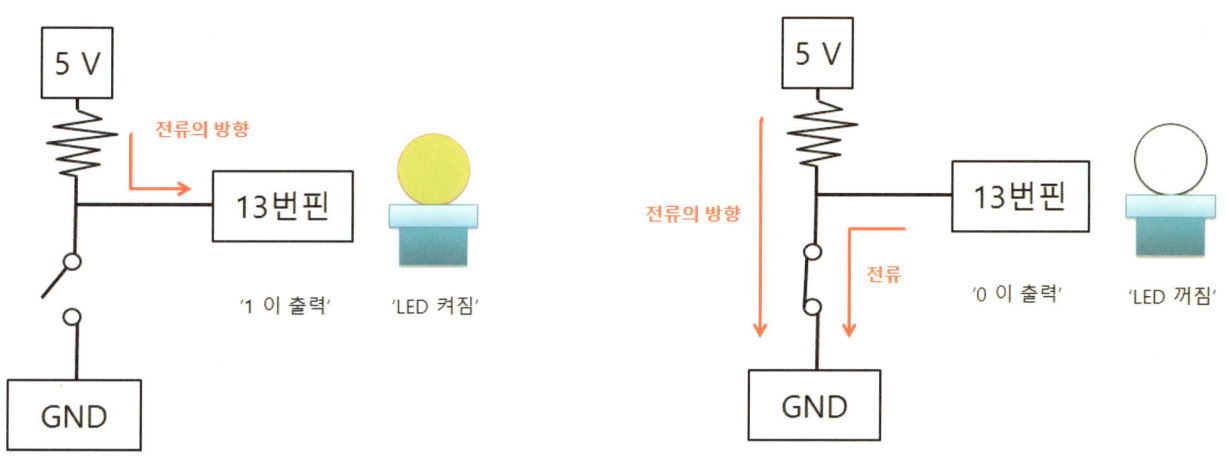

스위치가 열려있을 경우 전류가 전압에서 그라운드로 흘려야 하지만 스위치가 열려있어서 13번 핀으로 흐르게 되고 스위치가 닫혀있을 경우 그라운드로 전류가 흐르고 13번핀에서 흐르는 작은 전류는 그라운드로 흐르게 됩니다.

2) 풀다운 설명

풀 다운 저항은 스위치를 누를 경우에만 전류가 흐르는 것을 말합니다. 이 경우 스위치를 누르지 않으면 전류가 0(LOW)의 상태가 되어 LED전구가 있을 경우 꺼진 상태가 되고, 스위치를 누를 경우 1(HIGH)의 상태가 되어 LED전구가 있을 경우 켜진 상태가 됩니다. 즉, 풀다운 저항은 스위치를 누를 경우에만 1(true)의 신호를 보내도록 연결합니다. 이경우 스위치를 누르지 않으면 전류가 흐르지 않기때문에 0(False) 상태가 됩니다. 풀 다운은 전류가 GND쪽으로 흐르기 때문에 GND쪽에 저항을 둡니다.

■ HIGH 상태

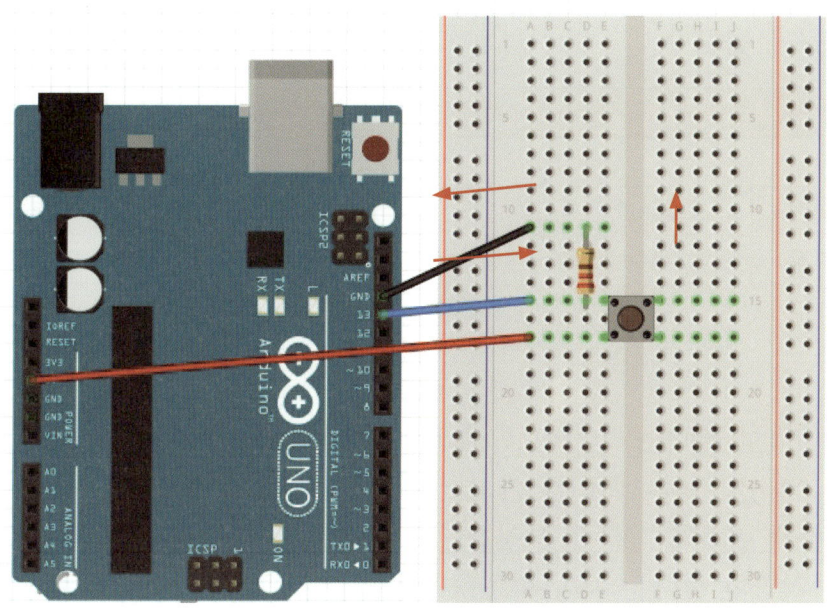

■ LOW 상태

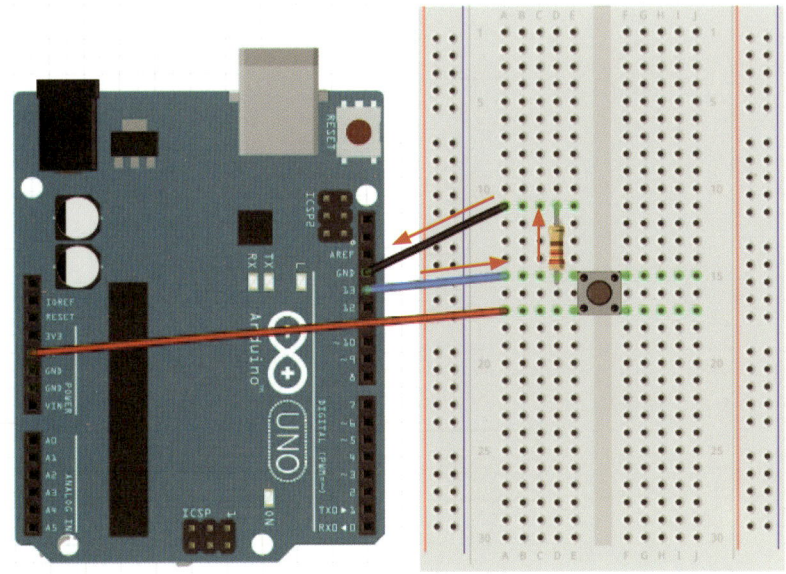

■ 풀다운 회로도

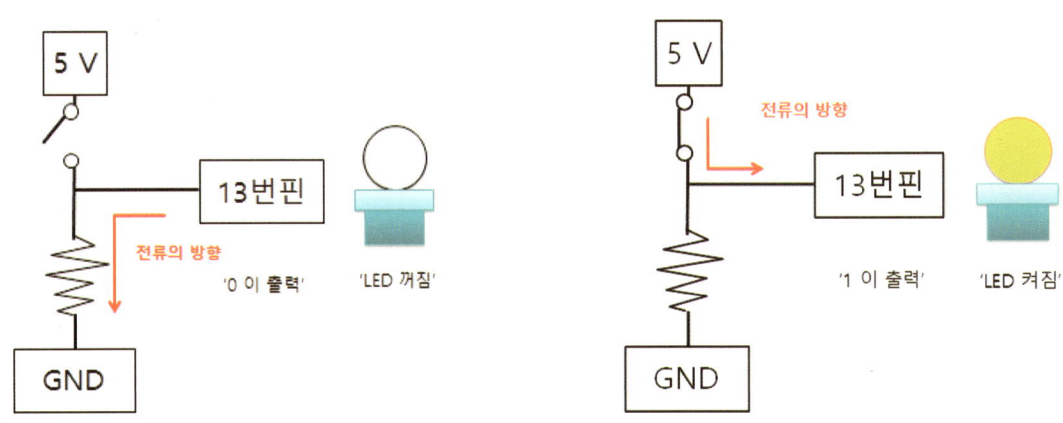

스위치가 열려있을 경우 전압에서 나오는 전류가 그라운드로 가지 못하고 13번 핀에서 나오는 작은 전류가 그라운드로 흐르게 됩니다. 스위치를 눌렀을 경우 전압에서 흐르는 전류가 저항으로 인해 그라운드로 가지 못하고 13번 핀으로 흐르게 됩니다.

풀업			풀다운		
상태	값	동작	상태	값	동작
스위치 누름 on	0	LED켜짐	스위치 누름 on	1	LED 켜짐
스위치 안누름 off	1	LED켜짐	스위치 안누름 off	0	LED 켜짐

3) 플로팅 상태 설명

디지털 신호에는 1과 0으로 표현되지만 1도 아니고 0도 아닌 애매모호한 상태가 있습니다. 이때를 플롯 상태라고 말합니다. 우리 말로는 '떠있다'라는 의미를 가지고 있습니다. 플롯 상태에는 주변의 전기장 상태에 따라 입력값이 불안정하게 변하기 때문에 부정전압으로 오작동이 생기게 됩니다. 이 문제를 해결하기 위한 위해 바로 풀업 저항과 풀다운 저항 회로를 사용합니다.

2 기초다지기

1) 풀다운 방식으로 버튼을 누르면 LED전구 켜기

■ 미션

■ **준비물** : 아두이노 보드(UNO), 브레드 보드, LED 1개, 버튼 1개, 저항 220Ω 1개, 10kΩ 1개, 점퍼 케이블 6개(검은색 3개, 파란색 1개, 빨간색 1개, 노란색 1개)

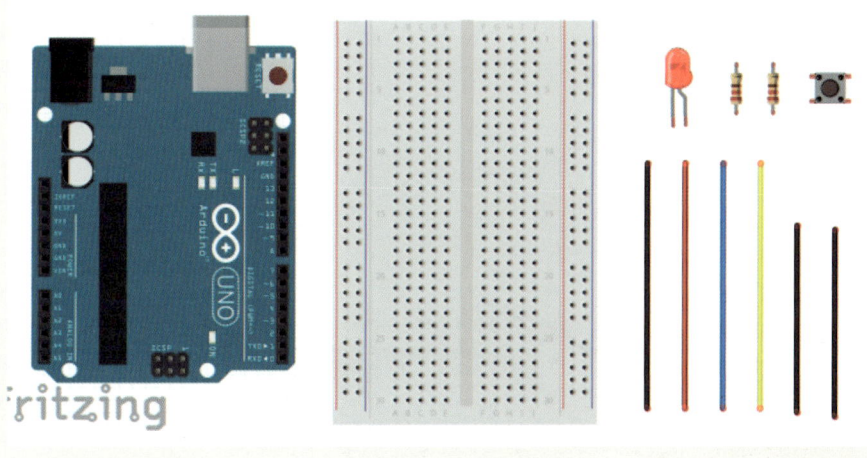

■ 버튼 실제 이미지

(1) 아두이노 연결

> 완성모습

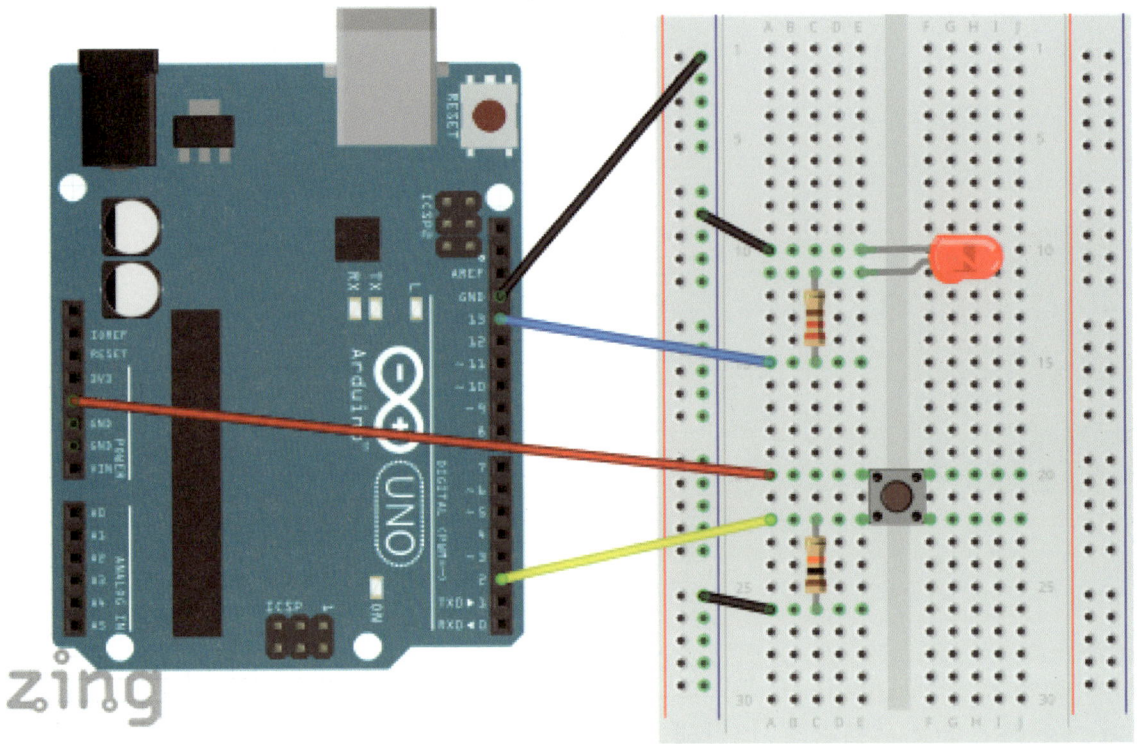

> 실제모습

❶ LED 연결하기

LED +극	13번
LED -극	GND

❷ 버튼 꽂기

버튼을 브레드보드의 가로줄이 갈라진 가운데에 놓이도록 꽂아줍니다.

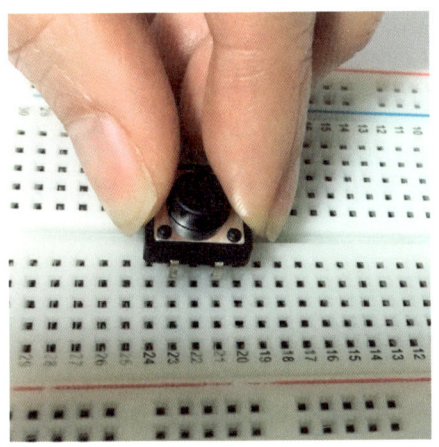
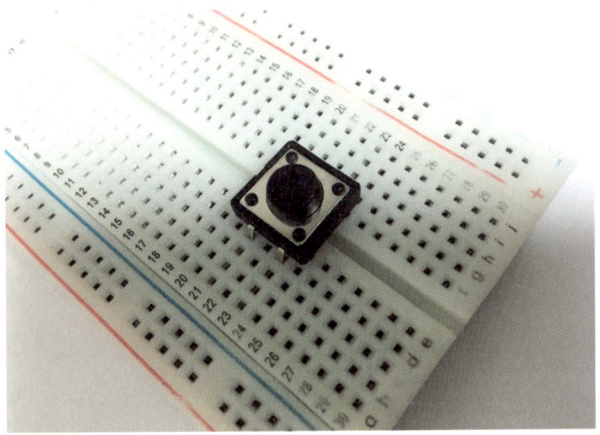

❸ 버튼, 저항, 보드 연결하기

10k 옴 저항을 버튼의 한쪽 다리가 있는 가로줄에 연결합니다. 저항은 과전류로부터 전자부품을 보호하기 위해 사용합니다.

- 버튼 한쪽 다리 – 아두이노 보드의 2번 핀과 연결, 10K옴 저항과 그라운드 연결
- 버튼 다른쪽 다리 – 전원 5V와 연결
- '완성모습'을 보고 연결

S4A에서 디지털 센서값을 받았을 때 사용할 수 있는 디지털 번호는 2번과 3번입니다. 여기서는 디지털 2번과 연결하여 스위치를 눌렀을 때 디지털 센서 2번이 반응하게 됩니다.

즉, 버튼을 클릭하면 디지털 센서 2번이 반응하고 디지털 센서가 반응했을 때 13번핀과 연결된 LED가 켜집니다.

(2) S4A 코드

'디지털 2번'과 연결된 버튼을 누르면 '디지털 13번'과 연결된 LED가 켜지고 버튼을 누르지 않으면 LED는 꺼지는 코딩을 합니다.

❶ 버튼 누르면 LED 켜기

❷ 확인하기

녹색 깃발을 클릭하고 버튼을 누르면 LED가 켜지는지 확인합니다.

❖ 274페이지에서 확인하세요

5. 풀 업 방식으로 버튼을 누르면 LED 끄기

2) 풀 다운 방식으로 두 개 버튼을 사용하여 LED전구 켜기

■ 미션

■ **준비물** : 아두이노 보드(UNO), 브레드 보드, LED 2개(빨간색, 노란색), 버튼 2개, 저항 220Ω 2개, 10kΩ 2개, 점퍼 케이블 12개(검은선 5개, 빨간선 3개(긴선 1개, 짧은선 2개), 파란선 2개, 노란선 2개)

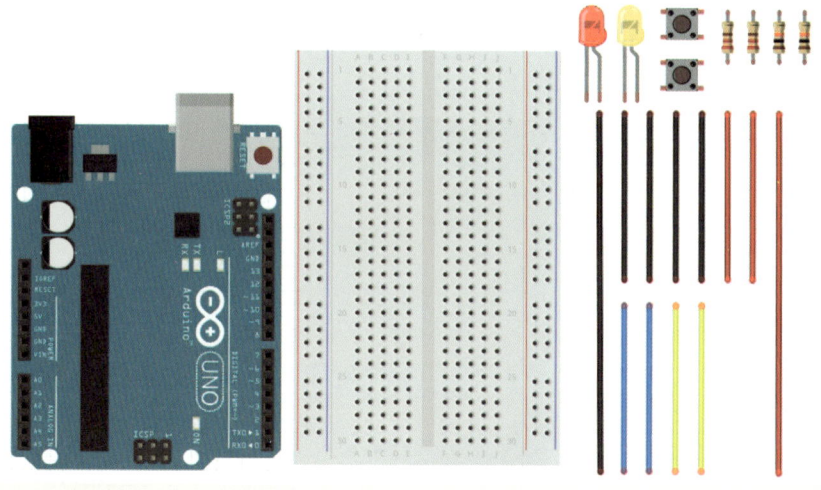

58 아두이노 코딩

(1) 아두이노 연결

완성모습

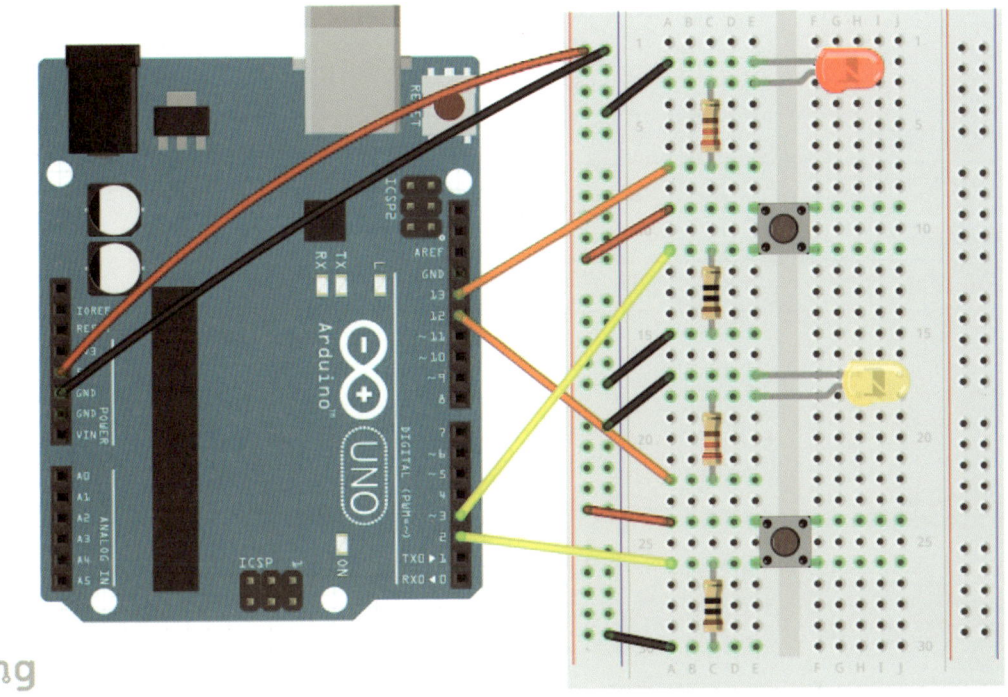

실제모습

❶ 버튼과 LED 연결하기

전자부품 명칭	아두이노 연결 부분
빨간색 LED +극	13번
빨간색 LED −극	G N D
노란색 LED +극	12번
노란색 LED −극	G N D
버튼 1 한쪽 다리(빨간색 LED 제어)	5V 전원
버튼 1 다른쪽 다리(빨간색 LED 제어)	디지털 3번, 저항과 G N D
버튼 2 한쪽 다리(노란색 LED 제어)	5V 전원
버튼 2 다른쪽 다리(노란색 LED 제어)	디지털 2번, 저항과 G N D

(2) S4A 코드

❶ 버튼을 누르면 LED 켜기

'디지털 3번'과 연결된 버튼을 누르면 13번과 연결된 '빨간색 LED'가 켜집니다.

'디지털 2번'과 연결된 버튼을 누르면 12번과 연결된 '노란색 LED'가 켜집니다.

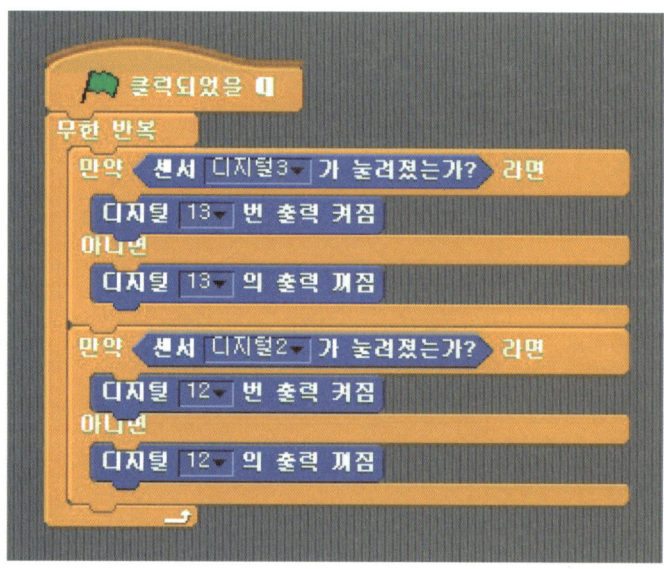

❷ 확인하기

버튼을 클릭하여 확인합니다.

3 실력다지기

1) 농구게임

▶ 실습예제 : 실습-03-03-01-농구공 게임

버튼을 누르면 LED가 켜지면서 '농구공' 스프라이트가 날아가고 점수가 1점씩 올라가도록 합니다.

■ 미션

■ **준비물** : 아두이노 보드(UNO), 브레드 보드, LED 1개, 버튼 1개, 저항 220Ω 1개, 10kΩ 1개, 점퍼 케이블 6개(검은색 3개, 파란색 1개, 빨간색 1개, 노란색 1개)

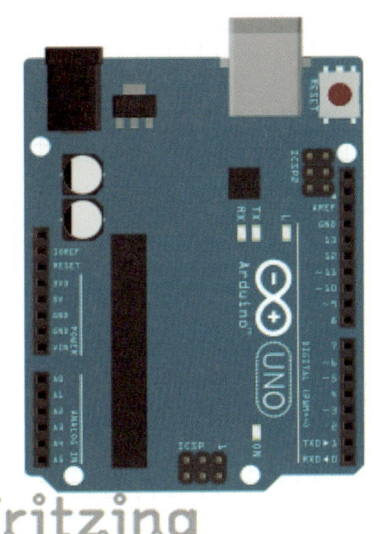
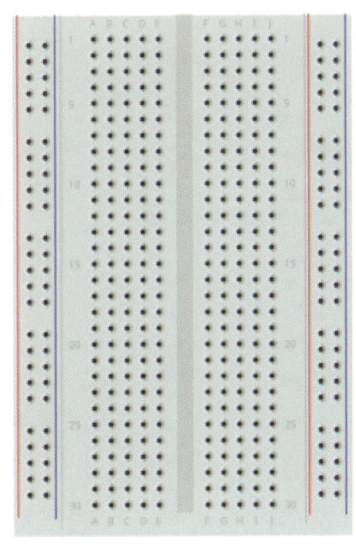

(1) 아두이노 연결

완성모습

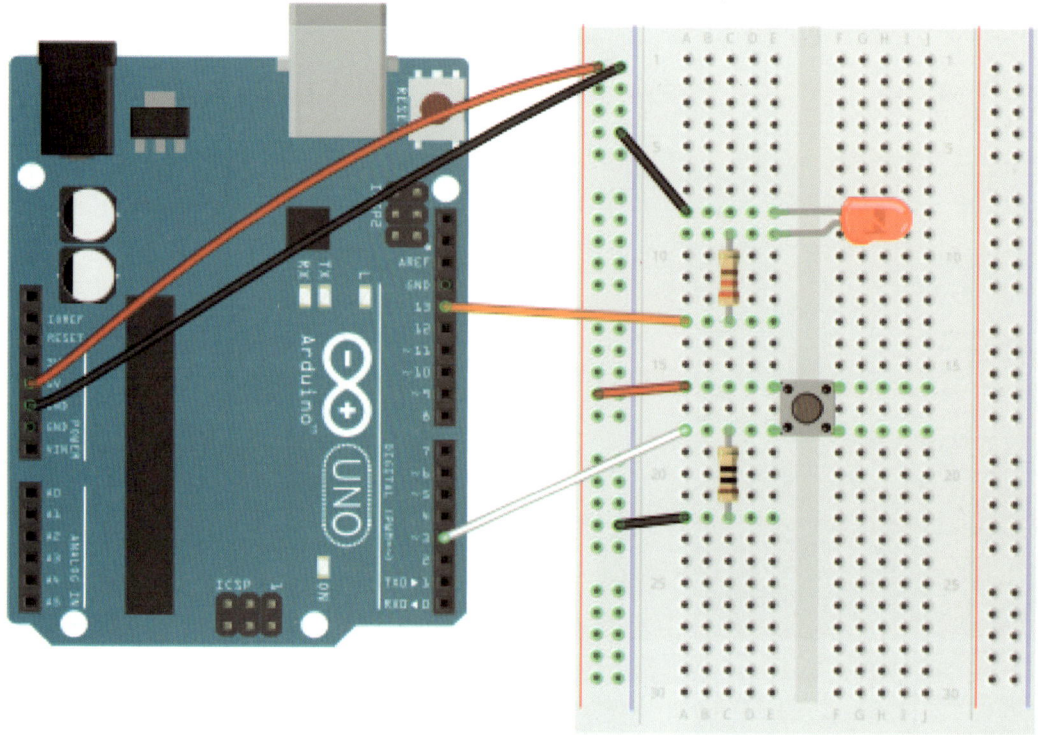

실제모습

(2) S4A 코드

디지털 3번과 연결된 버튼을 누르면 13번과 연결된 LED가 켜지고 '농구공' 스프라이트가 날아갑니다. '농구공' 스프라이트가 '골대선'에 맞으면 '점수'가 1점 올라가는 코딩을 합니다.

❶ 버튼 누르면 LED 켜기

 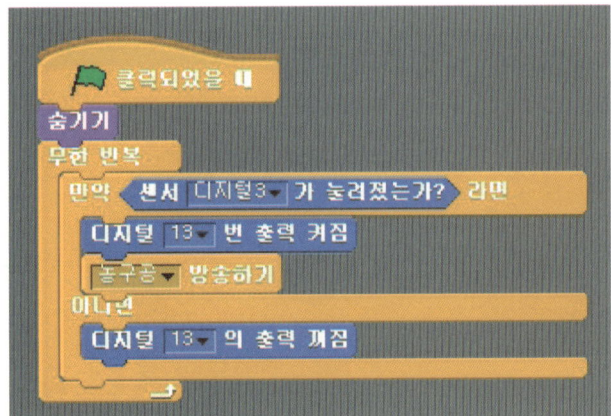
스프라이트

❷ 버튼을 누르면 농구공이 날아가서 점수 '1'점 올라가기

 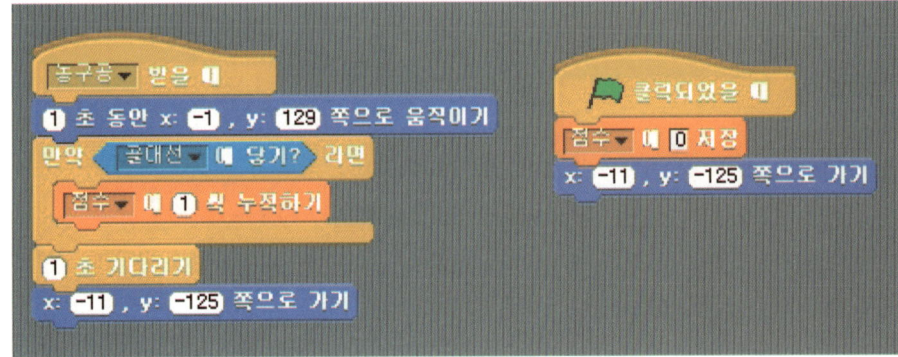
스프라이트

❸ 확인하기

녹색 깃발을 클릭하고 버튼을 눌러 확인합니다.

 **5. 풀업 방식으로 버튼을 누르면 LED 끄기** ❖ 274페이지에서 확인하세요

2) 내가 만든 조이스틱

▶ 실습예제 : 실습-03-03-02-내가 만든 조이스틱

친구와 가족과 함께 즐길 핑퐁게임 조이스틱을 만들어 봅니다. 패들은 아래쪽(x : 0, y : -120)에 항상 위치하고 그 위치에서 좌우로만 움직입니다.

■ 미션

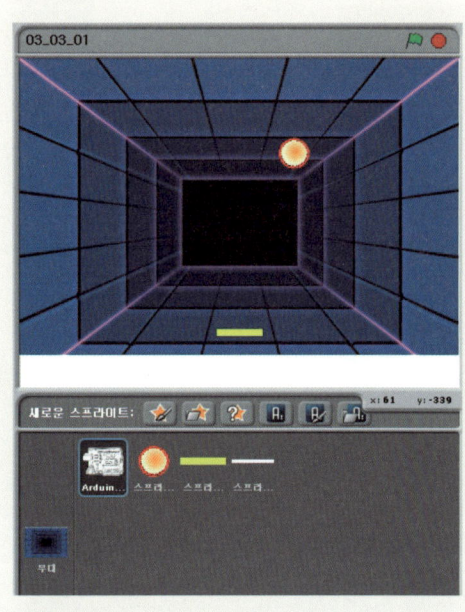 

[조건]

아두이노 보드	디지털 2번 센서 버튼	왼쪽 이동
	디지털 3번 센서 버튼	오른쪽 이동
S4A 코드	패들 이동 할 때 사용 블록	x좌표 10 만큼 바꾸기
	패들이 처음 위치하는 좌표	x : 0, y : -120

■ **준비물** : 아두이노 보드(UNO), 브레드 보드, 버튼 2개, 저항 10kΩ 2개, 점퍼 케이블 8개 (검정색 3개, 빨간색 3개, 노란색 2개)

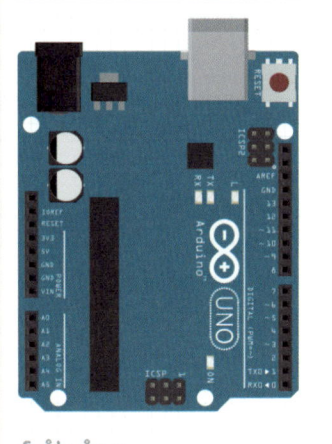

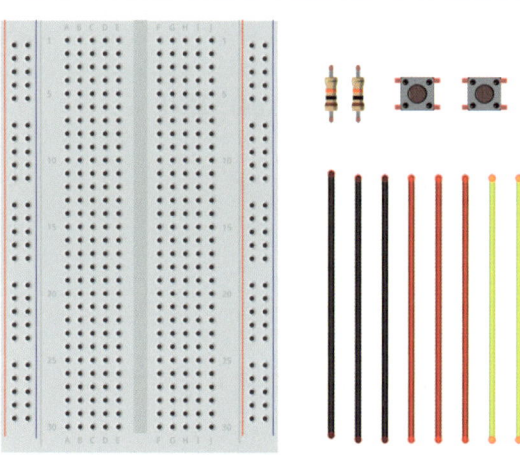

(1) 아두이노 연결

버튼을 누를 때 반응을 하므로 풀다운 방식으로 연결합니다.

전자부품 명칭	아두이노 연결 부분
버튼1(오른쪽 이동) 한쪽 다리	5V
버튼1(오른쪽 이동) 다른 쪽 다리	디지털 3번, 저항은 G N D
버튼2(왼쪽 이동) 한쪽 다리	5V
버튼2(왼쪽 이동) 다른 쪽 다리	디지털 2번, 저항은 G N D

완성모습

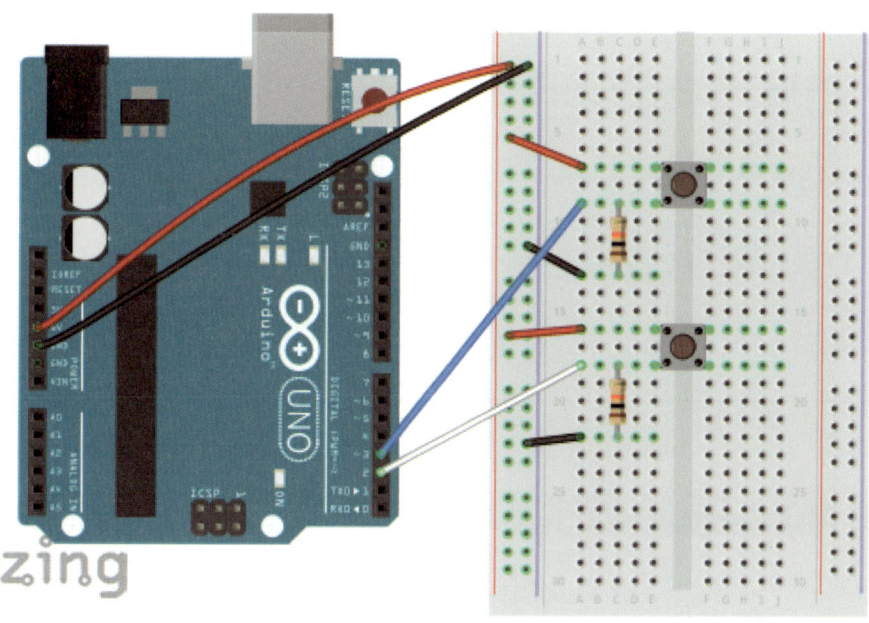

실제모습

(2) S4A 코드

❶ 버튼을 누르면 '패들' 스프라이트가 오른쪽, 왼쪽으로 움직이기

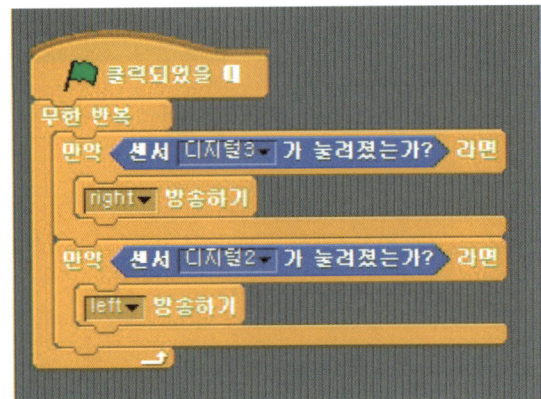

 스프라이트

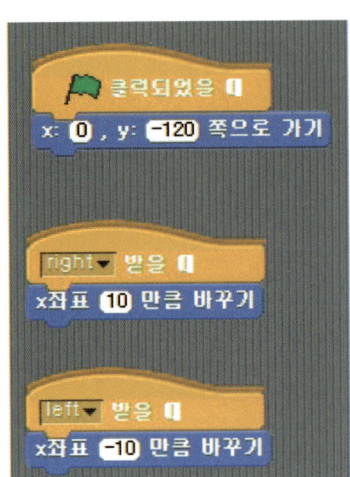

 '패들' 스프라이트

❷ '공' 스프라이트 자유롭게 움직이기

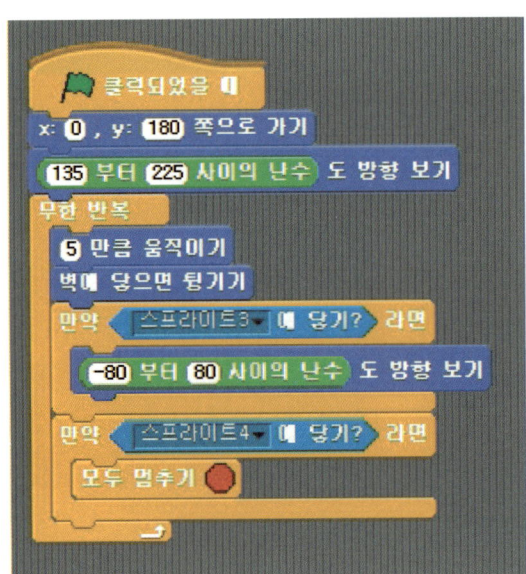

 '공' 스프라이트

4 CT 향상하기

버튼을 이용하여 무엇을 만들 수 있을지 생각하고 만들어 봅니다.

컴퓨터적 사고력 향상하기 **무엇을 만들어 볼까?**	
1. 아이디어 생각하기 만들고 싶은 것을 자유롭게 생각하고 적어봅니다.	
2. 주제 정하기 생각한 아이디어를 정리하여 만들 주제(제목)를 적어봅니다.	
3. 아두이노 연결하기 아두이노에 부품을 연결합니다.	
4. 코딩하기 연결한 부품이 잘 동작하도록 코딩합니다. S4A에 스프라이트들도 같이 동작하도록 코딩합니다.	
5. 친구들과 공유하기 내가 만든 작품을 친구들에게 보여줍니다.	

3장 평가문제

1 스위치(단추)를 연결할 때 저항이 전원 쪽에 연결되는 방식을 무엇이라고 하나요?

2 다음 회로도에서 스위치(단추)를 on/off 시 LED가 어떤 변화가 있는지 적습니다.

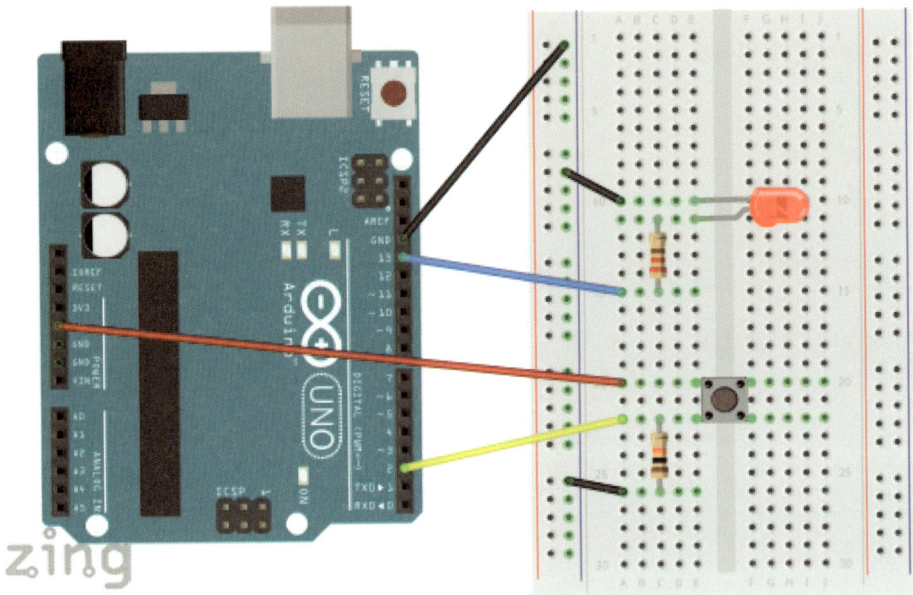

스위치를 눌렀을 때 :

스위치를 안 눌렀을 때 :

3 S4A에서 스위치(단추)를 제어하기 위해 아두이노 우노 보드에 몇 번 핀과 연결하나요?

정답

1) 풀업방식
2) 스위치를 눌렀을 때 : LED 켜진다. / 스위치를 안 눌렀을 때 : LED 꺼진다.
3) 디지털 2번 또는 3번

오로라 등 만들기

삼색LED의 구조와 사용방법을 알아보고 아두이노를 이용하여 동작해 봅니다.
* 아두이노 학습 요소 : 삼색LED
* 코딩 학습 요소 : 무한반복, 조건참, 입력상자, 비교조건, 메시지방송,
  변수, 배열, 디지털 센서, 아날로그 입력, 디지털 출력

● 변수 슬라이더로 삼색LED 켜기

  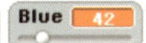

● 무지개 전등 만들기

체크포인트

학습목표
1) 삼색 LED 구조를 이해하고 원하는 색을 표현할 수 있다.
2) RGB색 표현 범위를 알고 원하는 색을 RGB값으로 나타낼 수 있다.
3) PWM을 이해하고 다양한 색을 표현하는 LED를 만들 수 있다.
4) 버튼을 이용하여 RGB색은 더하고 빼서 원하는 색을 표현하는 LED를 만들 수 있다.

학습포인트
1. 미리알아보기 : 삼색LED, 빛의 삼원색, PWM, 디지털과 아날로그에 대해 알아봅니다.
2. 기초다지기 : 삼색LED로 R,G,B를 조합하여 다양한 색을 표현합니다.
3. 실력다지기 : 변수를 이용하여 RGB를 표현하고 원하는 색을 입력받아 내방 전등색을 표현하는 무지개 전등을 만들어봅니다.
4. CT 향상하기 : 삼색 LED를 이용하여 무엇을 만들 수 있을지 생각하고 만들어 봅니다.
5. 평가하기

1 미리 알아보기

1) 삼색LED 란

삼색 LED를 보면 가장 긴 다리가 그라운드입니다. 그림과 같이 그라운드를 기준으로 하나만 있는 다리가 R(Red), 나머지가 차례로 G(Green), B(Blue)입니다.

2) 빛의 삼원색이란

빛의 삼원색이란 빛을 만들 때 조합이 되는 세 가지 색을 말합니다. 삼색 LED는 삼원색의 양을 조절해 다양한 색을 표현할 수 있으며, 색의 양은 각 색에 해당되는 전압의 값으로 0~5V사이를 조절해 변경합니다. 이는 물감의 색을 섞어 다양한 색을 만드는 것과 같습니다.

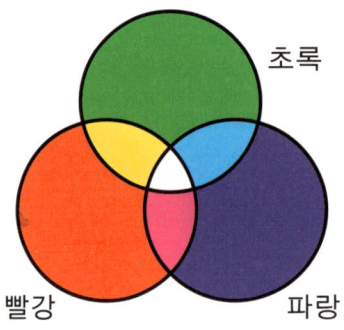

3) RGB색 값 표

RGB색은 0에서 255까지 숫자로 표시합니다. R은 Red(빨강), G는 Green(초록), B는 Blue(파랑)를 의미합니다. 숫자가 커질수록 표시하는 색에 더 가까운 색이 표현됩니다. 세 가지의 색을 혼합하여 다양한 색을 표현할 수 있습니다.

빨강	초록	파랑	흰색	검정
R 255 G 0 B 0	R 0 G 255 B 0	R 0 G 0 B 255	R 255 G 255 B 255	R 0 G 0 B 0

4) 디지털과 아날로그

컴퓨터는 0과 1로 모든 정보를 표현합니다. 버튼이 눌렸는지, 눌리지 않았는지 혹은 켜져 있는지 꺼져 있는지와 같이 두 가지 상태로만 판단하는 겁니다. 오직 2가지 상태로 정보를 표현할 수 있는 것을 '디지털'이라고 합니다.

아날로그는 디지털과는 반대로 연속적으로 변화하는 물리량을 표현하는데 사용됩니다. 우리 주위에서 쉽게 찾아볼 수 있는 예를 들어보면 디지털시계와 아날로그시계가 있습니다.

▲ 아날로그 시계　　　　▲ 디지털 시계

디지털은 모든 정보를 0과 1로 표현합니다. 즉 전류가 흐르는 상태는 1, 흐르지 않는 상태는 0으로 표현합니다. 0.5와 같은 값은 디지털에서 표현할 수 없습니다. 아두이노에서 디지털은 0V와 5V전압만 표현할 수 있습니다.

반면, 아날로그는 0.5, 0.34와 같이 다양한 값의 표현이 가능합니다. 연속적으로 변화하는 전압, 전류는 아날로그로 표현합니다. 아두이노에서 아날로그 입력은 0V~5V사이를 1,024개의 구간으로 나누어져 있으며, 0~1,023 값을 표현합니다. 최소값은 0이고 최대값은 1,023입니다.

아날로그 출력은 3, 5, 9, 10, 11핀을 이용하여 PWM방법을 이용하여 출력됩니다. 아날로그 출력은 0~255로 표현됩니다. 0은 LED가 꺼지고 255는 가장 밝은 LED가 켜집니다.

아두이노에서 사용하는 핀들은 디지털 핀번호입니다. 아래 그림과 같이 아날로그 입력핀과 출력핀이 따로 있습니다. 여기에서 아날로그 출력핀은 '~' 표시가 붙어 있는 핀만 해당합니다.

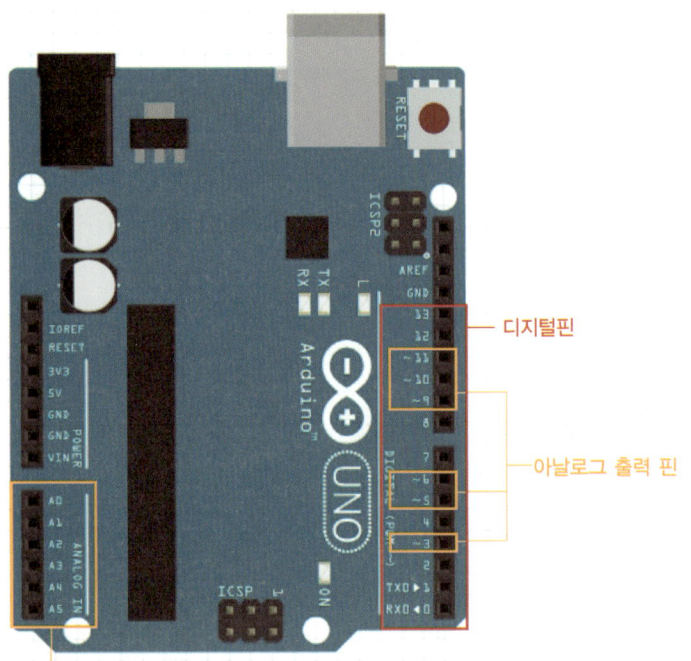

아날로그 출력 핀	범위
~3, ~5, ~6, ~9, ~10, ~11핀	$0 \sim 255(2^8)$

아날로그 입력 핀	범위
A0, A1, A2, A3, A4, A5	$0 \sim 1,023(2^{10})$

디지털 출력 핀	범위
0~13핀	0, 1

5) PWM(Pulse Width Modulation)이란

아두이노는 컴퓨터처럼 디지털로 작동합니다. 즉 0과 1의 값만 가지고 켜져 있는지 꺼져 있는지를 판단하여 작동을 합니다. 이와 같은 아두이노를 어떻게 아날로그의 값을 가지게 하는 걸까요? 바로 PWM(Pulse Width Modulation)라고 하는 '펄스 폭 변조'를 사용합니다. 0과 1값의 경계를 허물어 다른 값을 만들어내는 변조를 일으키는 겁니다.

예를 들어 LED를 천천히 켜고 또 천천히 끄고 싶을 경우에 PWM 방식을 사용하여 디지털 신호의 값을 아날로그로 변환하여 LED의 빛의 세기를 조절할 수 있는 겁니다. 디지털 출력에서는 HIGH, LOW 상태에 따라 일정하게 5V 또는 0V 전압 한 가지만 출력하는 반면, 아날로그 출력에서는 펄스 형태로 출력을 만드는데 HIGH와 LOW를 순차적으로 반복하면서 출력합니다. 다음 그림이 아날로그 출력 형태입니다.

아날로그 값	디지털 값	전압
255	ON (1)	5 V
0	OFF (0)	0 V

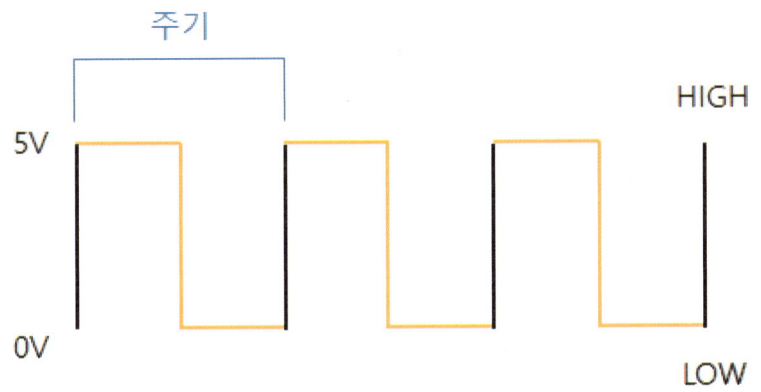

한 주기 0V와 5V에서 On과 Off가 반복되는 구간을 주기라고 합니다. 5V 상태를 유지하는 시간에 따라 주기의 모양이 달라집니다. 이것을 PWM기술이라고 한다. PWM에서 표현되는 아날로그 값은 0~255로 0은 off상태이고 255는 on상태가 됩니다. 실제적으로 LED는 펄스의 주기마다 계속 on/off되고 있지만 사람의 눈은 이런 속도로 깜박이는 것을 인식할 수 없고 단지 밝기가 변하고 있는 것만 인식합니다.

2 기초다지기

1) 삼색 LED 켜기
삼색 LED를 이용하여 빨간, 초록, 파란색 등을 켜봅니다.

■ **미션**

■ **준비물** : 아두이노 보드(UNO), 브레드 보드, 삼색 LED 1개, 220Ω 3개, 점퍼선 4개 검은색 1개, 빨간색 1개, 파란색 1개, 초록색 1개

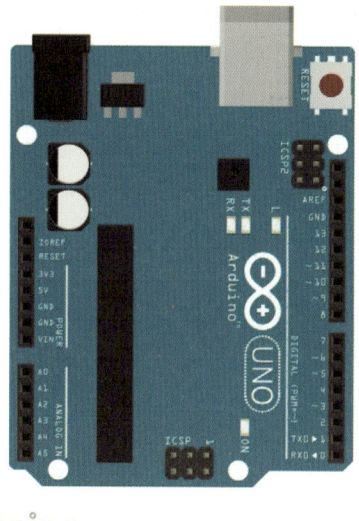
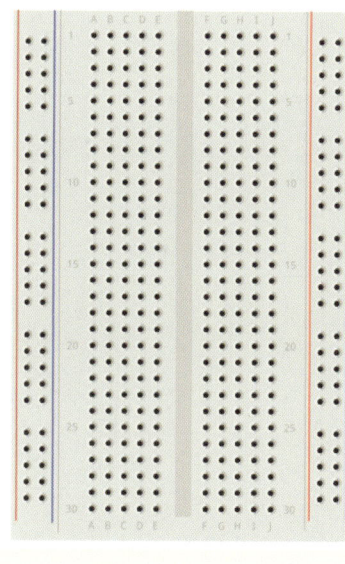
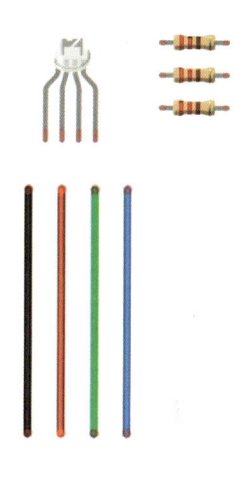

(1) 아두이노 연결

> 완성모습

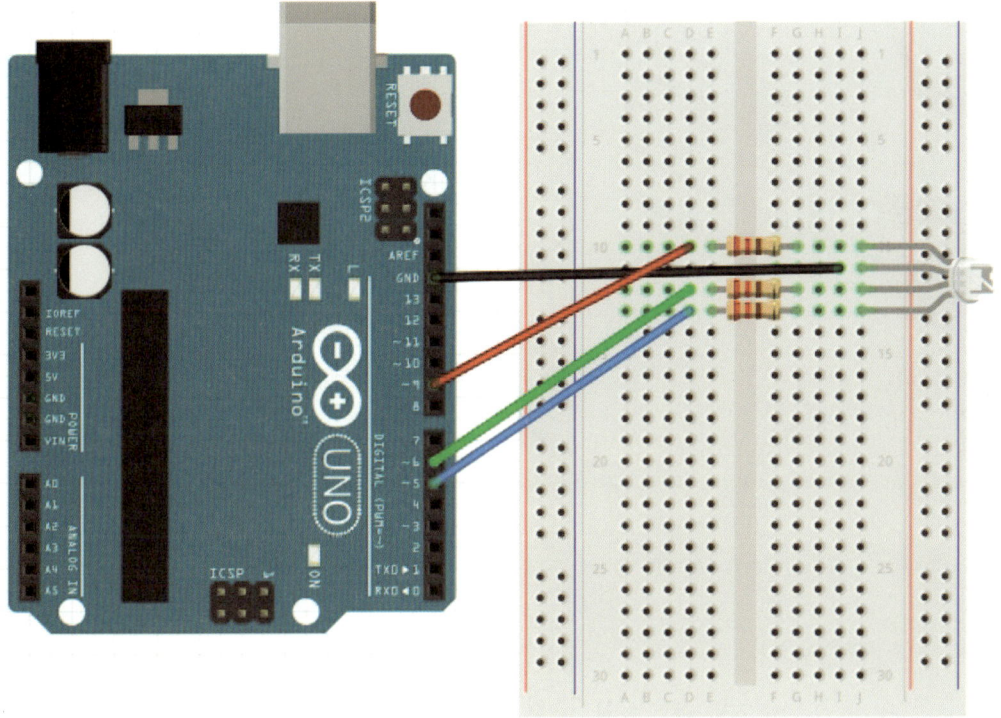

> 실제모습

❶ 삼색 LED 연결

그림과 같이 삼색 LED를 브레드 보드에 꽂고 점퍼선을 이용하여 그라운드를 연결합니다. 삼색 LED의 Red는 ~9번, Green은 ~6번, Blue는 ~5번에 연결합니다. 삼색 LED의 각 핀에 220Ω 저항을 연결하여 줍니다.

(2) S4A 코드

❶ 다음과 같이 코드를 입력합니다.

9번 핀은 R(빨간색), 6번 핀은 G(초록색), 5번 핀은 B(파란색)에 연결합니다. 9, 6, 5번은 아날로그 출력핀으로 0~255로 값을 표시합니다. '0'값은 LED가 꺼지고 '255'값은 해당 색과 가장 가까운 색을 표현합니다.

❷ 확인하기

키보드에서 R키, G키, B키를 눌러 삼색LED가 해당 색으로 켜지는지 확인합니다.

2) 다양한 색 LED켜기

R, G, B값을 조합하여 여러 가지 색을 표현해 봅니다. 아두이노 연결은 위와 같고 S4A 코드만 변경합니다.

■ **미션**

■ **준비물** : 아두이노 보드(UNO), 브레드 보드, 삼색 LED 1개, 220kΩ 3개, 점퍼선 4개(검은색 1개, 빨간색 1개, 파란색 1개, 초록색 1개)

(1) 아두이노 연결

완성모습

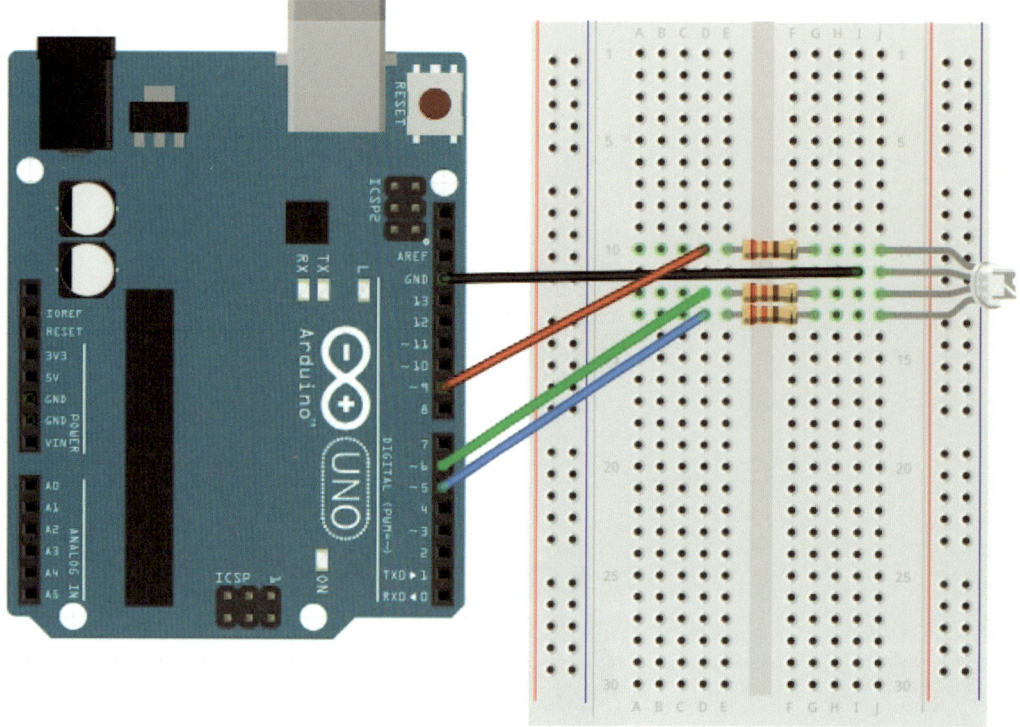

실제모습

(2) S4A 코드

❶ 다음과 같이 코드를 입력합니다. 하얀색, 노란색, 보라색, 끄기 순으로 삼색LED가 켜지도록 합니다.

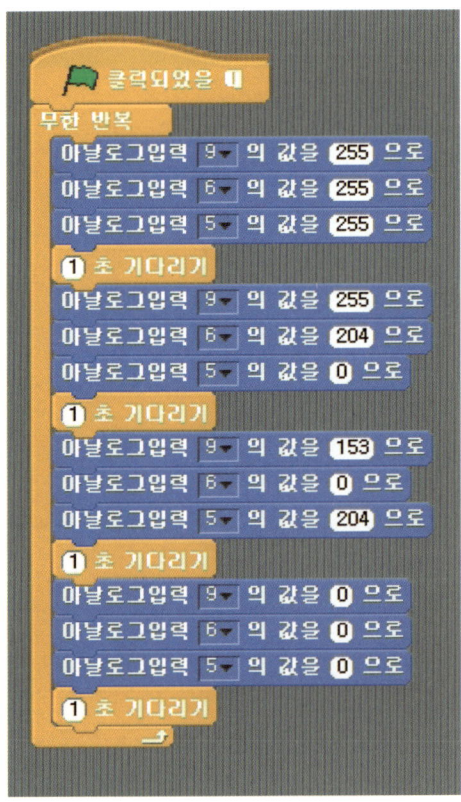

■ LED 투명색으로 켜기

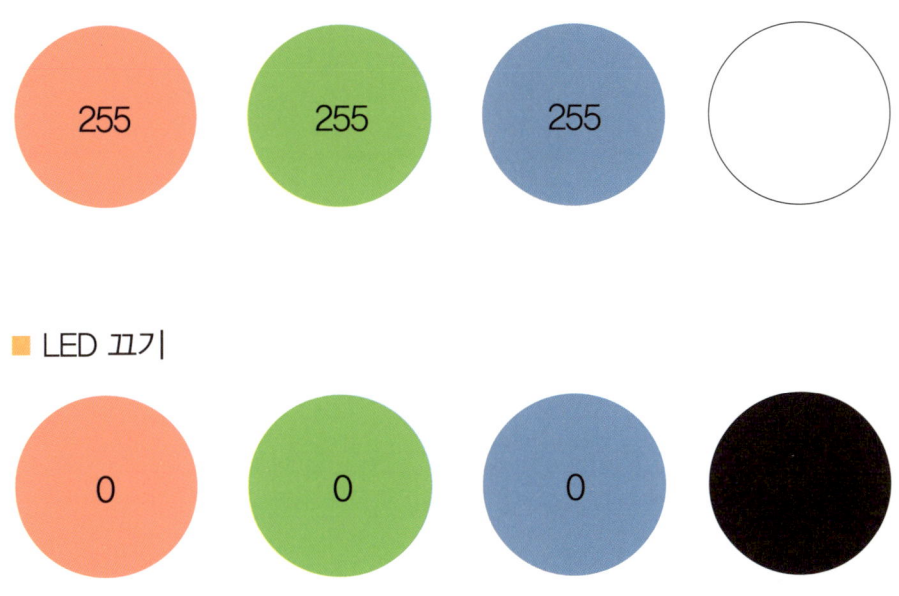

■ LED 끄기

3 실력다지기

1) 변수 슬라이더를 이용하여 RGB값을 조절하여 색 만들기

이번에는 S4A에 있는 변수 슬라이더를 가지고 RGB값을 조절하여 원하는 색을 만들어 LED등을 켜 보도록 합니다.

■ 미션

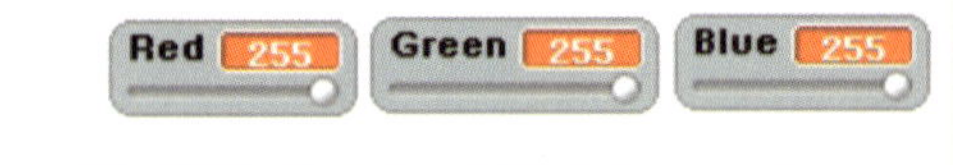

▲ 흰색켜기

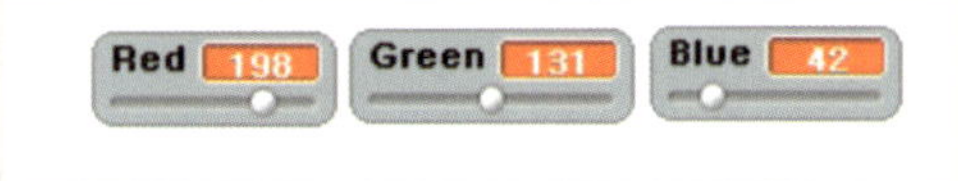

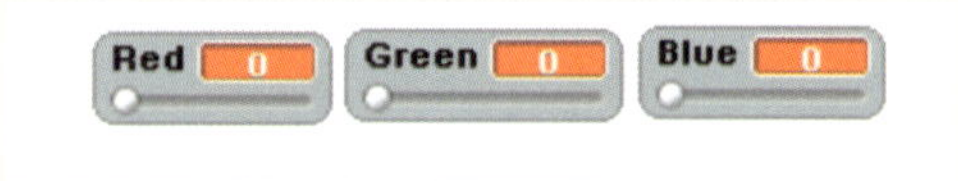

▲ 끄기

■ 준비물 : 아두이노 보드(UNO), 브레드 보드, 삼색 LED 1개, 220kΩ 3개, 점퍼선 4개(검은색 1개, 빨간색 1개, 파란색 1개, 초록색 1개)

(1) 아두이노 연결

완성모습

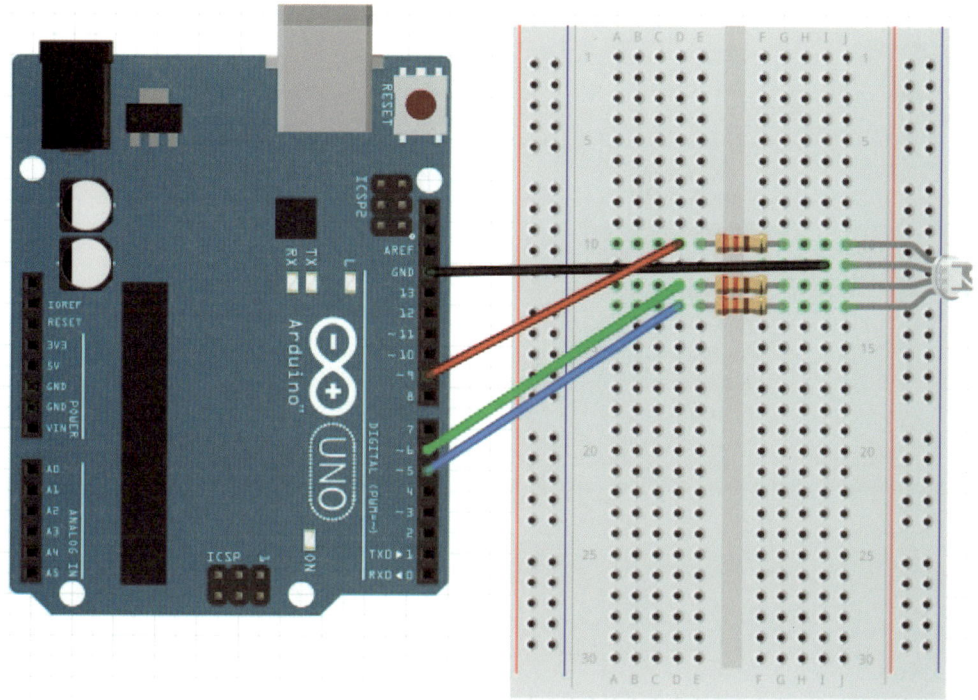

실제모습

(2) S4A 코드

❶ R, G, B 변수 만들기

'변수'-'변수 만들기'를 클릭하여 'Red', 'Green', 'Blue'변수를 만듭니다. 다음과 같이 Red, Green, Blue 변수상자가 만들어 집니다.

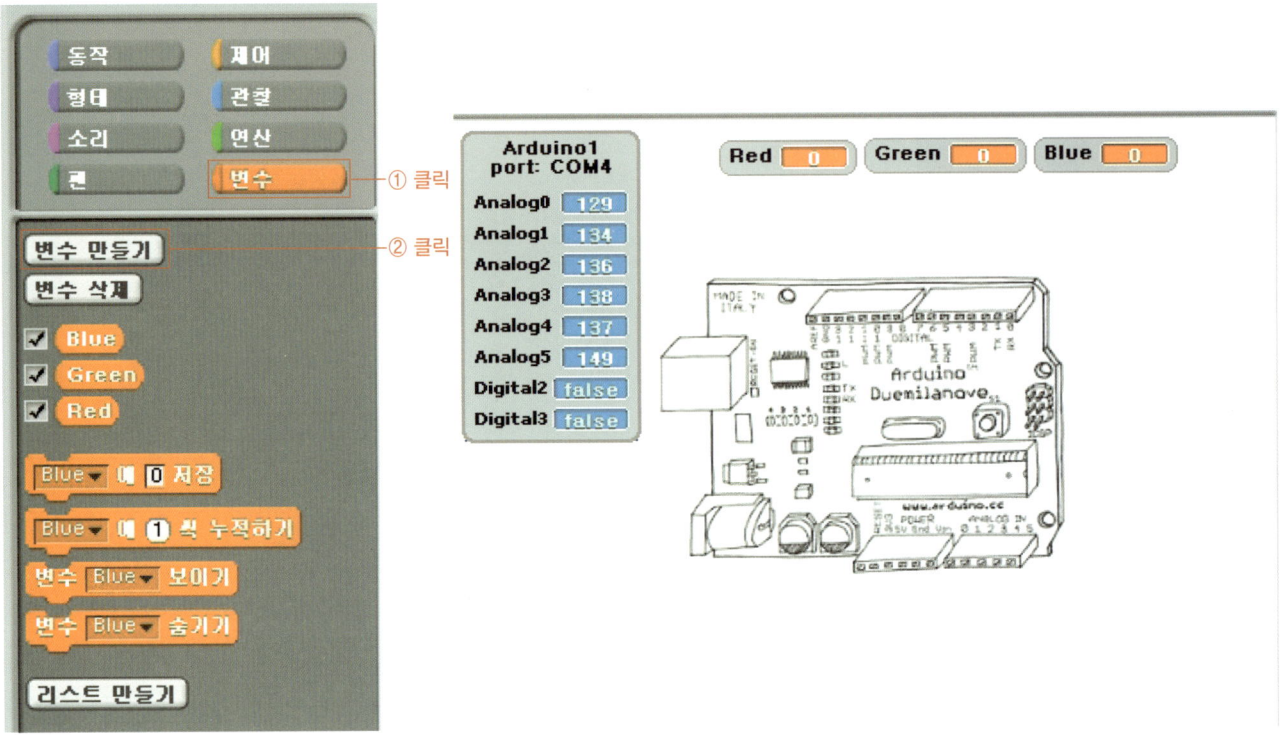

❷ 변수 상자를 슬라이더로 바꾸기

Red 변수상자에서 마우스 오른쪽을 클릭하여 '슬라이더'를 선택합니다. 다음과 같이 슬라이더가 표시됩니다. Green과 Blue도 이와 같이 슬라이더를 표시합니다.

❸ 변수 슬라이더 범위 주기

Red 슬라이더에서 마우스 오른쪽을 클릭하여 '슬라이더 최소값 최대값 설정'을 선택하여 색값의 최소값과 최대값을 입력합니다. Green과 Blue도 최소값과 최대값을 변경해 줍니다.

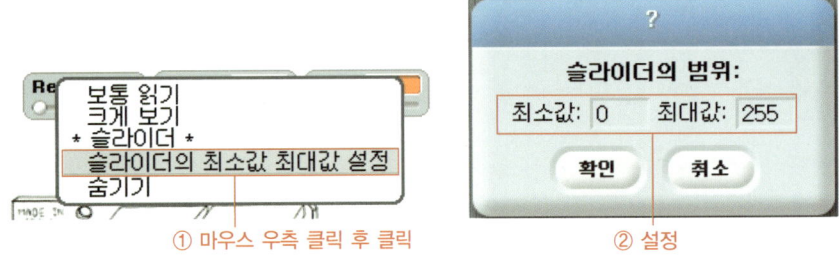

❹ 아래와 같이 코드를 작성하고 Red, Green, Blue의 슬라이더를 조절하면 삼색LED등이 지정된 RGB 색상값대로 색이 변경됩니다.

❺ 확인하기

변수 슬라이더를 움직여서 색을 확인해 봅니다.

2) 무지개 전등 만들기

▶ **실습예제 : 실습-04-03-02 무지개 전등 만들기**

오늘 내 방의 전등색은 무엇으로 할까? 원하는 색을 입력하면 입력한 색으로 전등색이 바뀌도록 합니다. 전등색은 빨, 주, 노, 초, 파, 남, 보 무지개 색을 가지고 있습니다.

■ **미션**

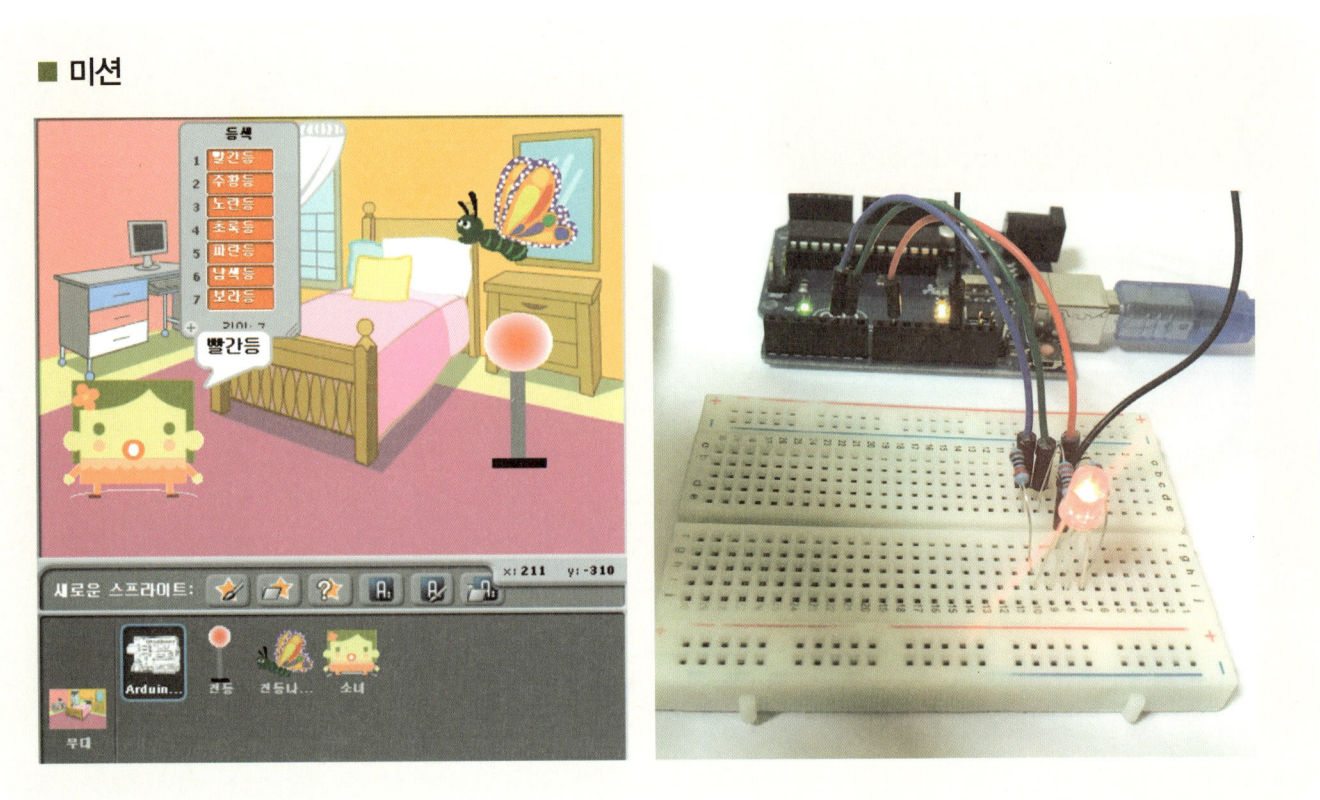

■ **준비물** : 삼색 LED 1개, 220kΩ 3개, 점퍼선 4개(검은색 1개, 빨간색 1개, 파란색 1개, 초록색 1개)

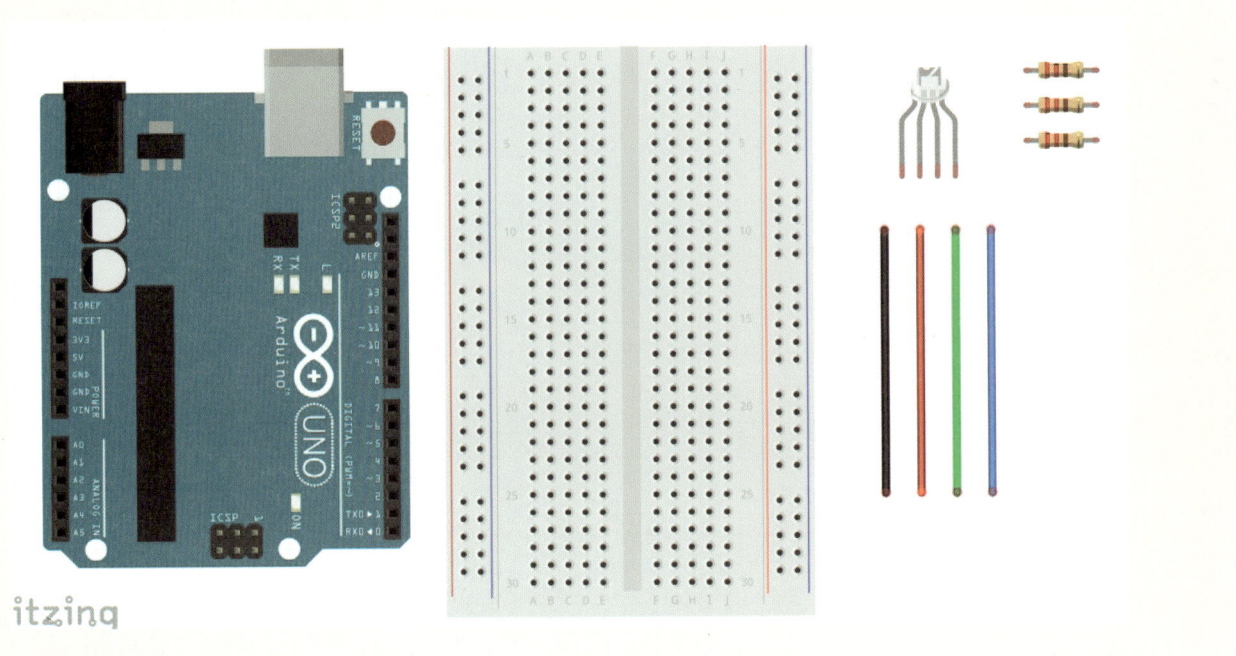

(1) 아두이노 연결

완성모습

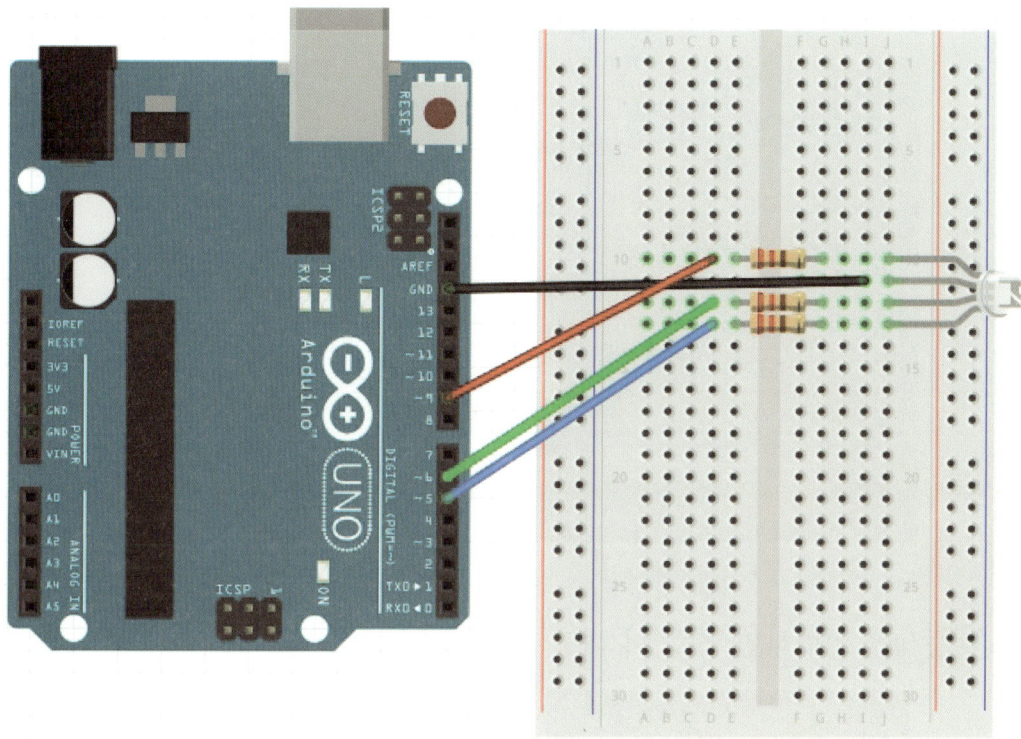

실제모습

(2) S4A 코드

❶ '전등나비'가 원하는 질문을 하고 전등색 리스트를 보여주도록 코딩합니다. '변수'에서 '등색' 이라는 리스트를 만들어 리스트 상자에 등색을 추가합니다.

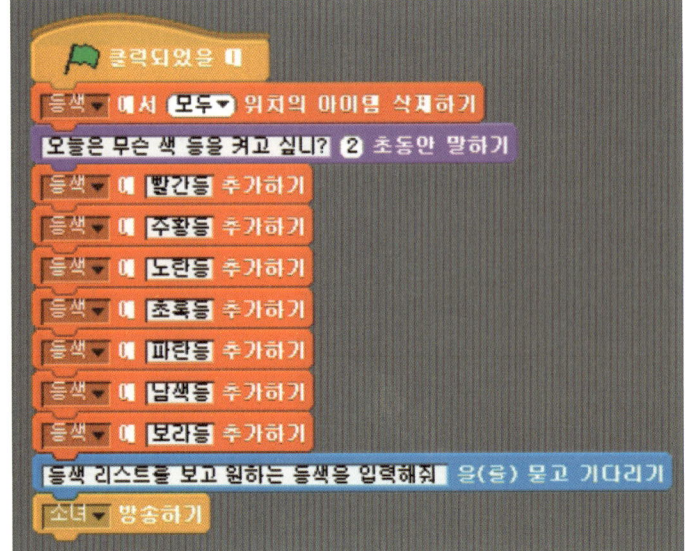

 스프라이트

❷ '소녀'가 원하는 전등색을 입력하면 '전등'이 해당 색을 표시하도록 합니다.

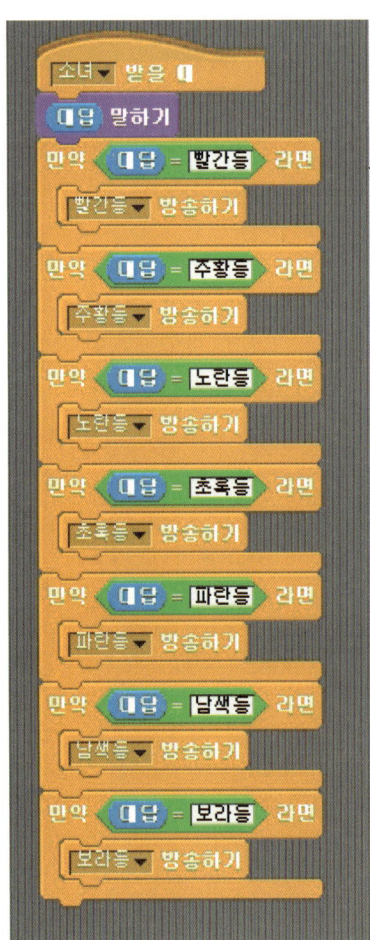

 스프라이트

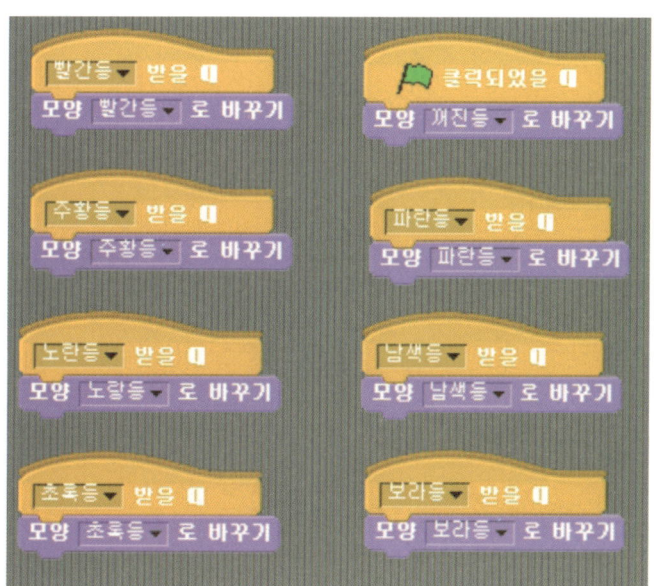

 스프라이트

❸ '전등'에 맞추어 삼색LED가 해당 색을 켜도록 코딩합니다.

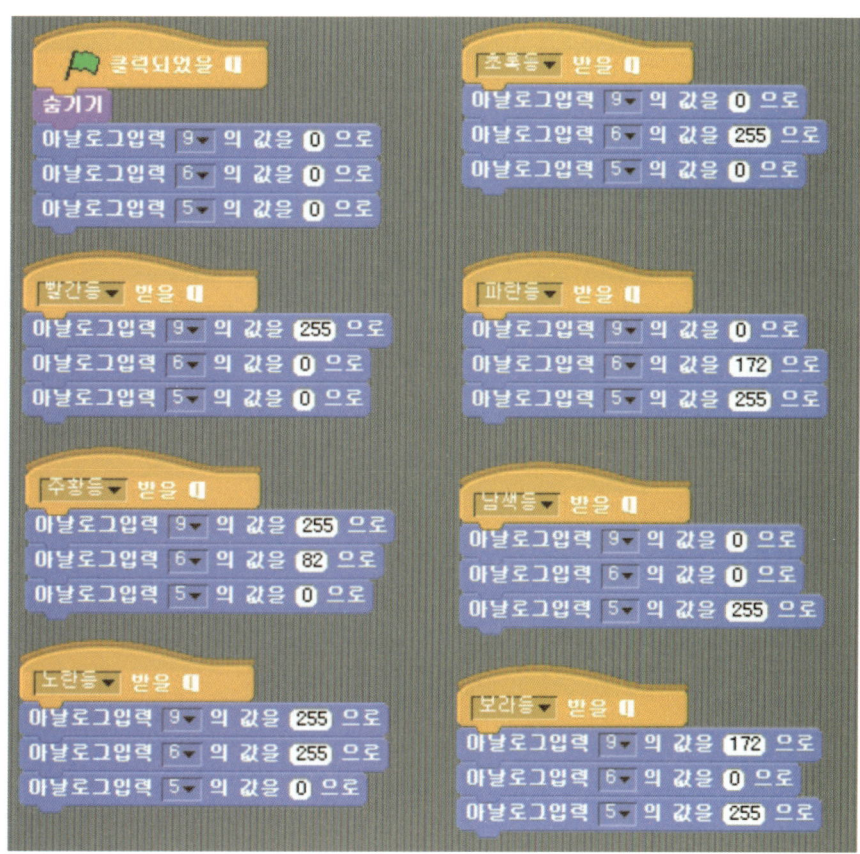

 스프라이트

RGB 색 값은 아래 표를 참고합니다.

R 255	R 255	R 255	R 0	R 0	R 0	R 172
G 0	G 82	G 255	G 255	G 172	G 0	G 0
B 0	B 0	B 0	B 0	B 255	B 255	B 255

4장 오로라 등 만들기

❹ 확인하기

녹색깃발을 클릭하여 원하는 색을 입력해 봅니다.

4 CT 향상하기

삼색 LED를 이용하여 무엇을 만들 수 있을지 생각하고 만들어 봅니다.

컴퓨터적 사고력 향상하기	
무엇을 만들어 볼까?	
1. 아이디어 생각하기 만들고 싶은 것을 자유롭게 생각하고 적어봅니다.	
2. 주제 정하기 생각한 아이디어를 정리하여 만들 주제(제목)를 적어봅니다.	
3. 아두이노 연결하기 아두이노에 부품을 연결합니다.	
4. 코딩하기 연결한 부품이 잘 동작하도록 코딩합니다. S4A에 스프라이트들도 같이 동작하도록 코딩합니다.	
5. 친구들과 공유하기 내가 만든 작품을 친구들에게 보여줍니다.	

4장 평가문제

1 삼색 LED 각 핀의 의미를 적습니다.

2 아두이노의 디지털을 아날로그 방식으로 변환할 때 사용하는 방법을 무엇이라고 하나요?

3 아두이노 우노보드를 보고 빈 칸을 적습니다.

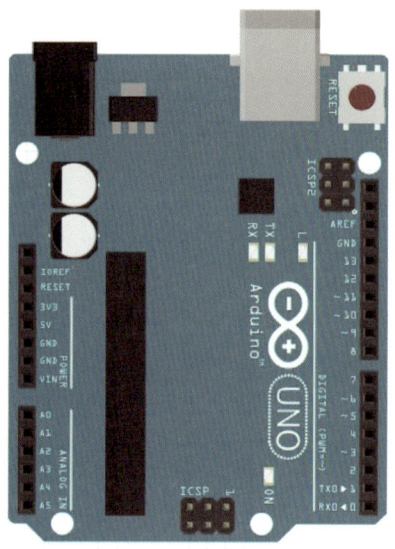

(1) 아날로그 출력 핀	(2) 범위

(3) 아날로그 입력 핀	(4) 범위

(5) 디지털 출력 핀	(6) 범위

정답

1) 1. 빨간색, 2. 그라운드, 3. 초록색, 4. 파란색
2) PWM(Pulse Width Modulation)라고하는 펄스 폭 변조
3) (1) ~3, ~5, ~6, ~9, ~10, ~11핀, (2) 0~255, (3) A0, A1, A2, A3, A4, A5, (4) 0~1,023, (5) 0~13 핀, (6) 0, 1

형성평가

1 두 개의 버튼을 만들고 한 개의 버튼을 누르면 LED 전구의 빛이 세지고 다른 한 개의 버튼을 누르면 LED전구의 빛이 약해지는 프로젝트를 만들어 봅니다.

2 비행기 맞추기

화살이 비행기를 맞추면 불빛이 들어오는 프로젝트를 만들어 봅니다. 버튼을 누르면 화살이 나갑니다. 아래 조건을 읽고 아두이노와 S4A를 구현해봅니다.

[보드 조건]
① 버튼은 디지털 3번 핀과 연결합니다.
② 전압은 5V와 연결합니다.
③ LED전구는 디지털 13번 핀과 연결합니다.

[S4A 조건]
① 스페이스 키를 누르면 모든 동작이 이루어지도록 코딩합니다.
② 비행기가 좌우로 반복적으로 움직이도록 합니다.
③ 단추를 누르면 화살이 위로 날아갑니다.
④ 비행기를 맞추면 LED 전구에 불이 켜집니다.
⑤ LED 전구에 불이 켜질 때마다 점수가 1점씩 올라갑니다.
⑥ 스페이스 키를 누르면 60초 타이머가 작동합니다.

-S4A 화면

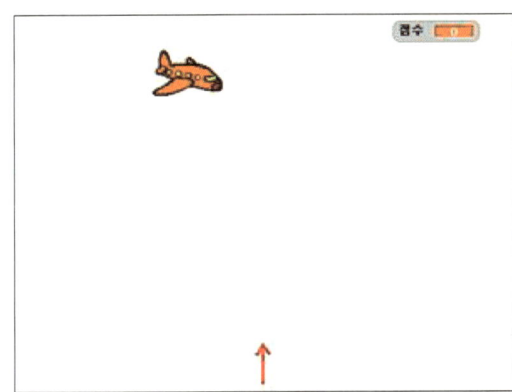

3 버튼으로 켜지는 삼색 LED만들기

버튼을 누를 때마다 빨간색, 초록색, 파란색 순으로 삼색LED가 켜지도록 합니다. 버튼을 처음 누르면 옅은색 등이 켜지고 한 번 더 누르면 좀 더 진한색 등이 켜집니다.

색의 변화를 주기 위해 변수를 만들고 버튼을 클릭하면 색 값이 변하여 LED의 빛의 세기가 달라집니다. 변수는 Red, Green, Blue를 만들어 줍니다.

전자부품	아두이노
삼색LED Red	9번
삼색LED GND	GND
삼색LED Green	6번
삼색LED Blue	5번
버튼 한쪽다리	5V
버튼 다른쪽다리	디지털 3번, 저항은 GND

- 빨간색

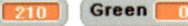  

- 초록색

 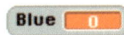

5장 댄스 댄스 네온싸인

가변저항의 구조를 알고 이를 이용하여 다른 전자부품을 동작해 봅니다.
* 아두이노 학습 요소 : 가변저항(B10K)
* 코딩 학습 요소 : 반복, 조건 ~ 아니면, 변수, 연산, 메시지방송, '난수', 아날로그 입력, 디지털 출력

● 댄스댄스 네온싸인

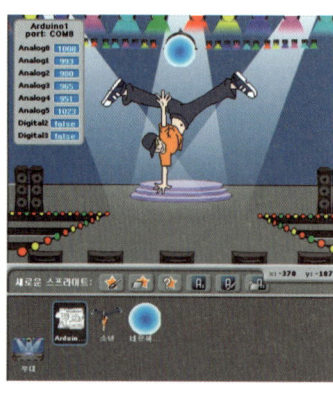

● 최고의 골기퍼!

체크포인트

학습목표
1. 가변저항의 원리를 알고 아날로그 입력값을 디지털 출력값으로 계산하여 삼색LED를 제어할 수 있다.
2. 가변저항의 원리를 알고 가변저항값을 x, y좌표로 계산하여 스프라이트를 움직일 수 있다.

학습포인트
1. 미리 알아보기 : 가변저항과 PWM방식에 대해 알아봅니다.
   아두이노의 아날로그 입력값과 디지털 출력값에 대해 알아봅니다.
2. 기초다지기 : 가변저항를 이용하여 LED의 밝기와 깜빡임을 조절해 봅니다.
3. 실력다지기 : 가변저항을 이용하여 여러 색이 바뀌는 네온싸인과 축구공을 막는 골기퍼를 만들어봅니다.
4. CT 향상하기 : 가변저항을 이용하여 무엇을 만들 수 있을지 생각하고 만들어 봅니다.
5. 평가하기

1 미리알아보기

1) 가변저항이란?

가변저항을 간단히 말하면 저항값을 임의로 바꿀 수 있는 저항기입니다. 돌리는 정도에 따라 저항값이 증가하고 감소하며 그 값을 이용하여 아날로그 신호로 바꾸어 사용할 수도 있습니다. 가변저항의 전기신호값은 0~1,023까지 표현하고, 왼쪽 끝으로 돌리면 0, 오른쪽 끝으로 돌리면 1,023입니다.

가변 저항의 3개의 핀 중에서 제일 왼쪽에 있는 핀을 그라운드에 연결하고, 오른쪽 핀을 5V에 연결합니다. 마지막으로 가운데 핀은 아날로그핀에 연결합니다. 저항의 값이 아날로그 신호값에 의해 0~255범위 안에 값으로 표시됩니다. 가변저항은 중앙 축에 달린 침이 회전할 수 있도록 되어있기 때문에, 그라운드쪽에 연결된 핀쪽으로 돌릴수록 0V에 가깝게 전압이 변하고 5V에 연결된 핀쪽으로 돌릴수록 점점 5V로 변합니다. 마찬가지로 가변저항도 저항이다 보니 무극성이라 전원핀과 그라운드핀을 서로 바꾸어 연결시켜도 같은 결과가 나옵니다.

2) 가변저항 사용

가변 저항의 대표적인 예로, 라디오 볼륨을 예로 들 수 있습니다. 볼륨을 돌리면, 회로에 흐르는 전류의 양을 변화시킬 수 있습니다. 결국 라디오 회로에 장착된 가변저항을 조절하는 것입니다. 또한 밝기를 조절하는 전등 같은 경우에도 이에 해당합니다.

3) 가변저항의 종류

볼륨 조절이 가능한 손잡이가 있는 금속피막형, 탄소피막형 또는 용도에 따라 반고정식, 슬라이드식 등 사용 용도와 형태에 따라 다양한 모양의 가변저항이 있습니다.

2 기초다지기

1) 가변저항으로 LED밝기 조절하기
가변저항으로 LED를 켜고 밝기를 조절해봅니다.

■ 미션

■ 준비물 : 아두이노 보드(UNO), 가변저항(B10K) 1개, LED 1개, 220Ω 저항 점퍼선 6개

 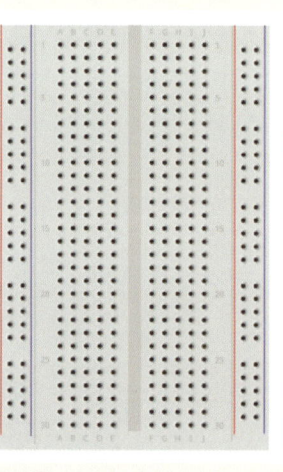 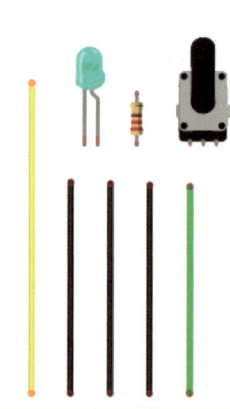

■ 가변저항 실제 이미지

(1) 아두이노 연결

완성모습

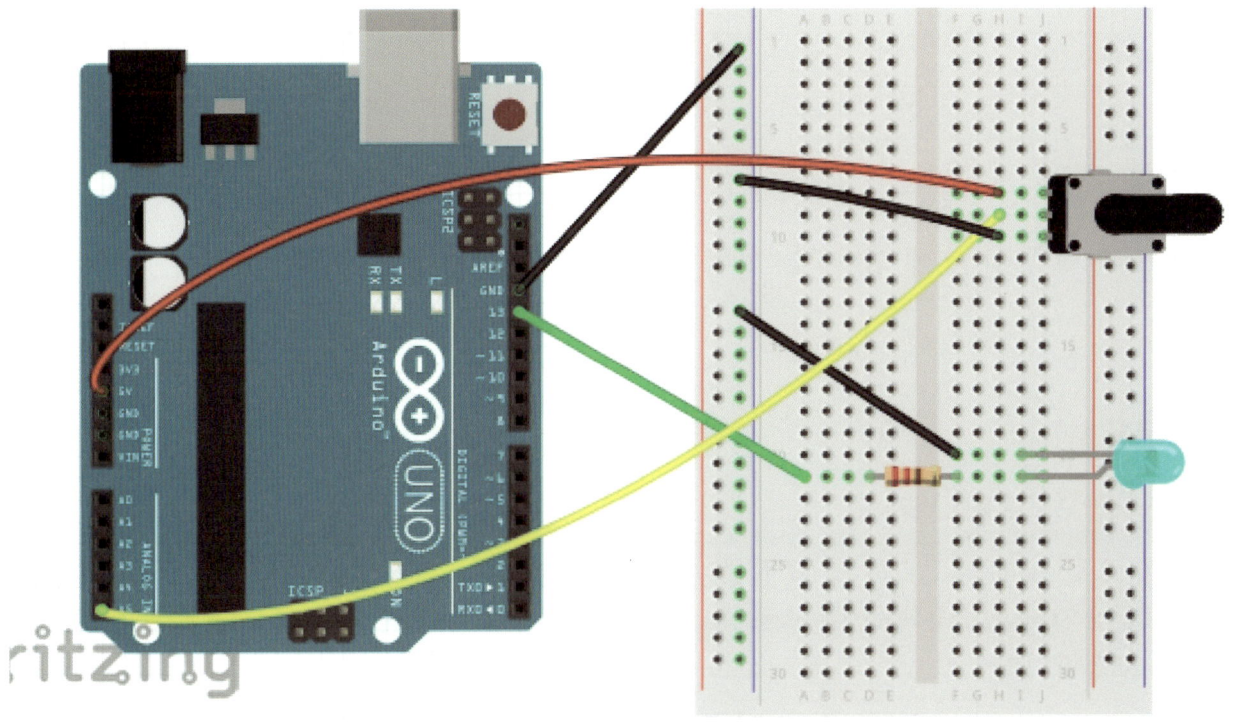

실제모습

❶ 가변저항과 LED 연결하기

명칭	연결 위치
가변저항의 오른쪽 핀	GND
가변저항의 중앙 핀	A5(아날로그 입력 핀)
가변저항 왼쪽 핀	전압(5V)
LED +극	13번
LED -극	GND

아날로그 입력 핀인 A5에 입력받는 가변저항값은 아날로그 값으로 전환되어 0~1,023까지 표현된다.

(2) S4A 코드

❶ 가변저항으로 LED 켜기

가변저항으로 LED 켜고 끄기를 조절합니다. A5(아날로그 5)가 입력받는 '0~1,023'값을 반으로 나누면 '512'입니다. '512'를 기준으로 '512'보다 크면 LED가 켜지고 '512'보다 작으면 LED가 꺼지도록 코딩합니다.

 스프라이트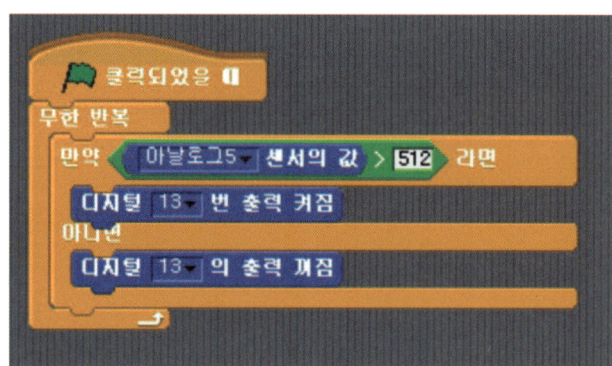

❷ 확인하기

가변저항을 손으로 돌려봅니다. A5의 값이 '0'이면 LED는 꺼지고, '512'가 넘어가면 LED는 켜집니다.

❸ 가변저항으로 LED 깜빡임 조절하기

가변저항으로 LED의 깜빡이는 속도를 조절해 봅니다. 가변저항의 값은 최대가 '1,023'이므로 가변저항의 신호를 아날로그 값으로 변환해 주는 '아날로그 입력 핀인 A5'의 값을 '1,023'으로 나눈 값을 '초'로 사용합니다.

- A5값이 '1,023'이면 1,023/1,023=1 이므로 1초 기다리기
- A5값이 '512'이면 512/1,023=약 0.50048876 이므로 약 0.5초 기다리기

❹ 확인하기

가변저항을 손으로 돌려봅니다. A5의 값이 0이면 LED의 깜빡이는 속도는 빠르고, 1,023이면 천천히 깜빡입니다.

❺ 가변저항으로 LED 밝기 조절하기

밝기를 조절하기 위해서는 LED를 아날로그 출력핀에 연결해 주어야 합니다. 그래서 아래 그림과 같이 ~9번핀에 연결합니다.

그다음 S4A 코딩을 합니다. 가변 저항과 연결한 A5는 아날로그 입력 핀으로 0~1,023까지의 값을 가집니다. LED와 연결된 디지털 출력 9번 핀은 0~255까지 값을 가집니다. 그래서 A5의 값을 0에서 255까지의 값으로 변환해주어야 합니다.

• A5 범위	0~1,023
• 9번 범위	0~255

5장 댄스 댄스 네온싸인 **97**

- 변환 계산식

[아날로그5▼ 센서의 값 * 255 / 1023 반올림]

- A5의 값이 1,023일 경우 계산

1,023×255/1,023=255   디지털 출력 핀 값이 255이므로 LED는 가장 밝은 빛

- A5의 값이 512일 경우 계산

512×255/1,023=127.624633 반올림 하여 128, 디지털 출력 핀 값이 128이므로 LED는 중간 빛

- A5의 값이 0일 경우 계산

0×255/1,023=0   디지털 출력 핀 값이 0이므로 LED는 꺼진다.

[클릭되었을 때 / 무한 반복 / 아날로그입력 9▼ 의 값을 아날로그5▼ 센서의 값 * 255 / 1023 반올림 으로]

LED의 밝기는 0, 1만 표현되는 디지털이 아니며 PWM방식으로 표현되어야 하므로 ~표시가 있는 아날로그 핀을 사용해야 합니다. 그래서 '9번' 핀을 사용합니다.

6. 아날로그 입력 핀의 최대 표현 수는?
아날로그 입력값과 아날로그 출력이 무엇인지 자세한 내용은 275페이지에서 확인하세요

2) 가변저항으로 스프라이트 움직이기

▶ 실습예제 : 실습-05-02-02 가변저항으로 스프라이트 움직이기

가변저항에 입력되는 값을 이용하여 스프라이트가 움직이는 코딩을 합니다.

■ 미션

■ 준비물 : 아두이노 보드(UNO), 가변저항(B10K) 1개, 점퍼선 4개

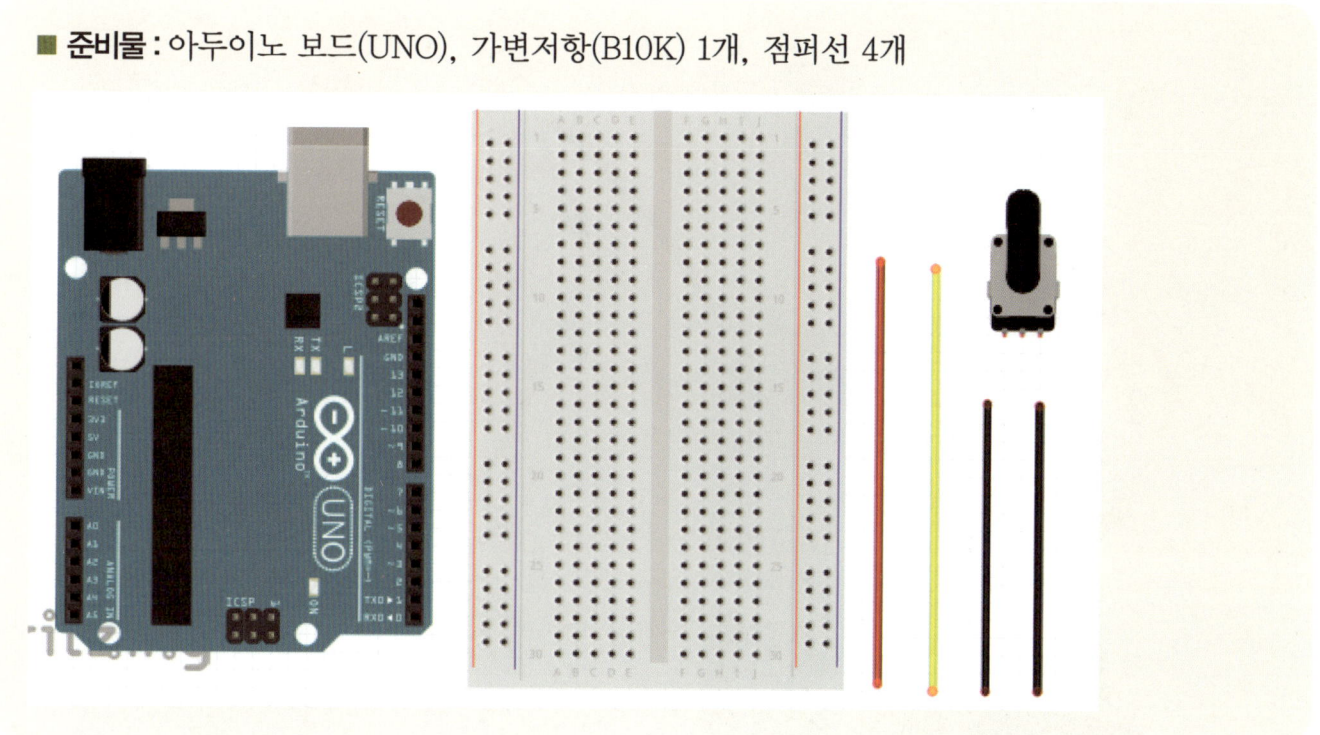

(1) 아두이노 연결

> 완성모습

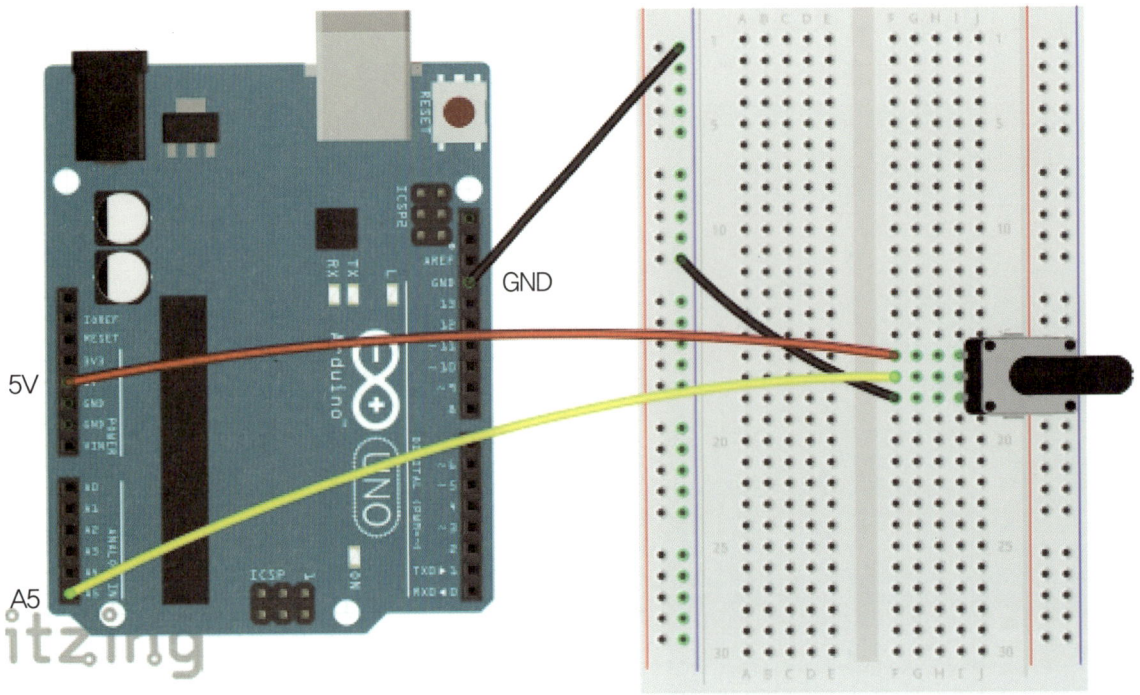

> 실제모습

100 아두이노 코딩

❶ 가변저항 꽂고 연결하기

명칭	연결 위치
가변저항의 오른쪽 핀	GND
가변저항의 중앙 핀	A5(아날로그 입력 핀)
가변저항 왼쪽 핀	전압(5V)

(2) S4A 코드

❶ 스프라이트 움직이기

가변저항으로 'boy' 스프라이트를 좌우로 움직이도록 합니다. S4A도 스크래치와 같이 가로로 움직일 경우 X좌표(-240~240)를 이용합니다. 가변저항의 아날로그 입력값인 A5값을 X축의 좌표값으로 사용하기 위해서 아래의 식을 사용합니다.

A5가 1,023일 경우

(1,023-512)/2=255.5 이므로 X축 값은 255까지 갈 수 있고

A5가 0일 경우

(0-512)/2=-256 이므로 X축 값은 -256까지 갈 수 있습니다.

X축의 좌표값인 -240~240을 포함하므로 이 계산식을 사용하도록 합니다.

 스프라이트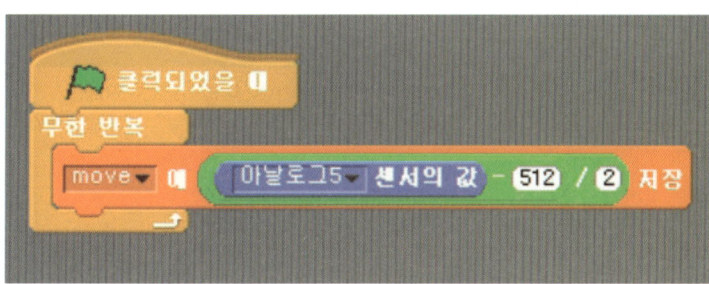

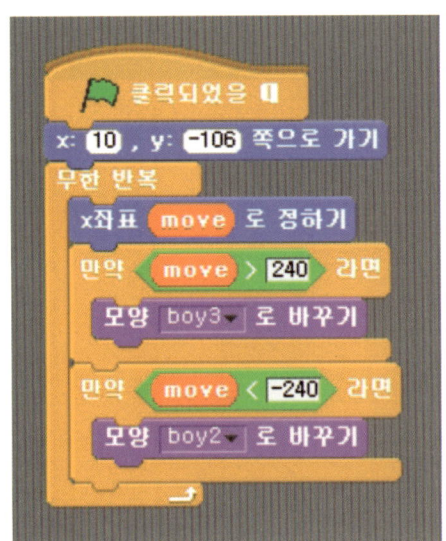

 스프라이트

❷ 확인하기

가변저항을 돌리면 'boy'스프라이트 좌우로 움직입니다. boy가 움직이는 방향을 보면서 움직이도록 하기 위해 조건을 주었습니다. boy가 오른쪽으로 가면 move값이 240이상이 되고 boy3 모양으로 왼쪽으로 가면 move값이 -240 이하가 되어서 boy2 모양으로 바뀝니다.

move>240	boy3 이미지로 변경
move<-240	boy2 이미지로 변경

3 실력다지기

1) 댄스댄스! 네온 싸인 만들기

▶ 실습예제 : 실습-05-03-01 댄스댄스 네온싸인

소년이 춤을 추고 있네요. 소년의 춤을 더 멋있게 보이게 하도록 다양한 색이 깜빡이는 네온싸인을 만들어 봅니다.

■ 미션

■ 준비물 : 우노보드, 브레드 보드, 점퍼선 8개, 삼색 LED 1개, 가변저항(B10K) 1개, 저항 3개 (220Ω)

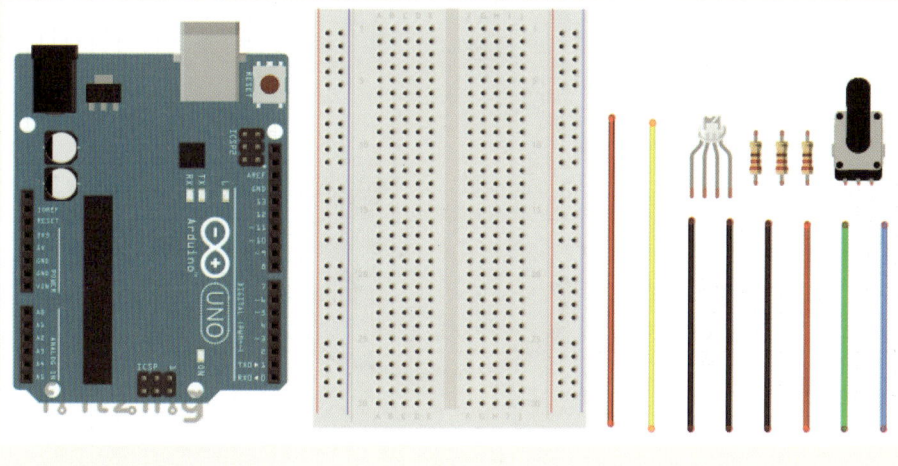

(1) 아두이노 연결

완성모습

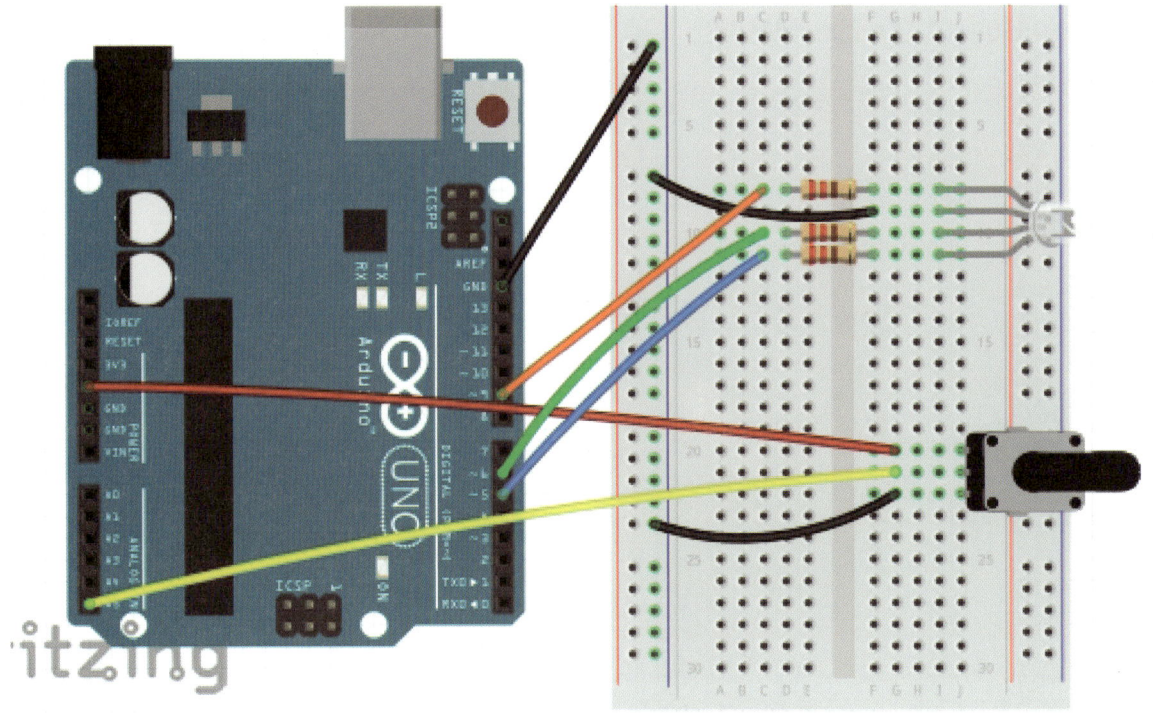

실제모습

(2) S4A 코드

❶ 삼색 LED 깜빡이기

가변저항값에 따라 삼색LED가 빨간색, 초록색, 파란색으로 깜빡이도록 해봅니다.

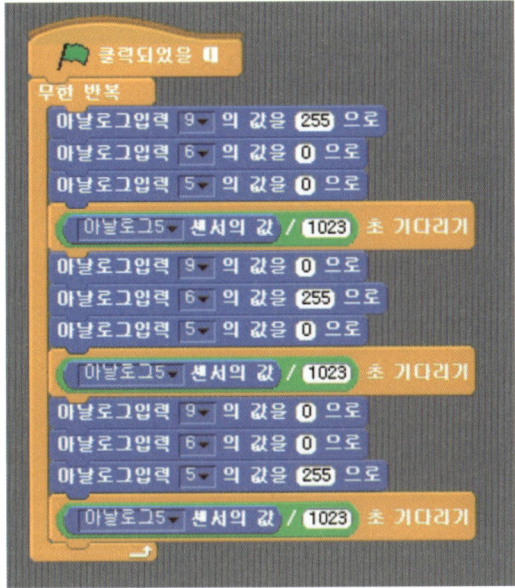

 스프라이트

❷ 확인하기

가변저항을 돌려 삼색LED의 깜빡임을 확인합니다.

❸ S4A 네온싸인 깜빡이기

S4A에 있는 '네온싸인'스프라이트가 삼색LED색에 맞추어 깜빡이도록 합니다. 'Red', 'Green', 'Blue'를 방송하기 합니다.

 스프라이트

 스프라이트

❹ '소년' 스프라이트 춤추기

 스프라이트

❺ '녹색'깃발을 클릭하여 확인해봅니다.

❻ 생각추가하기

소리를 넣어 음악에 맞추어 소년이 춤을 추도록 합니다.

2) 최고의 골기퍼

▶ **실습예제** : 실습-05-03-02 최고의 골기퍼

제한 시간은 1분! 골기퍼는 몇 개의 공을 막아낼 수 있을 까요? 날아오는 축구공을 막아내는 골기퍼를 만들어 봅니다.

■ **미션**

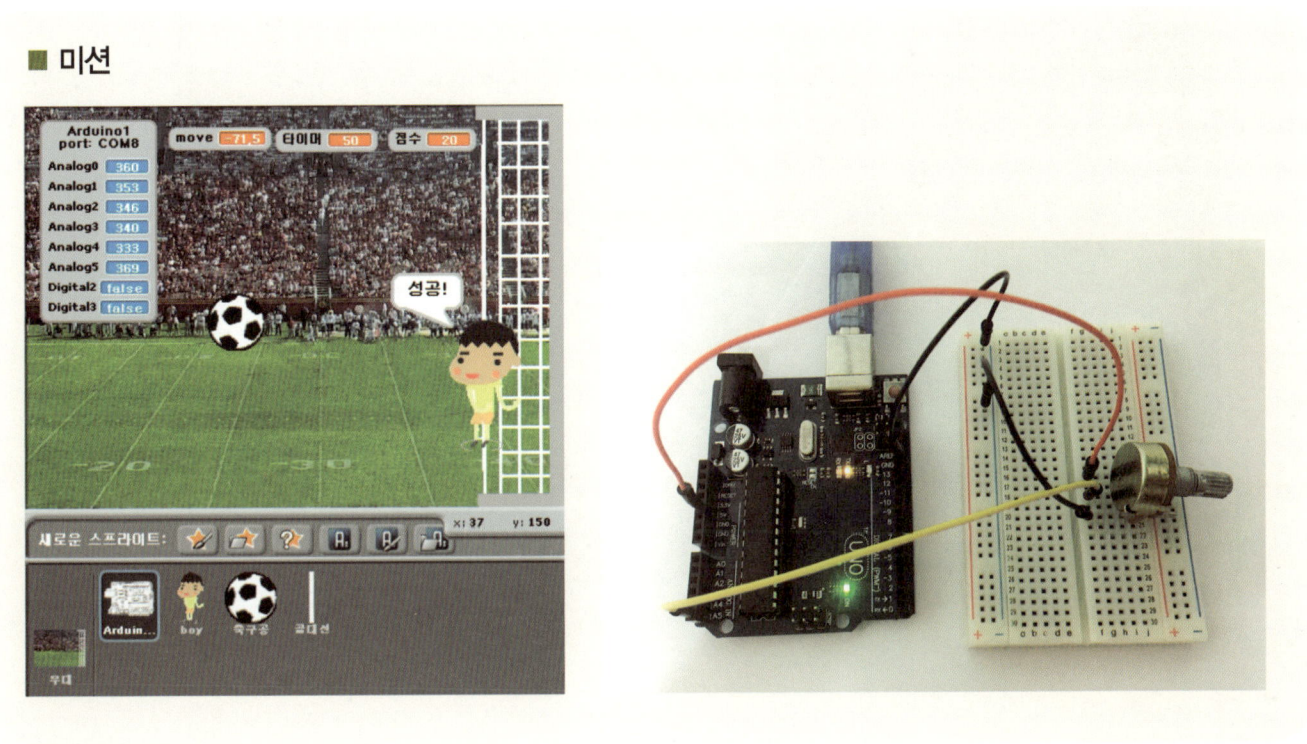

■ **준비물** : 아두이노 보드(UNO), 가변저항(B10K) 1개, 점퍼선 4개

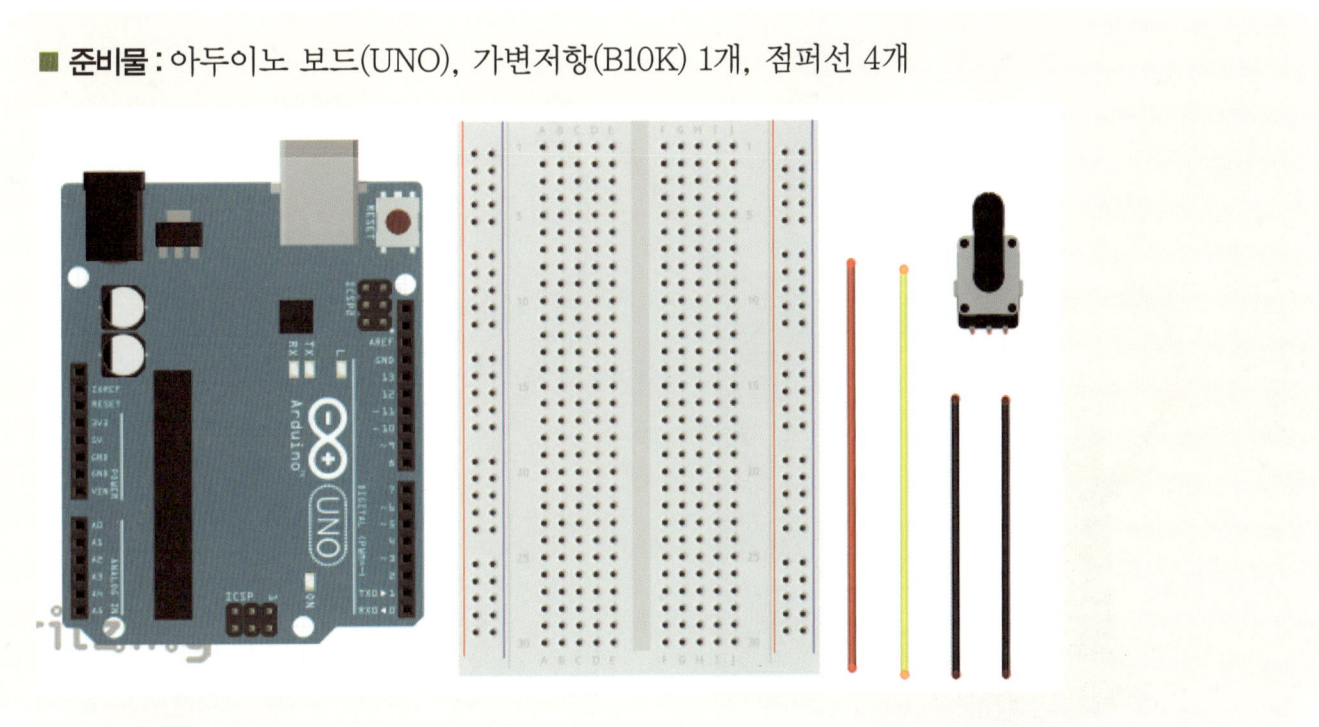

(1) 아두이노 연결

완성모습

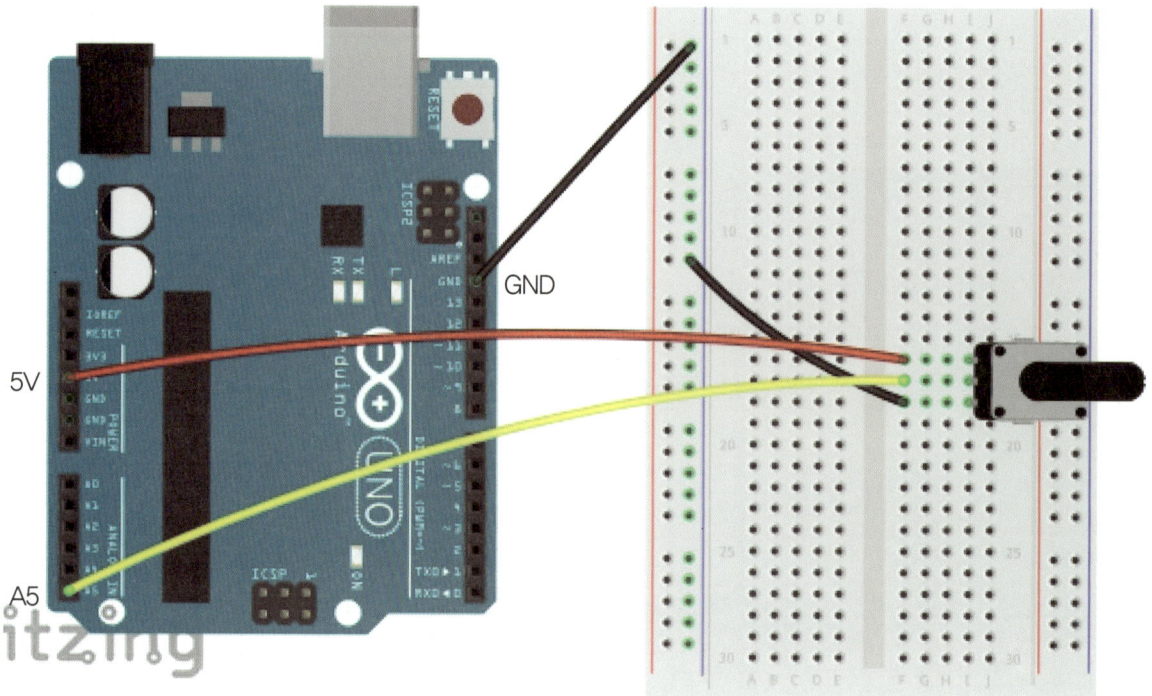

실제모습

(2) S4A 코드

❶ 가변저항으로 소년을 위, 아래로 움직이기

가변저항을 돌리면 소년이 위, 아래로 움직이도록 코딩합니다.

 스프라이트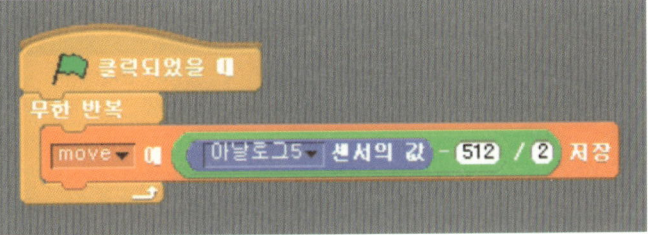

 스프라이트

위아래로 움직이기 위해서는 y좌표 블록을 사용합니다.

❷ 축구공 움직이기

축구공 스프라이트가 왼쪽에서 시작하여 오른쪽에 있는 골대로 움직이도록 합니다. '기회'와 '점수' 변수를 만들어서 '골대선'에 맞으면 '기회'가 1씩 감소하고 'boy'는 '실패'라고 말하며, 'boy'에 맞으면 '점수'가 10점씩 올라가고 'boy'는 '성공'이라고 말하도록 코딩합니다.

 스프라이트

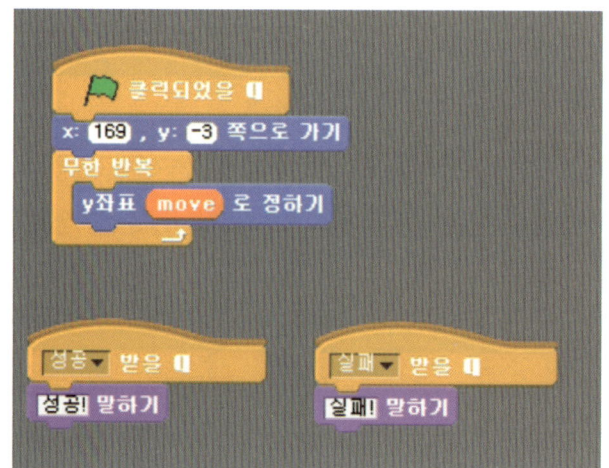

 스프라이트

❸ 타이머 지정하기

'타이머'변수를 만들고 '60'부터 시작해서 '1'감소하는 60초 타이머를 만듭니다. 타이머가 '0'이 되면 배경이 'Game Over'로 바뀌도록 합니다.

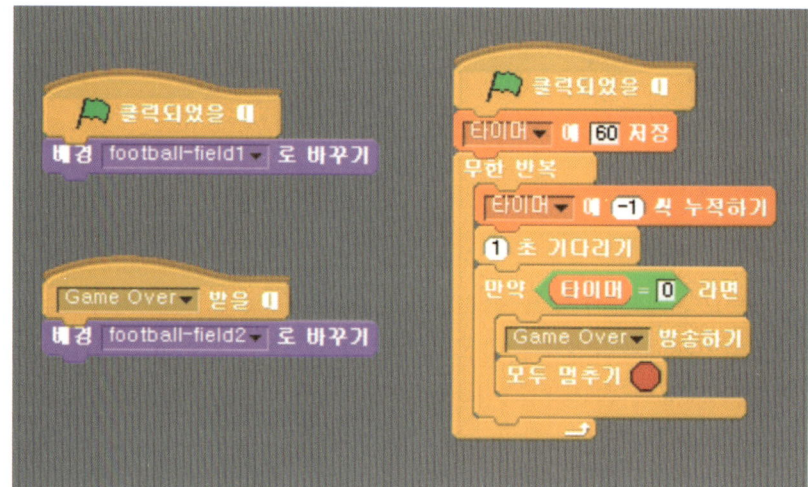

 스프라이트

❹ 확인하기

가변저항을 돌려 'boy'를 움직여 축구공을 막아봅니다.

❺ 생각추가하기

기회가 0이 될때 게임오버 배경으로 변경합니다. 점수가 100점이고 타이머가 0이면 You win 배경으로 변경합니다. '축구공'이 골키퍼에 맞으면 반대편으로 튕기도록 합니다.

4 CT 향상하기

가변저항을 이용하여 무엇을 만들 수 있을지 생각하고 만들어 봅니다.

컴퓨터적 사고력 향상하기	
무엇을 만들어 볼까?	
1. 아이디어 생각하기 만들고 싶은 것을 자유롭게 생각하고 적어봅니다.	
2. 주제 정하기 생각한 아이디어를 정리하여 만들 주제(제목)를 적어봅니다.	
3. 아두이노 연결하기 아두이노에 부품을 연결합니다.	
4. 코딩하기 연결한 부품이 잘 동작하도록 코딩합니다. S4A에 스프라이트들도 같이 동작하도록 코딩합니다.	
5. 친구들과 공유하기 내가 만든 작품을 친구들에게 보여줍니다.	

5장 평가문제

1 가변저항 각 핀의 의미를 적습니다.

① _____
② _____
③ _____

2 가변저항의 아날로그 입력값을 ~9번핀과 연결하여 LED 밝기를 조절하려고 한다. 공식을 적어 봅니다.

3 다음 내용을 읽고 답합니다.

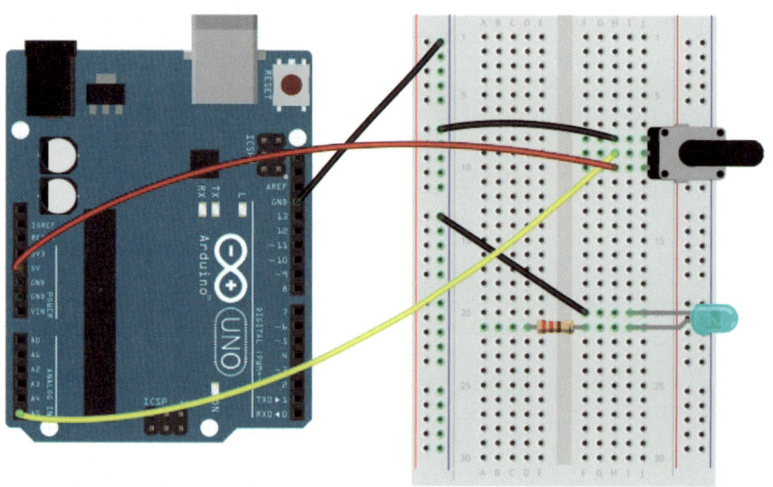

위와 같이 연결한 후 가변저항을 돌려 LED의 밝기를 조절하는 회로도입니다. 가변저항을 돌려 LED의 밝기를 조절하려고 합니다. 어디서 선을 연결해야 할까요? 그림에 점퍼선을 그려봅니다.

> **정답**
> 1) 1. 그라운드, 2. 아날로그 입력핀, 3. 전원 5V 또는 1. 전원 5V, 2. 아날로그 입력핀, 3. 그라운드
> 2) (아날로그 센서값×255/1,023) 반올림
> 3) LED저항과 아두이노 9번 핀 연결

6장 젤리 피아노

전도성에 물질에 대해 알아보고 아두이노와 연결하여 다양한 소리를 내도록 해봅니다.

* 아두이노 학습 요소 : 1MΩ, 악어클립
* 코딩 학습 요소 : 반복, 조건~아니면, 변수, 연산, 메시지방송, 아날로그 입력값, 디지털 출력값

● 연필 조이스틱

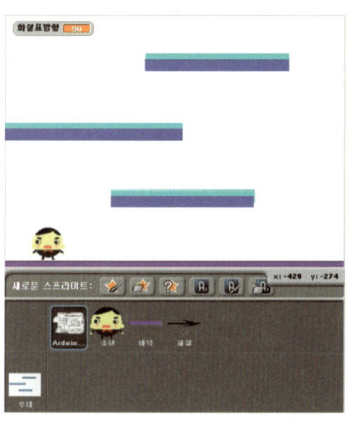

● 젤리 피아노

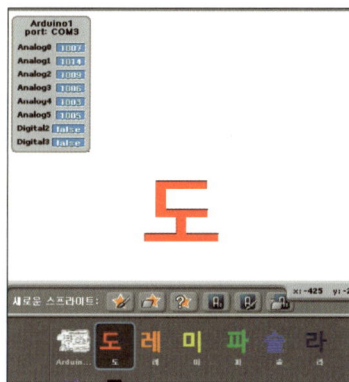

체크포인트

학습목표

1. 전도성물질에 대해 알고 말할 수 있다.
2. 다양한 전도성 물질을 이용하여 물체를 움직일 수 있다.

학습포인트

1. 미리 알아보기 : 전도성 물질에 대해 알아봅니다.
2. 기초다지기 : 악어클립에 사용을 알고 오렌지 점프 조이스틱을 만들어 봅니다.
3. 실력다지기 : 내가 직접 연필로 그린 조이스틱으로 동작하는 점프게임을 코딩하고 맛있는 젤리로 피아노를 만들어 봅니다.
4. CT 향상하기 : 전도성 물질를 이용하여 무엇을 만들 수 있을지 생각하고 만들어 봅니다.
5. 평가하기

1 미리 알아보기

1) 전도성 물질

전도도가 높아서 전기가 통하기 쉬운 물질을 말하며, 도체라고 부르기도 합니다. 물질에 전기장이나 전압을 주면 전자가 전하를 들고 물질의 반대편으로 이동하게 됩니다. 이를 '전기가 통한다.'라고 합니다. 입자의 밀도가 크면 클수록 전류가 잘 흐릅니다. 도체는 전하를 운반하는 입자의 밀도가 큰 물질이고, 부도체는 전하를 운반하는 입자들의 밀도가 작은 물질을 말합니다. 우리가 지금까지 아두이노에서 사용한 모든 부품은 전기가 통하는 부품이었고 점퍼선 역시 도선을 따라 전기가 흐르도록 도와줍니다.

그 밖에 구리, 알루미늄, 금, 은, 흑연은 전도성 물질이며, 수분을 가지고 있는 물, 과일, 채소 등도 전도성 물질로 사용할 수 있습니다. 요즘에는 전도성 점토, 테잎, 전도성 펜, 전도성 실 등이 나와서 다양한 형태로 사용할 수 있습니다.

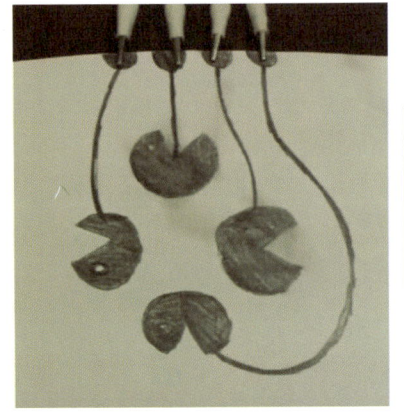
▲ 연필

▲ 과일과 채소

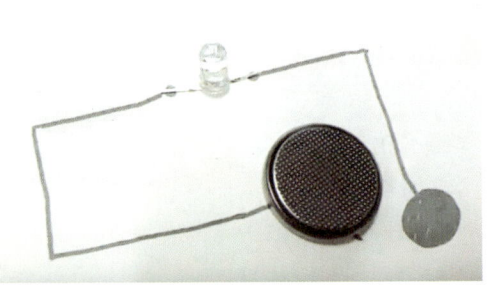
▲ 전도성펜

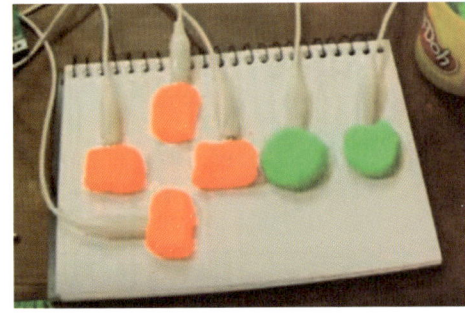
▲ 점토

▲ 동전

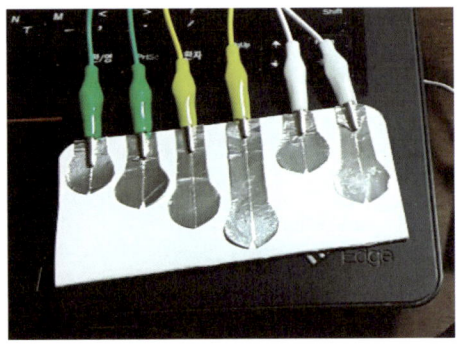
▲ 은박지

▲ 물과 꽃

2 기초다지기

1) 악어클립으로 스프라이트 움직이기

▶ 실습예제 : 실습-06-02-01 악어클립으로 스프라이트 움직이기

악어클립을 이용하여 전류가 흐르게 하고 전원과 그라운드 악어클립을 잡으면 스프라이트가 점프하는 동작을 하도록 합니다.

■ 미션

■ 준비물 : 우노보드, 브레드 보드, 악어클립 2개, 점퍼선 4개, 1MΩ 1개

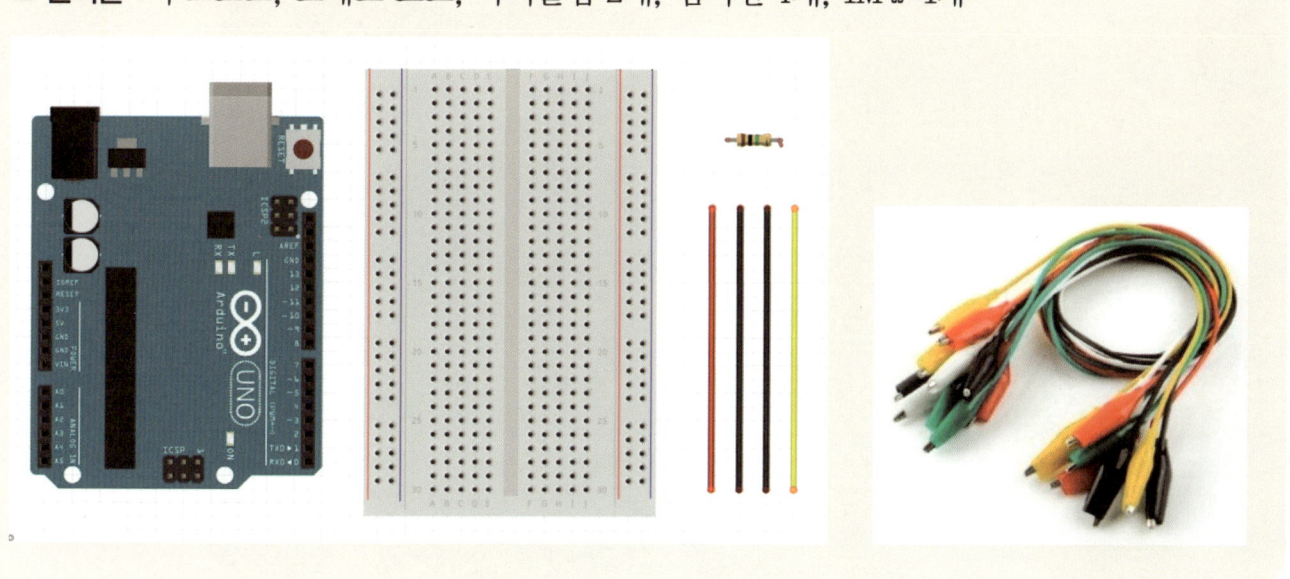

(1) 아두이노 연결

완성모습

실제모습

① 악어클립과 저항 연결하기

5V의 전원이 저항을 타고 A0과 연결되도록 합니다.

1MΩ 저항을 사용하는 이유는?
220Ω과 1MΩ 이하의 저항을 사용하면 저항값이 너무 낮아 아날로그 입력값이 변화가 없기 때문에 아날로그 입력값에 따라 조건을 지정할 수 없습니다.

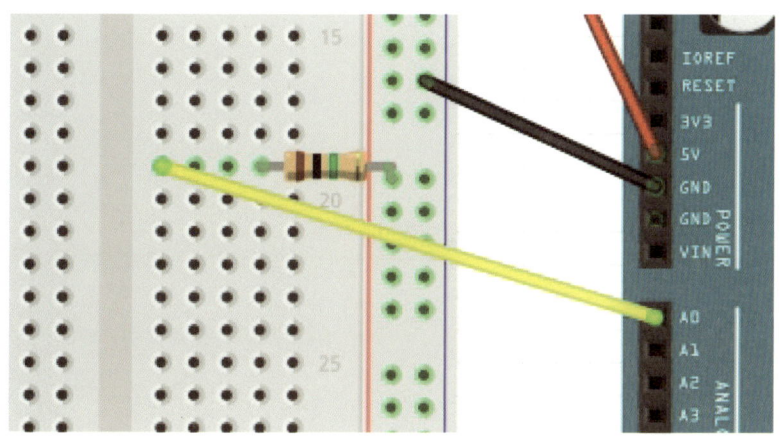

5V전원에서 전류가 흘러 저항을 만나고 빨간색 악어클립을 따라 사람에게로 전달됩니다. 사람이 다른 손으로 검정색 악어클립을 잡고 있으므로 전류는 사람을 통과하여 검정색 악어클립을 따라 아두이노 그라운드로 전류가 빠져나가게 됩니다.

사람이 빨간색 악어클립을 잡지 않으면 5V전원에서 나오는 전류는 그라운드로 흐르지 못하게 됩니다. A0과 연결된 S4A의 analog0값을 보면 전류의 최고값인 1,023주변에서 숫자가 움직이고 있습니다. 빨간색 악어클립을 잡으면 analog0값이 현저히 떨어지는 것을 확인할 수 있습니다. 이는 사람도 저항이 되어 전류의 흐름을 막기 때문에 아날로그 입력값(analog0값)이 크게 떨어진 겁니다.

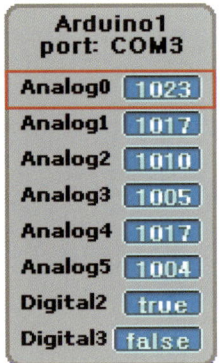

▲ 빨간색 악어클립을 잡지 않았을 때   ▲ 빨간색 악어클립을 잡았을 때

사람의 저항값은?

사람 몸속에 흐르는 전기의 세기는 체력과 연령에 따라 다르게 나타납니다. 체격이 큰 사람은 작은 사람에 비해 높은 전압의 전기를 가지고 있고, 어리면 작은 전압이 흐릅니다. 어른이 될수록 높은 전압이 흐르고 노인이 되면 다시 전압이 줄어들게 됩니다.

(2) S4A 코드

❶ 아날로그 입력값으로 동작 제어하기

빨간색 악어클립을 잡았을 때 필자는 A0의 값이 500대로 떨어지는 것을 확인할 수 있었습니다. 사람마다 저항이 달라 A0의 변화값이 다르니 검정색과 빨간색 악어클립을 양손에 각각 잡고 A0 값의 변화를 보고 조건을 지정합니다. 필자는 700보다 작은 경우 점프하도록 하기 위해 아래와 같이 조건을 지정하였습니다.

x : -6, y : -72는 스프라이트의 현재 좌표값입니다. 현재 좌표에서 스프라이트가 위로 이동하기 위해 y좌표를 +10하고 다시 아래로 이동하기 위해 y좌표를 -10하였습니다. 그리고 `x: -6, y: -72 쪽으로 가기` 블록을 넣어 처음 자리로 되돌아가도록 하였습니다.

❷ 확인하기

한손으로 검정색 악어클립을 잡고 다른 손으로 빨간색 악어클립을 잡았다가 놓았다가 해 봅니다. 빨간색 악어클립을 잡을 때 스프라이트가 점프하는 것을 확인할 수 있습니다.

2) 오렌지 점프 조이스틱 만들기

▶ **실습예제** : 실습-06-02-02 오렌지 점프 조이스틱 만들기

3개의 오렌지를 이용하여 스프라이트가 좌우로 움직이고 점프하는 동작을 하는 조이스틱을 만들어 봅니다. 여기서 오렌지가 없는 경우에는 오렌지, 사과, 바나나 등의 과일 또는 야채를 사용해도 됩니다.

■ 미션

■ 준비물 : 우노보드, 브레드 보드, 악어클립 4개, 점퍼선 9개, 1MΩ 3개, 오렌지 3개

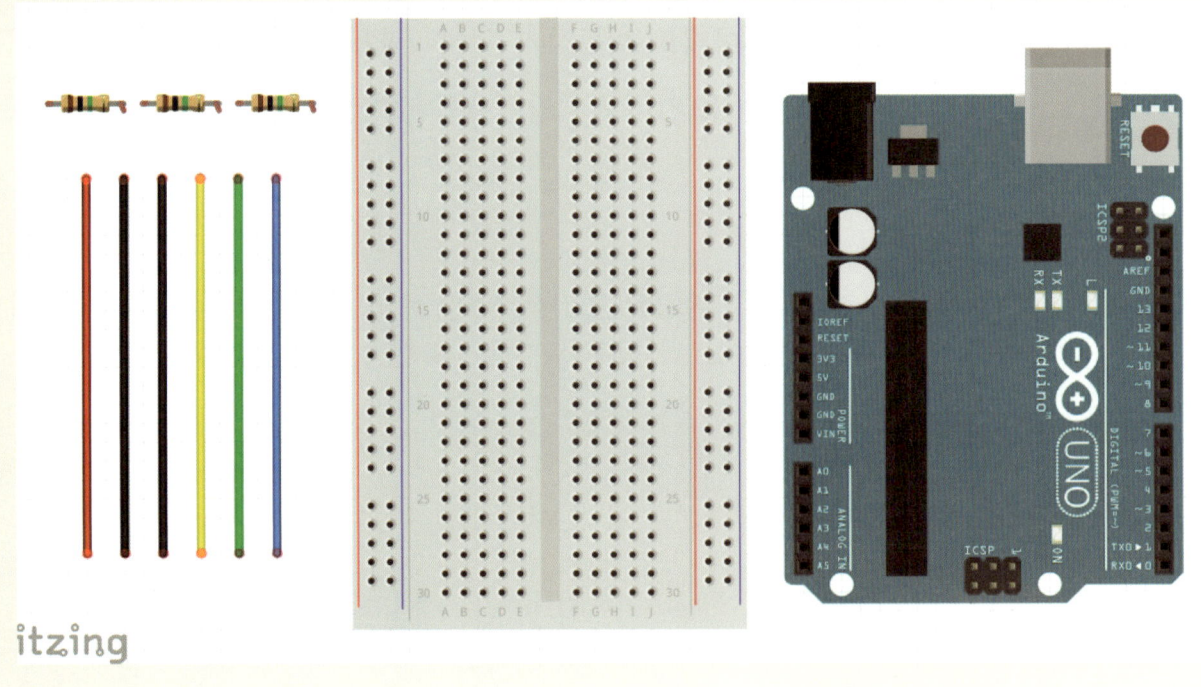

(1) 아두이노 연결

완성모습

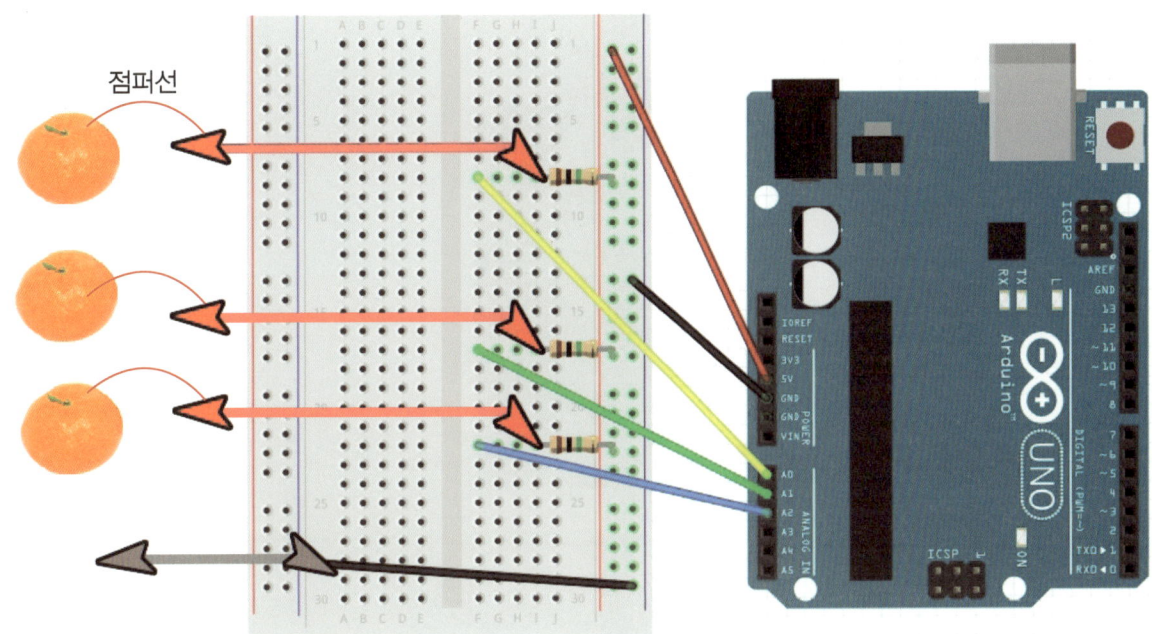

점퍼선

실제모습

6장 젤리 피아노

❶ 저항연결하기

A0, A1, A2와 연결된 점퍼선에 저항을 연결하고 저항에 악어클립을 꽂습니다.

❷ 악어클립과 오렌지 연결하기

악어클립에 점퍼선을 꽂고 반대쪽 점퍼선의 핀을 오렌지에 꽂습니다.

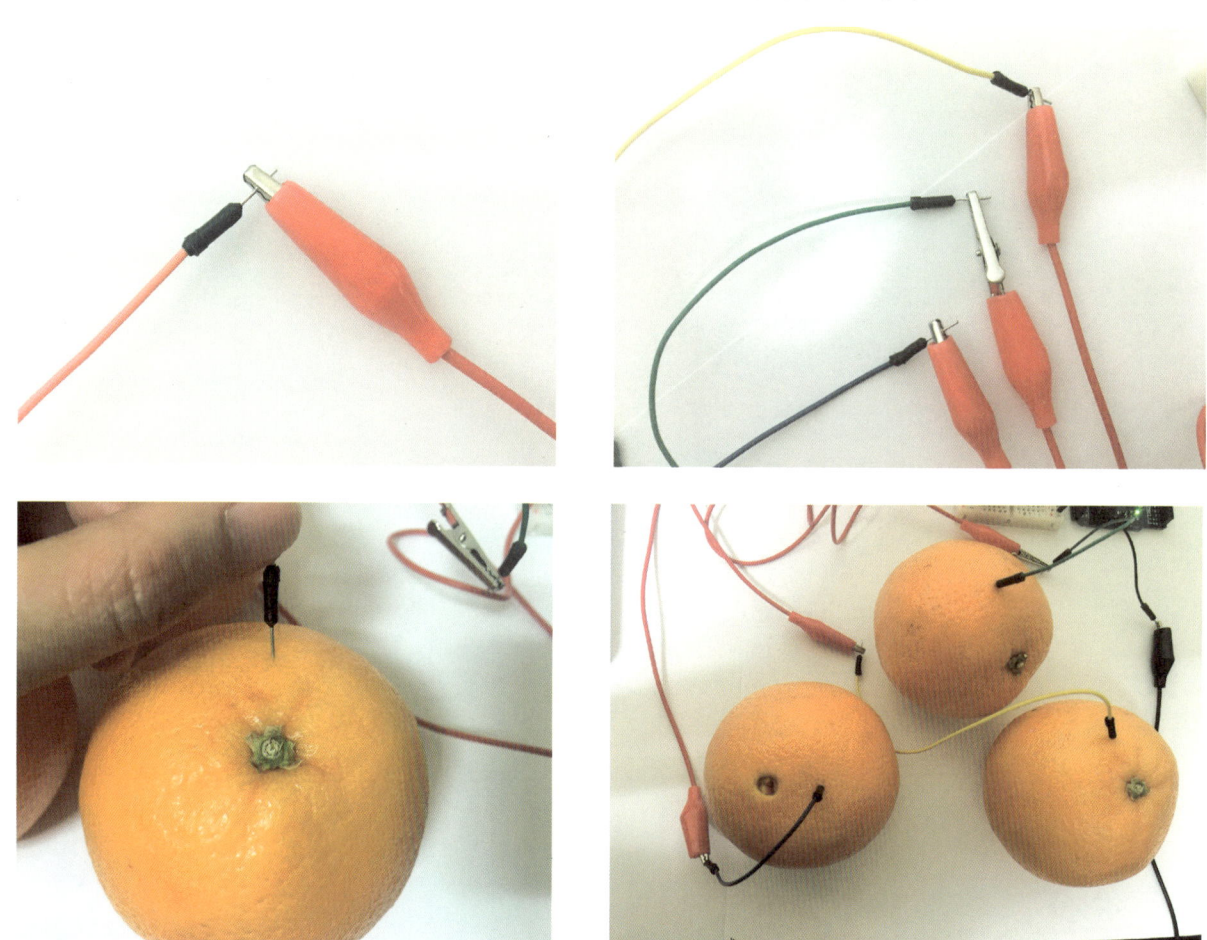

❸ 각 오렌지의 아날로그 입력값 확인하기

오렌지에 손을 가져가 대면 연결된 A0, A1, A2의 값이 변경되는 것을 확인할 수 있습니다. 변경된 값을 이용하여 아래에서 코딩을 하니 잘 기억해 둡니다.

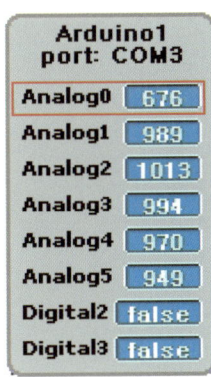

(2) S4A 코드

❶ 아날로그 입력값에 따라 동작하기

• A0과 연결된 오렌지를 만지면	점프하기
• A1과 연결된 오렌지를 만지면	오른쪽 이동하기
• A2와 연결된 오렌지를 만지면	왼쪽 이동하기

센서값은 사람마다 저항이 다르므로 변화값이 다를 수 있습니다. 사용자의 아날로그 입력값을 확인한 후 비교값을 적어주시면 됩니다.

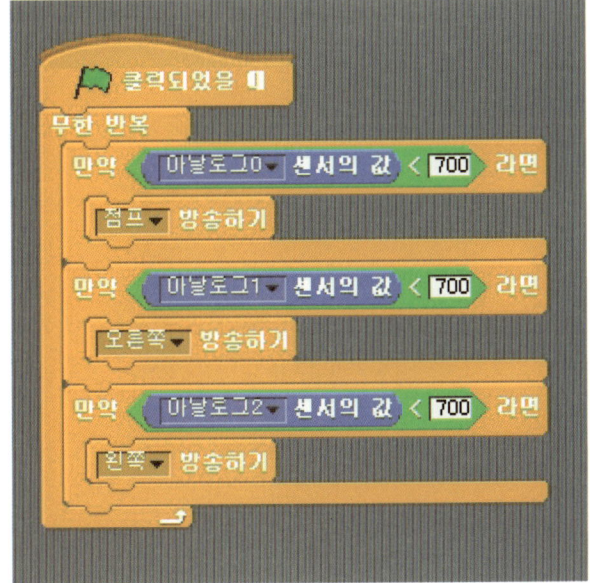

6장 젤리 피아노

❷ 확인하기

각 오렌지를 만져봅니다. 스프라이트가 잘 동작하는지 확인합니다. 오렌지를 만져도 잘 동작이 안 될 경우에는 아날로그 입력값을 변경해주면 됩니다.

3 실력다지기

1) 연필 조이스틱 만들기

▶ 실습예제 : 실습-06-03-01 연필 조이스틱

연필을 이용하여 조이스틱을 그리고 조이스틱 그림을 누르면 스프라이트가 움직이도록 합니다.

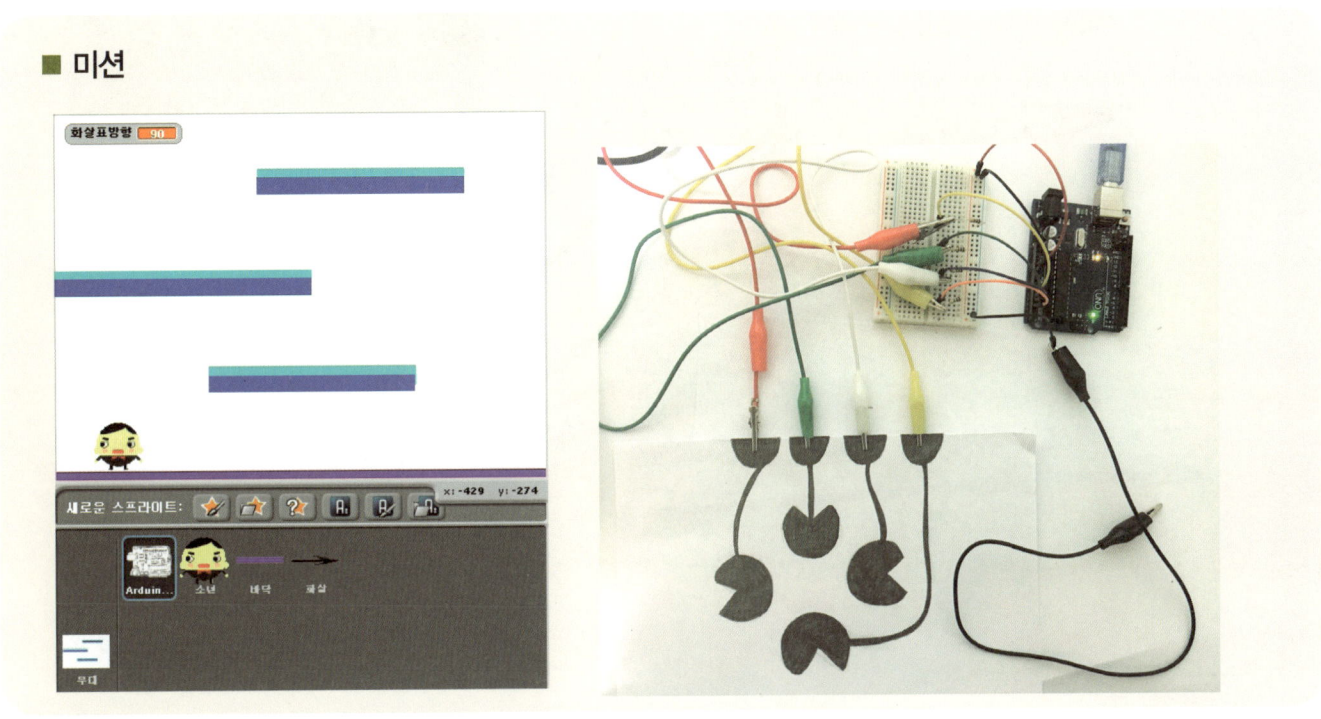

■ **준비물** : 우노보드, 브레드 보드, 악어클립 5개, 점퍼선 7개, 1MΩ 4개, 연필로 그린 조이스틱 그림

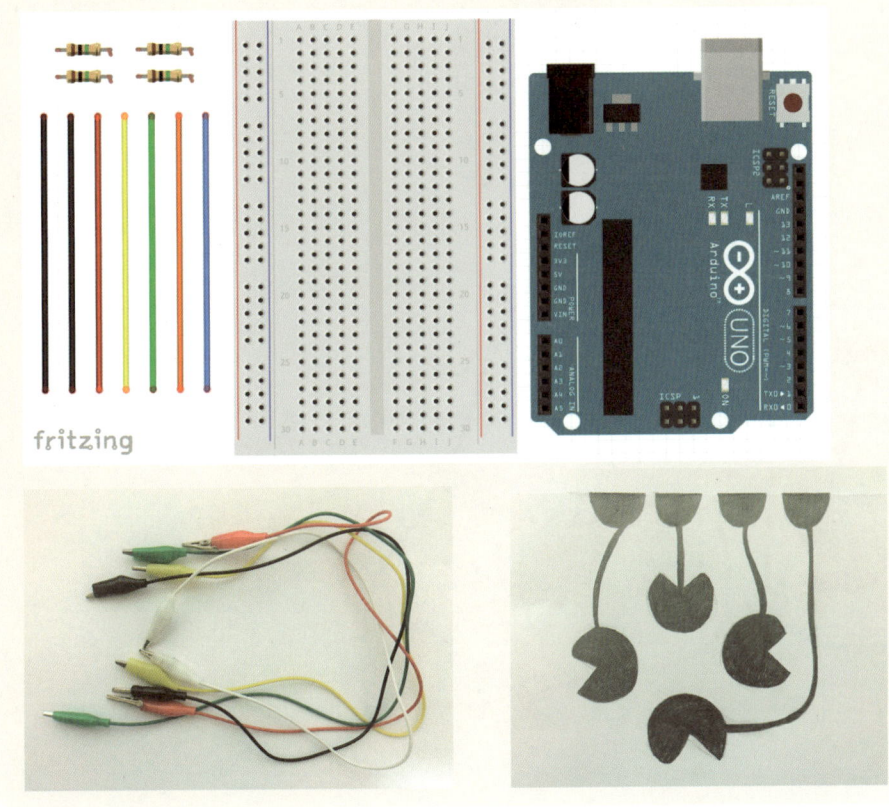

6장 젤리 피아노 **125**

(1) 아두이노 연결

완성모습

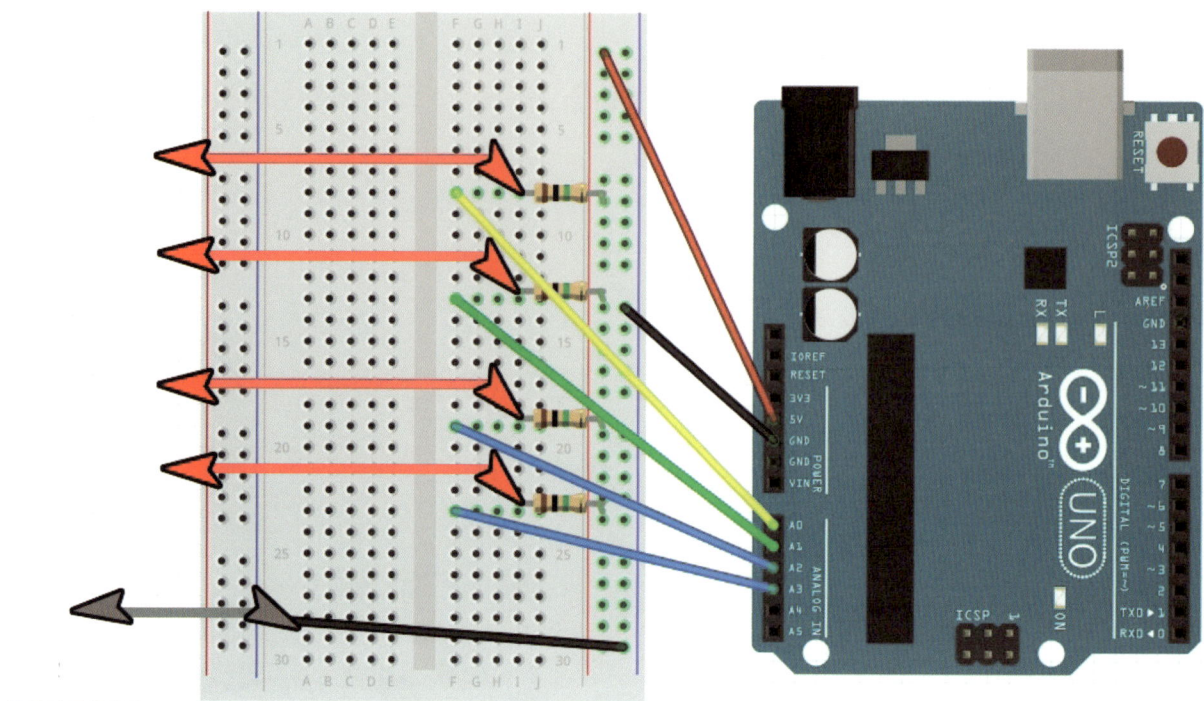

실제모습

❶ 저항과 아날로그 입력핀 연결하고 악어클립 연결하기

명칭	연결 위치	동작
저항1	A0	왼쪽
저항2	A1	점프
저항3	A2	오른쪽
저항4	A3	화살쏘기

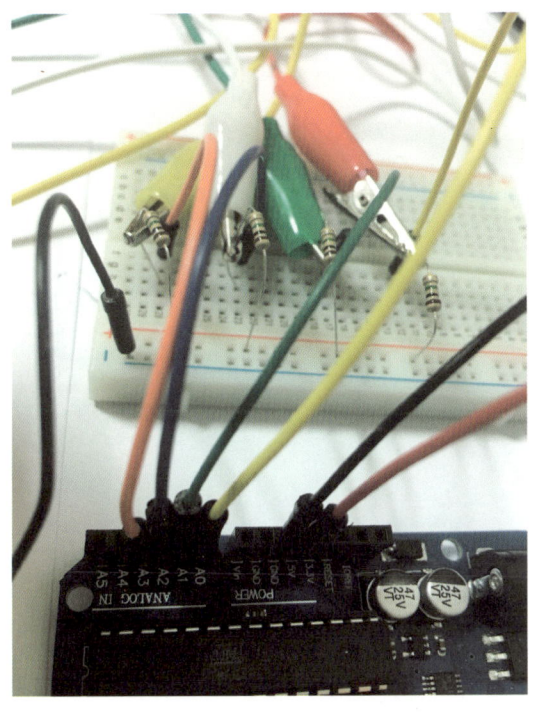
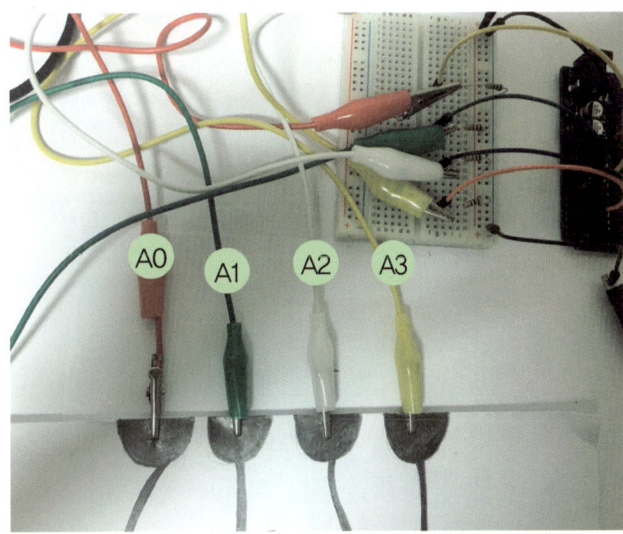
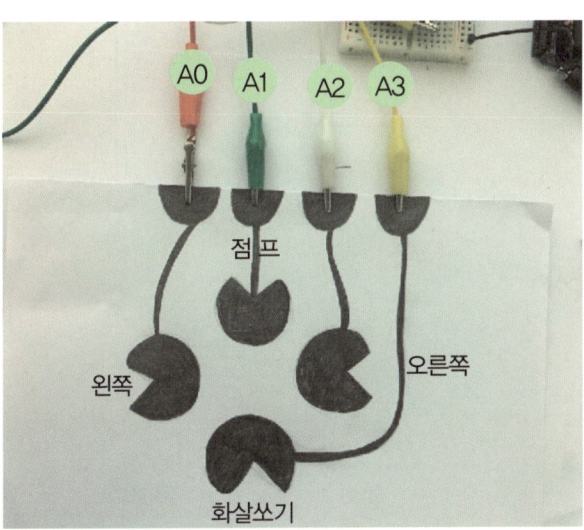

6장 젤리 피아노

(2) S4A 코드

❶ 아날로그 입력값으로 조건 지정하기

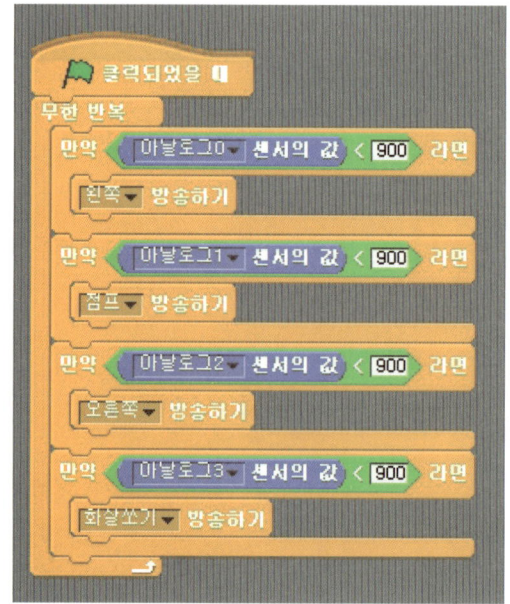

 스프라이트

❷ 소년 스프라이트 움직이기

소년 스프라이트가 좌우로 움직이고 위쪽 그림을 만지면 점프하며, 아래쪽 그림을 만지면 화살을 쏘도록 코딩합니다. '화살표 방향' 변수를 만들어 '소년' 스프라이트가 왼쪽, 오른쪽 방향으로 움직일 때 해당 방향값을 저장하도록 합니다. 저장된 변수값은 '화살' 스프라이트 코딩 시 화살표 방향으로 사용됩니다.

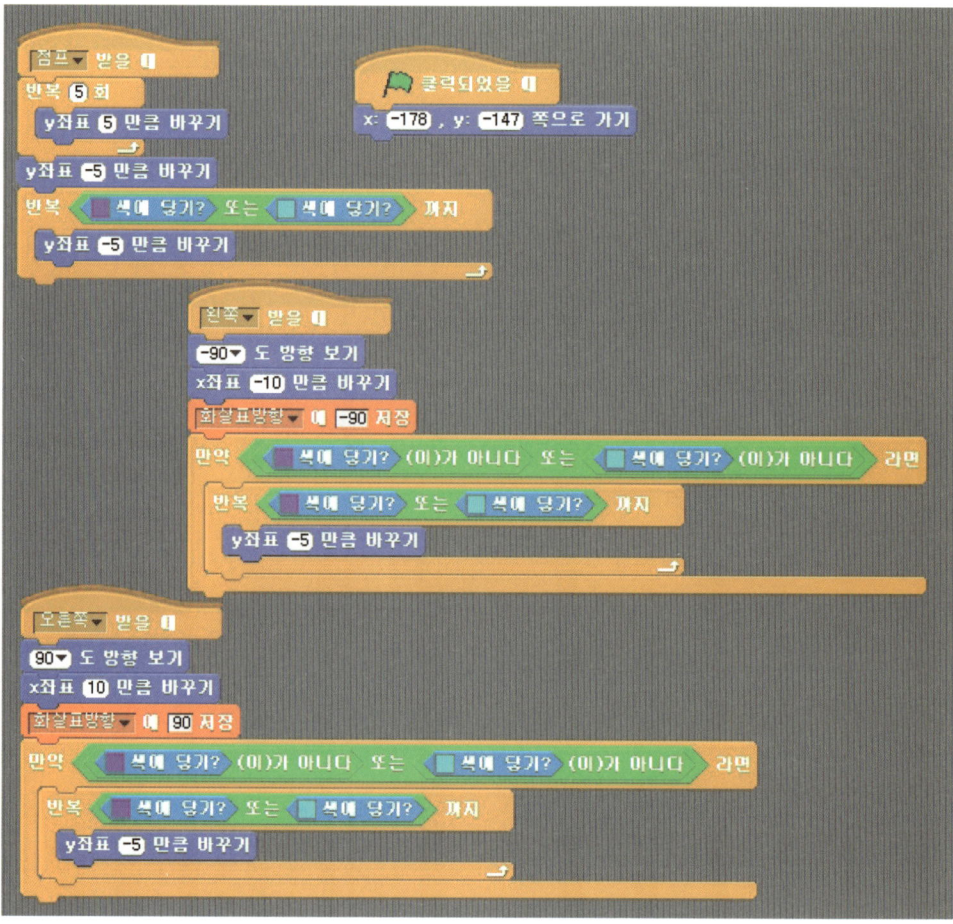

 스프라이트

❸ 아래쪽 그림을 만지면 화살쏘기

아래쪽 그림을 만질 때 화살 스프라이트가 소년이 바라보는 방향으로 날아가도록 코딩합니다.

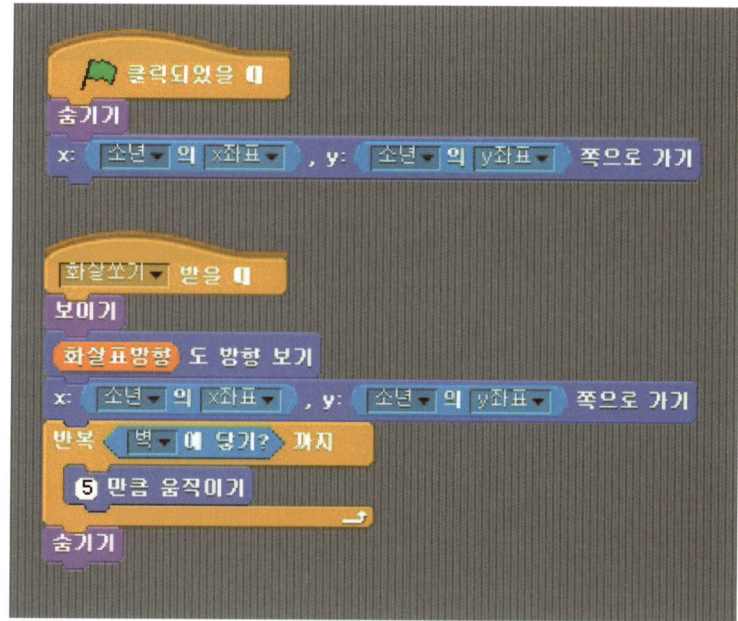

 스프라이트

❹ 확인하기

검정색 악어클립을 오른쪽으로 잡고 왼손은 연필 조이스틱 그림을 만져봅니다. '소년' 스프라이트가 잘 동작하는지 확인합니다.

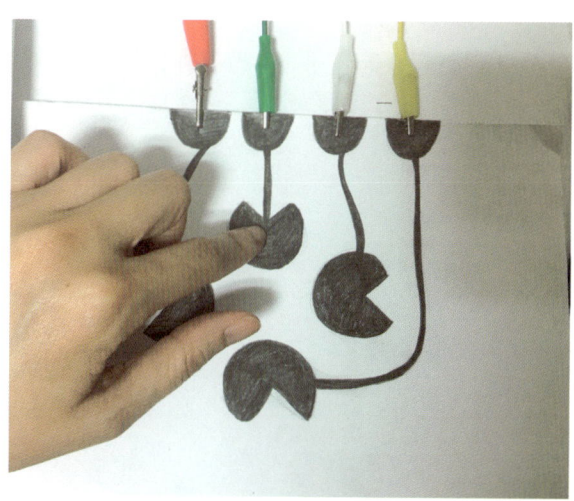
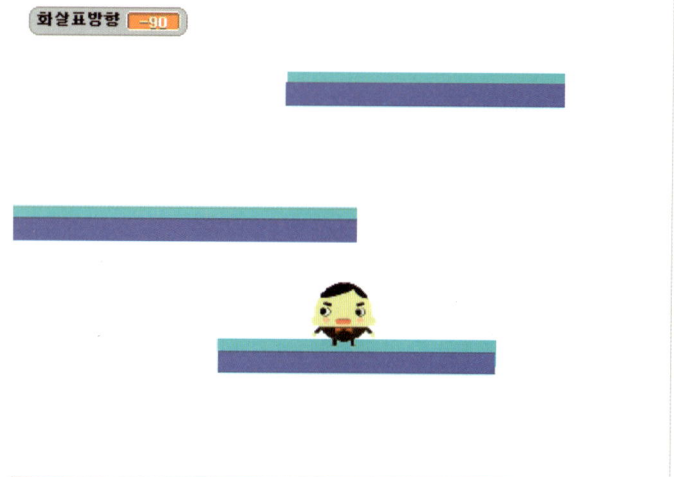

6장 젤리 피아노 **129**

2) 젤리 피아노 만들기

▶ **실습예제** : 실습-06-03-02 젤리 피아노

젤리를 이용하여 피아노를 만들어 봅니다. 젤리를 만지면 음이 들리고 S4A화면에 해당 음이 표시됩니다.(※ 젤리가 없으면 다른 전도성 물질을 사용해도 됩니다.)

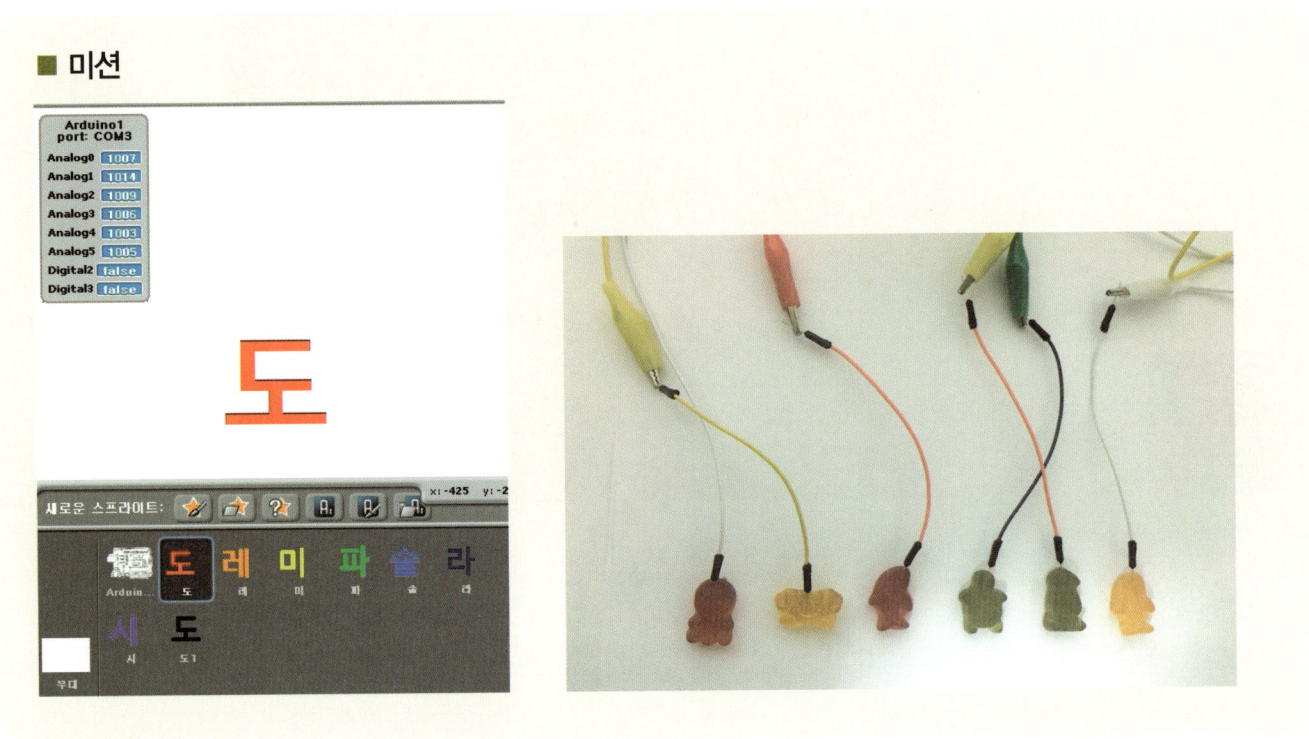

■ **준비물** : 우노보드, 브레드 보드, 악어클립 7개, 점퍼선 15개, 1MΩ 6개, 젤리 6개(긴 브레드 보드가 있으면 사용가능합니다. 젤리가 없을 경우 주변에 있는 전도성 물질을 이용해도 됩니다.)

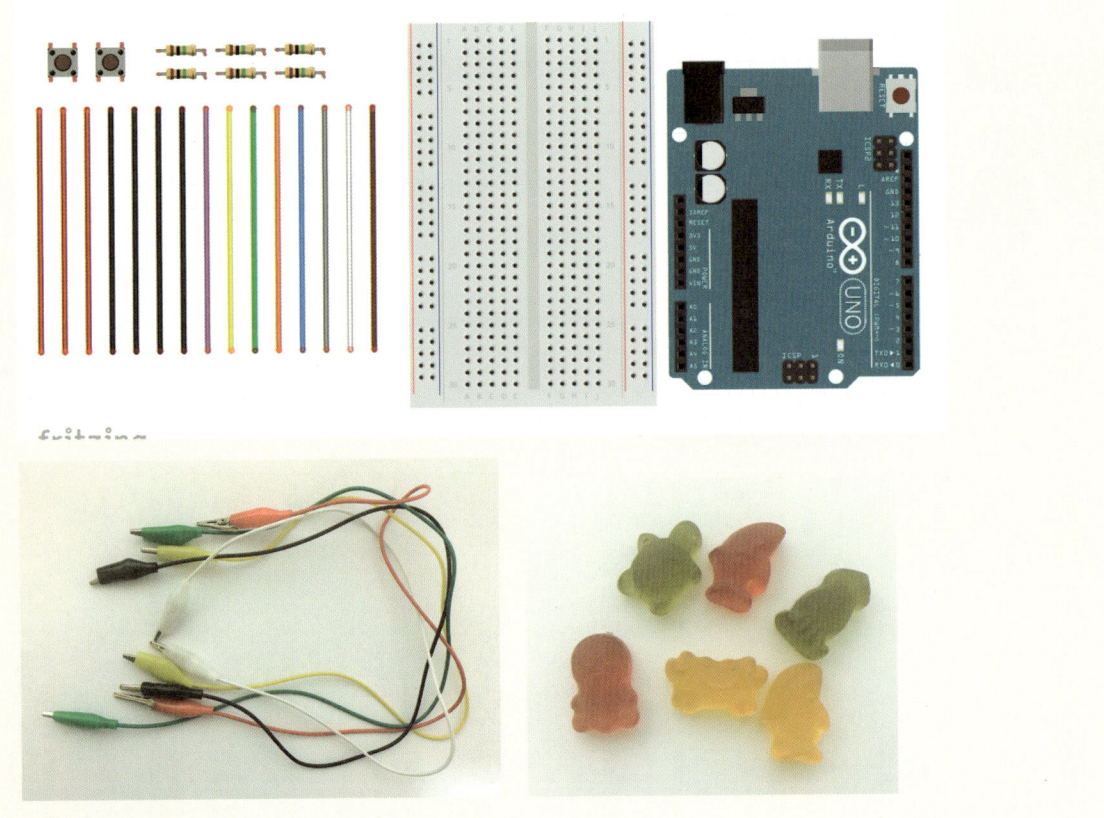

(1) 아두이노 연결

완성모습

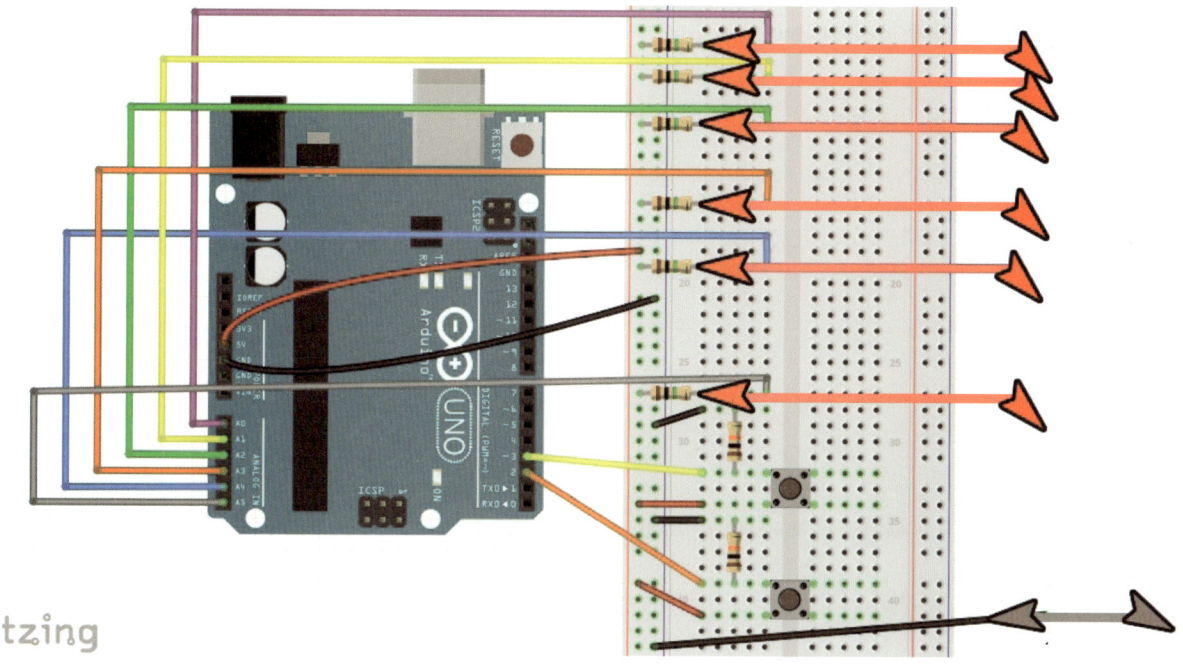

실제모습

❶ 저항과 아날로그 입력핀 연결하고 악어클립 연결하기

명칭	연결 위치	동작
저항1	A0	도
저항2	A1	레
저항3	A2	미
저항4	A3	파
저항5	A4	솔
저항6	A5	라
단추1	디지털 3번	시
단추2	디지털 2번	도

❷ 젤리에 점퍼선 꽂기

A0, A1, A2, A3, A4, A5 순서대로 젤리를 연결합니다.

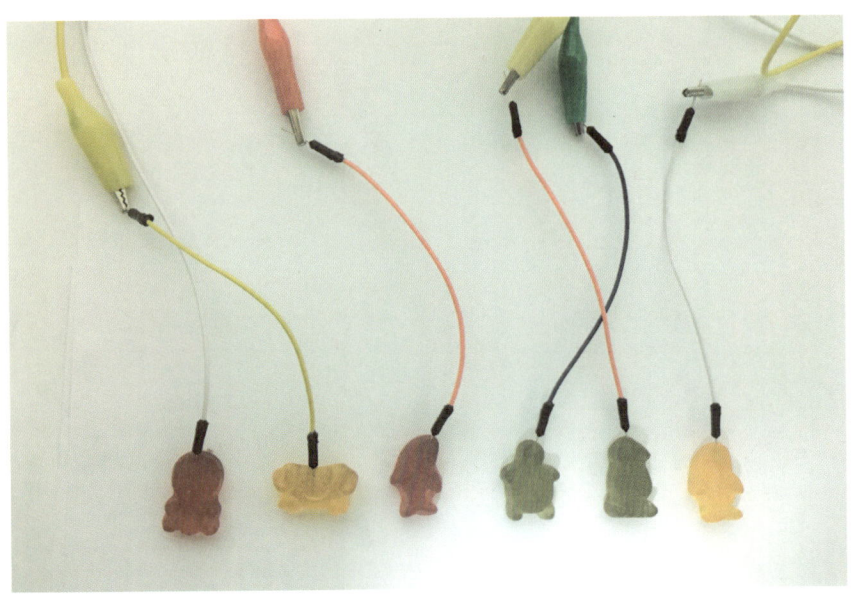

(2) S4A 코드

❶ 아날로그 입력값으로 A0~A5에 도, 레, 미, 파, 솔, 라 음계로 조건 지정합니다. 디지털 3번에 시, 디지털 2번에 높은 도 소리가 나도록 코딩합니다.

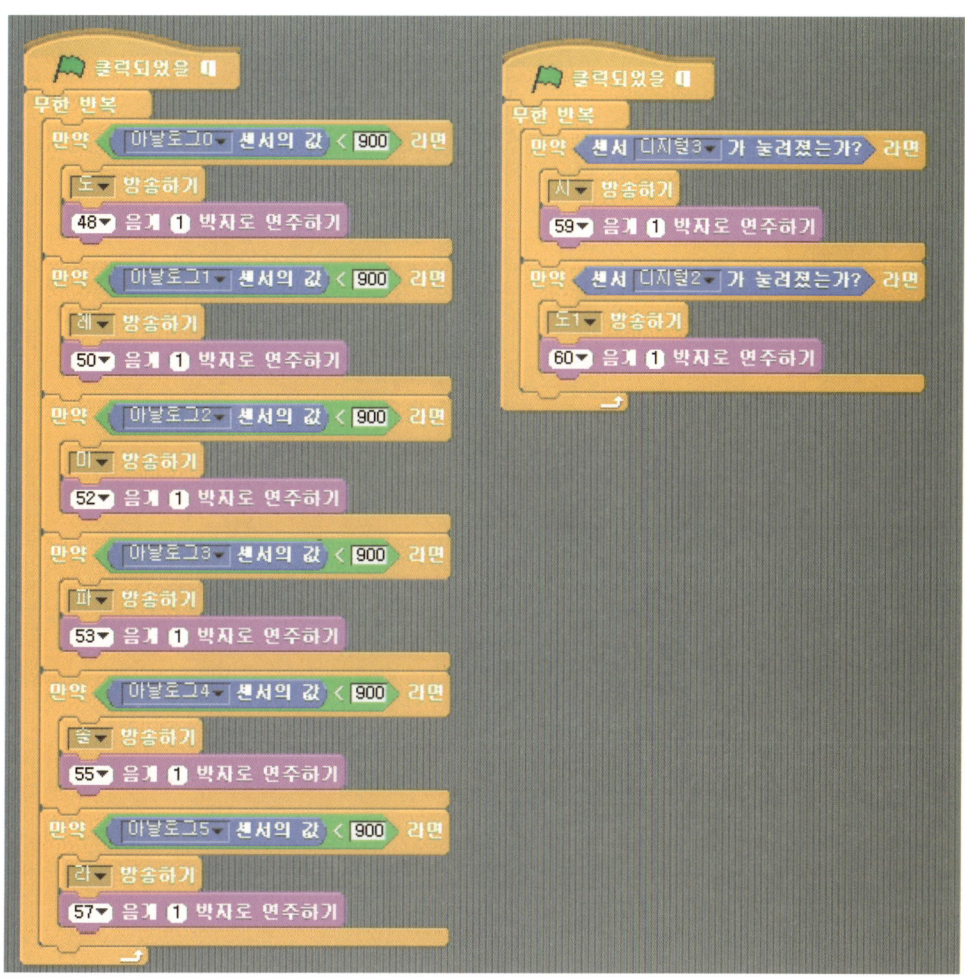

 스프라이트

❷ 음계명 표시하기

A0과 연결된 젤리를 만지면 '도'음이 들리면서 화면에 '도'라고 음계명이 표시되도록 코딩합니다.

 스프라이트

 스프라이트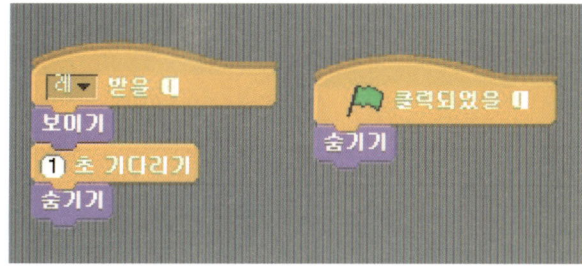

6장 젤리 피아노 **133**

 스프라이트

 스프라이트

 스프라이트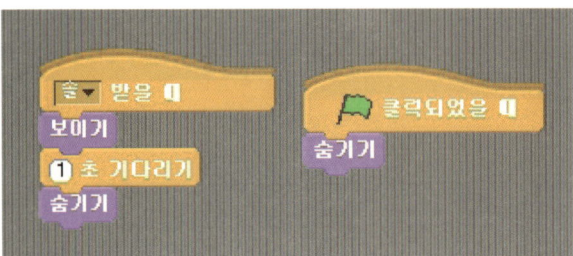

 스프라이트

 스프라이트

 스프라이트

❸ 확인하기

젤리를 만져보면서 소리가 나는지 확인 합니다.

도

4 CT 향상하기

전도성 물질을 이용하여 무엇을 만들 수 있을지 생각하고 만들어 봅니다.

컴퓨터적 사고력 향상하기 **무엇을 만들어 볼까?**	
1. 아이디어 생각하기 만들고 싶은 것을 자유롭게 생각하고 적어봅니다.	
2. 주제 정하기 생각한 아이디어를 정리하여 만들 주제(제목)를 적어봅니다.	
3. 아두이노 연결하기 아두이노에 부품을 연결합니다.	
4. 코딩하기 연결한 부품이 잘 동작하도록 코딩합니다. S4A에 스프라이트들도 같이 동작하도록 코딩합니다.	
5. 친구들과 공유하기 내가 만든 작품을 친구들에게 보여줍니다.	

6장 평가문제

1 전도성 물질에 어떤 것이 있는지 5개 정도 적어봅니다.

2 전도성 물질 연결 시 사용하는 저항의 크기는 얼마인가요?

3 (   )는 전하를 운반하는 입자의 밀도가 큰 물질이고, (   )는 전하를 운반하는 입자들의 밀도가 작은 물질을 말합니다.

정답
1) 금, 은, 사과, 물, 흑연
2) 1MΩ
3) 도체, 부도체

우리 가족을 지키는 똑똑한 가로등

조도센서와 부저의 구조와 원리를 알고 이를 이용하여 다양한 아두이노 코딩을 해봅니다.

* 아두이노 학습 요소 : 조도센서, 부저
* 코딩 학습 요소 : 무한반복, 조건 참 거짓, 비교 조건, and 조건, 메시지 방송, 좌표, 디지털 출력, 아날로그 입력

● 똑똑한 가로등 만들기

● 알록달록 빛으로 연주하는 피아노

체크포인트

학습목표

1. 조도센서의 원리를 알고 빛을 이용하여 LED와 부저의 출력을 제어할 수 있다.
2. 조도센서의 원리를 알고 센서값의 범위를 지정하여 여러 개의 LED를 켜고 끌 수 있다.

학습포인트

1. 미리알아보기 : 조도센서와 부저에 대해 알아봅니다.
2. 기초다지기 : 조도센서를 이용하여 LED와 부저를 출력해 봅니다.
3. 실력다지기 : 조도센서를 이용하여 빛을 인식하여 켜고 끄는 똑똑한 가로등과 빛의 밝기에 따라 음을 내는 알록달록 피아노를 만들어 봅니다.
4. CT 향상하기 : 조도센서와 부저를 이용하여 무엇을 만들 수 있을지 생각하고 만들어 봅니다.
5. 평가하기

1 미리 알아보기

1) 센서란

센서는 우리가 살아가는 생활에서 느끼는 빛, 열, 소리, 온도, 압력 등의 물리적인 양 또는 변화를 수치로 표현한 후 그 값에 따라 기기가 작동하도록 합니다. 냉장고, 카메라, 리모콘, 자동차, 컴퓨터 등의 제품에서 센서를 사용하고 있습니다. 대표적인 센서는 광(빛), 자기, 온도(적외선도 포함), 압력, 진동, 기체/냄새입니다. 센서를 통해 우리는 생활 속에서 편리함을 누리고 있습니다. 예를 들어 고속도로에 차량이 진입하면 통행 카드가 나오거나, 교실의 화재 감지기, 현관의 자동 점멸등, 어두워지면 켜지는 가로등, 사람이 가까이 다가가면 문이 열리는 자동문 등이 있습니다.

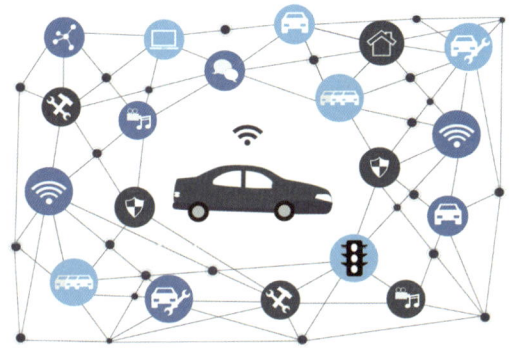

가속도 센서
터치 센서
온도 센서
초음파 센서
스피드 센서 등

거리 센서
광센서
적외선 센서 등

2) 조도센서(Illuminance Sensor)란

조도센서란 주위 밝기 정도를 알려주는 센서입니다. 조도센서 역시 LED와 마찬가지로 일종의 저항이라 할 수 있습니다. 조도센서와 LED를 함께 이용하면, 주위의 밝기를 확인할 수 있습니다. 즉, 주위가 밝아서 저항값이 낮아지면 전류가 많이 흐르게 되고, 센서 주변이 어두우면 저항값이 높아져 전류가 적게 흐르게 됩니다.

그림과 같이 생긴 조도센서는 LED와는 다르게 극성이 없어 +와 −를 구분할 필요가 없습니다. 또한 아두이노에 연결할 때 디지털 핀이 아닌 아날로그 핀에 연결하는 데 빛의 세기는 0과 1로 구분 지을 수가 없는 연속적인 값들이기 때문입니다.

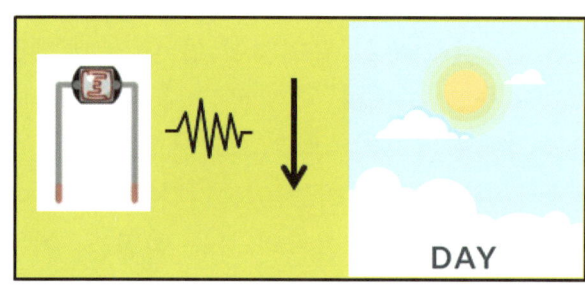 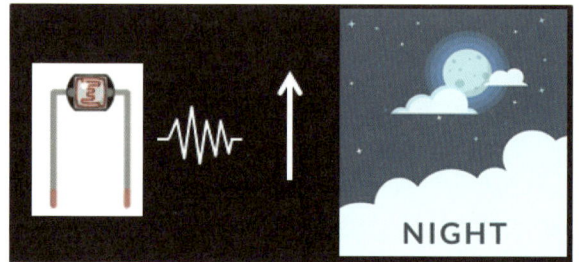

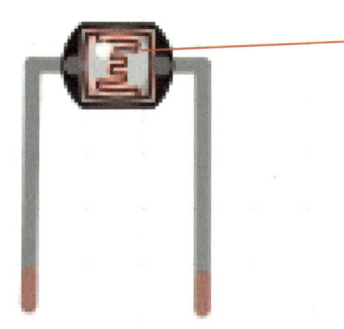

Cds : 황화카드뮴
이 곳을 통해 현재 환경의 빛을 세기를 인식해요

3) 생활 속 조도센서

조도센서의 사용은 우리가 일상생활에서도 쉽게 발견할 수 있습니다. 가장 대표적인 예로 스마트폰이 있습니다. 스마트폰의 화면 밝기 자동조절 기능도 조도센서를 활용한 경우입니다. 또 다른 예로는 길거리에 가로등, 자동차의 헤드라이트가 있습니다.

4) 조도센서 종류

이름	CDS 조도센서	포토다이오드 소자 조도센서
특징	빛을 흡수한 만큼 저항이 감소하고 이를 읽어 빛의 밝기를 측정한다. 선형적으로 증가하는 것이 아니라 로그 그래프에 가까운 형태이기 때문에 정확한 빛의 세기가 아닌 "밝다", "어둡다" 정도로 판별	Lux라는 빛 단위로 정확히 센서값을 나타내준다. 디지털 신호로 변환해주는 ADC가 내장되어있다. 측정한계는 0부터 65,536Lux이다.

5) 부저(Buzzer)란

부저란 전압에 따라 떨림이 발생해서 소리가 나도록 하는 장치입니다. 스피커는 전기적인 금속판으로 떨림을 만들어 소리를 출력하지만, 부저는 간단하고 일정한 단속음을 냅니다. 우리가 사용할 부저는 능동 부저입니다. 능동부저는 전압만 연결하여도 소리를 출력합니다. 부저는 +, - 극을 가지고 있습니다. 두 개의 다리 중 긴다리는 +극, 짧은 다리는 -극입니다. +극은 전원과 연결하고, -극은 G N D와 연결합니다.

6) 생활 속 부저

부저는 경보 장치, 벨, 자명종 시계 등의 우리 생활 곳곳에서 찾아 볼 수 있습니다.

7) 부저 종류

능동 부저	수동부저
5V Active buzzer • 3~5V를 사용 • 약 2KHz 대역 소리출력 • 전압을 주면 프로그래밍하지 않아도 소리를 출력	5V Passive Buzzer • 3~5V를 사용하는 수동부저 • 약 2KHz 대역 소리출력 • 수동부저는 PWM을 통해 소리를 내면서 음계를 출력
Active buzzer module • 3.3~5V 사용 • 약 2KHz의 소리를 발생 • 능동형 부저이므로 음계를 나타내기에는 어려움 • 디지털의 HIGH, LOW(1 또는 0)만으로도 소리를 발생 • 모듈에 트랜지스터가 내장되어 있어서 소리를 증폭해주기 때문에 단일 부저보다 소리가 약간 더 크다.	Passive buzzer module • 3.3~5V를 사용 • 약 2KHz의 소리를 발생 • 수동부저는 PWM을 통해 소리를 내면서 음계를 출력 • 모듈에 트랜지스터가 내장되어 있어서 소리를 증폭해주기 때문에 단일 부저보다 소리가 약간 더 크다.

2 기초다지기

1) 자동으로 켜지는 LED 만들기
주변 환경이 밝으면 LED가 꺼지고, 어두우면 LED가 켜지도록 합니다.

■ 미션

■ **준비물** : 아두이노 보드(UNO), 브레드 보드, LED 1개, 조도센서 1개, 220Ω 1개, 10kΩ 1개, 점퍼선 6개

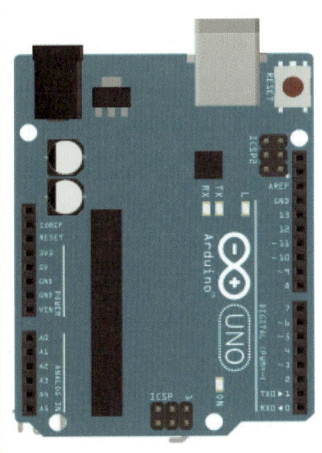 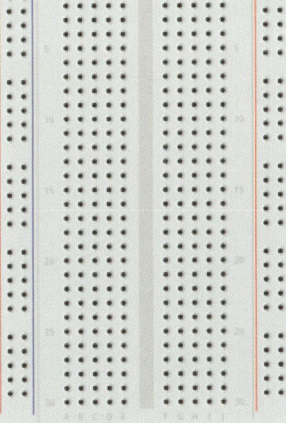 

■ **실제 조도센서 이미지**

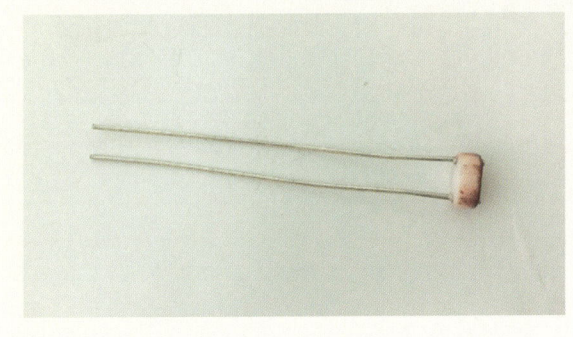 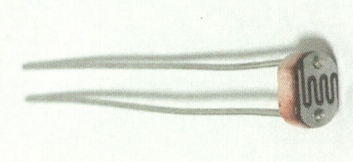

(1) 아두이노 연결

완성모습

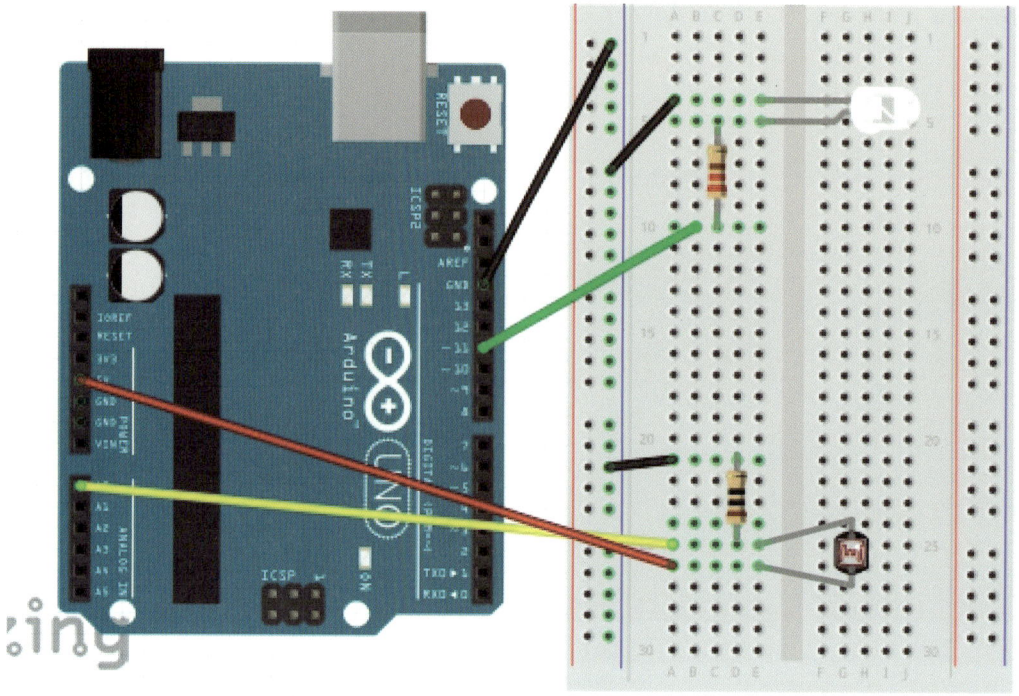

실제모습

❶ LED와 조도센서 연결하기

명칭	연결위치
LED +극	11번, 220옴
LED −극	G N D
조도센서 한쪽	5V
조도센서 다른쪽	A0 (아날로그 입력 핀), 10KΩ

조도센서는 연결 정보

- 빛을 아날로그 값으로 표현하므로 아날로그 디지털 핀인 PWM핀에 연결한다.
- 극성을 가지고 있지는 않으므로 전원과 GND로 사용한 위치를 자유롭게 정하여 연결한다.
- 조도 센서도 버튼과 같으므로 저항이 필요합니다. 조도 한쪽에 10KΩ 저항을 연결하고 검정색 점퍼선을 브레드보드 −극에 연결하여 전류가 그라운드로 흐르도록 한다.
- 전류를 가져와야 하므로 빛 감지 센서 반대쪽을 5V와 연결한다.
- 아날로그 값을 받으므로 저항이 꽂힌 쪽에 아날로그 핀인 A0과 연결한다.

(2) S4A 코드

코드를 작성하기 전에 현재 환경에서 빛 감지 센서의 아날로그 값을 알아봅니다. 빛이 있는 상태에서 아날로그 입력값과 빛이 없는 상태에서의 아날로그 입력값을 알아봅니다.

❶ 빛이 있는 상태에서 아날로그 입력값 확인하기

먼저 현재의 아날로그 입력(A0)의 값 변화를 봅니다. 필자의 빛의 환경은 500~300 사이로 값이 변하는 것을 확인 할 수 있습니다. 사용자의 빛의 환경에 따라 아날로그 입력값의 변화 범위는 다를 수 있습니다.

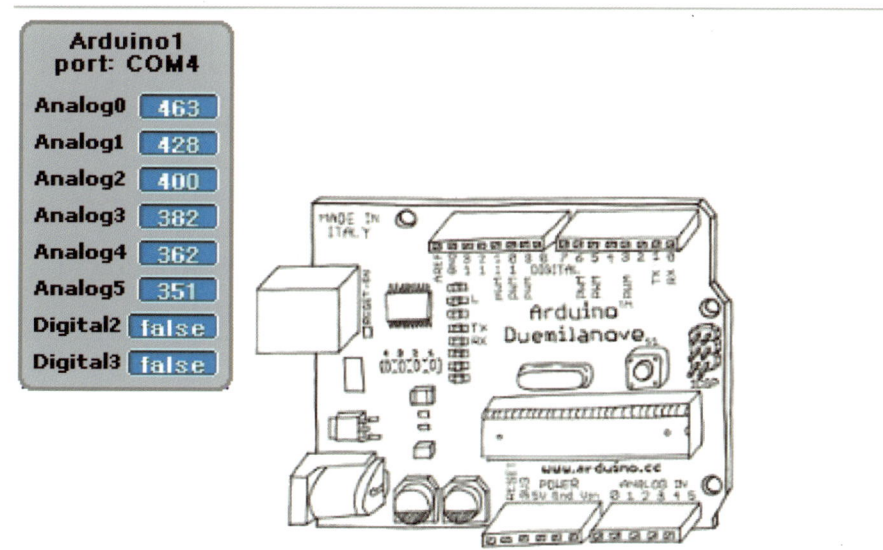

❷ 빛이 없는 상태에서 아날로그 입력(A0)값 확인하기

방의 전등을 꺼도 되고 조도센서를 손으로 가려도 됩니다. 여기서는 방의 전등을 끄면 아날로그 입력값이 '0'이고 손으로 가리면 100~200 사이에서 값이 변하는 것을 확인 할 수 있습니다. 사용자 환경에 따라 아날로그 입력값이 다를 수 있습니다.

– 전등을 껐을 경우(A0값 : 0)

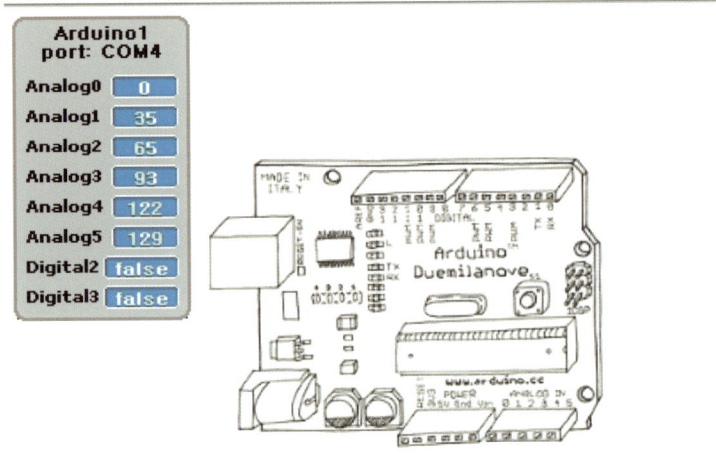

– 손으로 가렸을 경우(A0값 : 100~200)

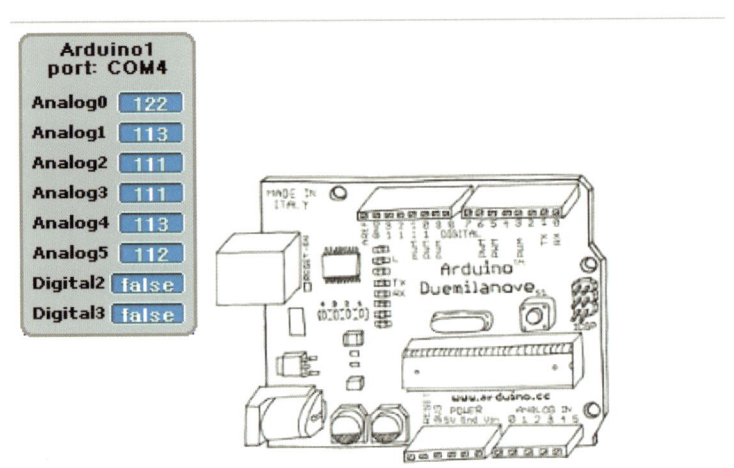

❸ 아날로그 입력(A0)값으로 조도 센서를 동작하는 범위 지정하기

여기서는 전등을 끄는 것이 아닌 손으로 센서를 가릴 경우로 진행하겠습니다. 손으로 가릴 때는 빛이 없는 경우이므로 빛이 없을 때 LED는 켜져야 합니다. 반대로 조도센서에서 손을 뗀 빛이 있는 경우 LED는 꺼져야 합니다.

	빛이 없는 경우 손으로 센서를 가릴 때	빛이 있는 경우 손으로 센서를 가리지 않았을 때
아날로그 A0	300~400	500~700
처리내용	값이 400 이하이면 LED는 켜지고 초과이면 LED는 꺼진다.	값이 500 초과하면 LED는 꺼지고 이하이면 LED는 켜진다.

두 경우 중 원하는 것을 선택하여 코딩하면 됩니다. 여기서는 빛이 있는 경우로 조건을 지정하겠습니다.

❹ 다음과 같이 코딩합니다.

A0의 값이 >500 이면 디지털 11번에 연결된 LED는 꺼지고 아니면(A0<=500) LED는 켜진다.

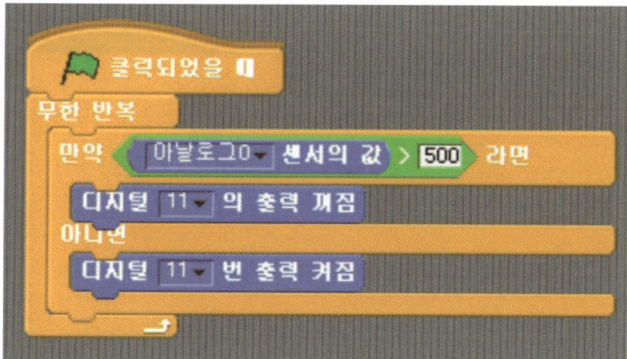

❺ 확인하기

'녹색'깃발을 클릭한 후 조도센서를 손으로 가렸다가 뗐다가 하면서 LED의 변화를 확인합니다.

 6. 아날로그 입력 핀의 최대 표현 수는?   ❖ 275페이지에서 확인하세요

2) 조도센서 이용해서 부저로 소리내기

피에조 스피커를 연결하여 조도센서를 손으로 가리면 LED가 켜지면서 부저에서 소리를 내고 조도센서를 손으로 가리지 않으면 LED가 꺼지고 부저는 소리가 나지 않도록 해봅니다.

■ **미션**

■ **준비물** : 아두이노 보드(UNO), 브레드 보드, LED 1개, 조도센서 1개, 220kΩ 1개, 10kΩ 1개, 점퍼선 7개, 부저

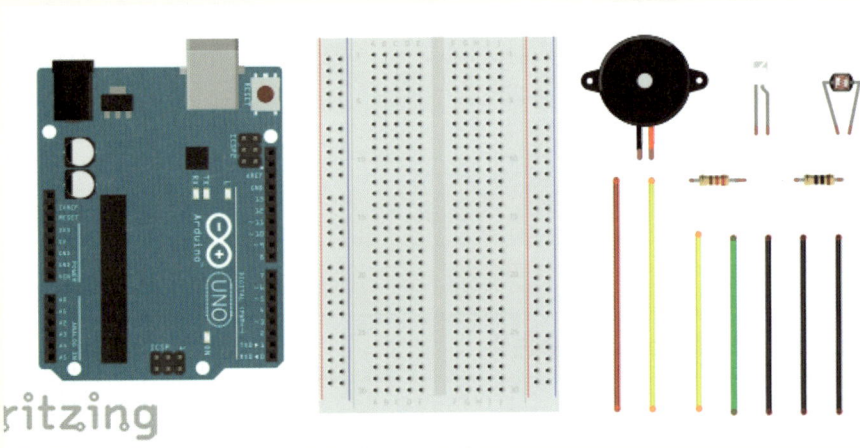

■ **부저 실제 이미지**

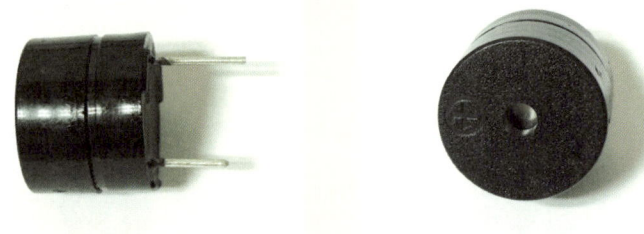

(1) 아두이노 연결

완성모습

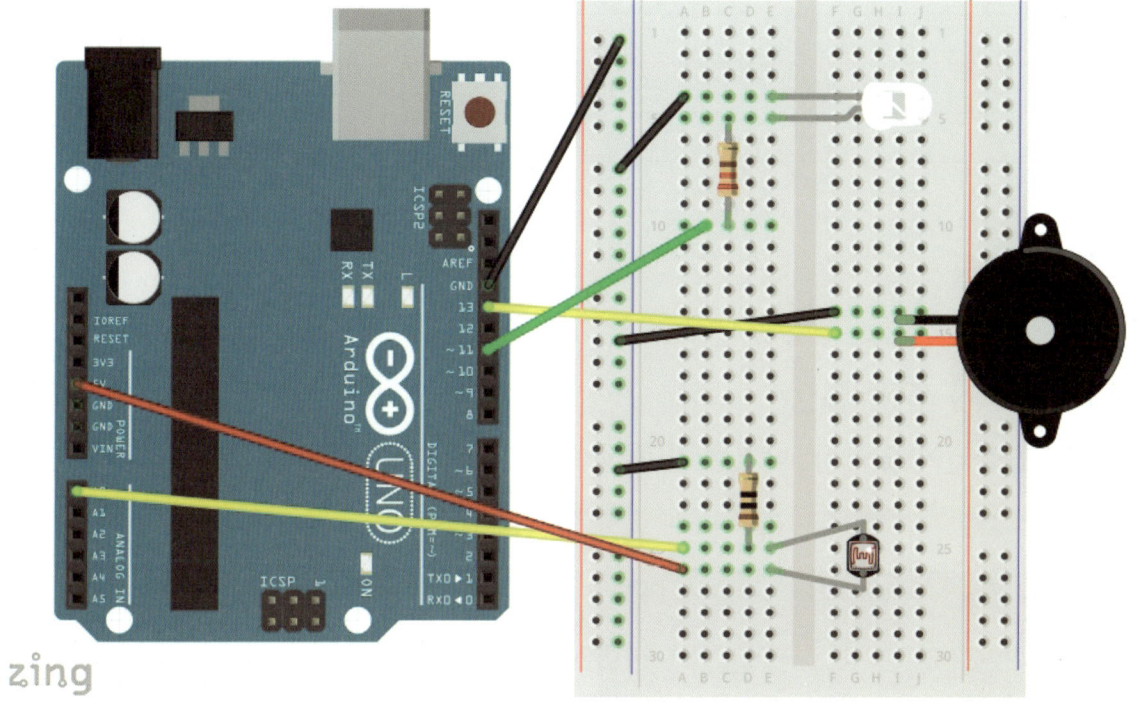

실제모습

❶ LED, 조도센서, 부저 연결하기

명칭	연결위치
LED +극	11번, 220옴
LED -극	G N D
조도센선 한쪽	5V
조도센서 다른쪽	A0(아날로그 입력 핀), 10K옴
부저 +극	13번
부저 -극	G N D

(2) S4A 코드

❶ 부저 소리가 나도록 코딩하기

부저는 13번과 연결되어 있어서 '디지털 13번 출력 꺼짐'과 '디지털 13번 출력 켜짐'을 추가합니다.

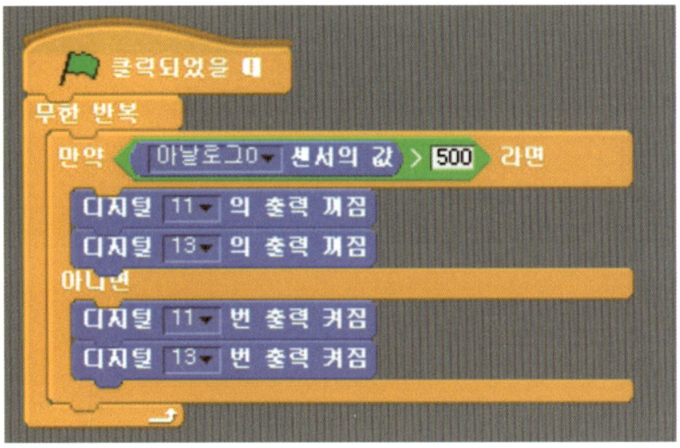

❷ 확인하기

손으로 조도센서를 가리면 LED가 켜지고, 부저에서 소리가 나는지 확인합니다. 만약 소리가 안 나면 A0의 범위를 다시 확인한 후 '숫자'를 변경해 보세요.

3 실력다지기

1) 우리 집 지키는 똑똑한 가로등 만들기

▶ 실습예제 : 실습-07-03-01 똑똑한 가로등 만들기

깜깜한 밤에 골목길에 가로등이 없으면 지나가기 무서울거에요. 밤이 되면 등이 자동으로 켜져서 골목길을 밝혀주고 낮이 되면 등이 자동으로 꺼지는 든든하고 똑똑한 가로등을 만들어 봅니다.

■ 미션

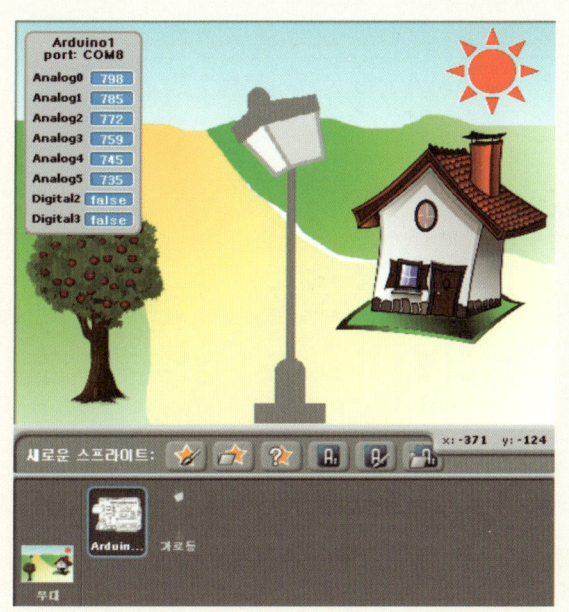 

■ 준비물 : 아두이노 보드(UNO), 브레드 보드, LED 1개, 조도센서 1개, 220kΩ 1개, 10kΩ 1개, 점퍼선 6개

(1) 아두이노 연결

완성모습

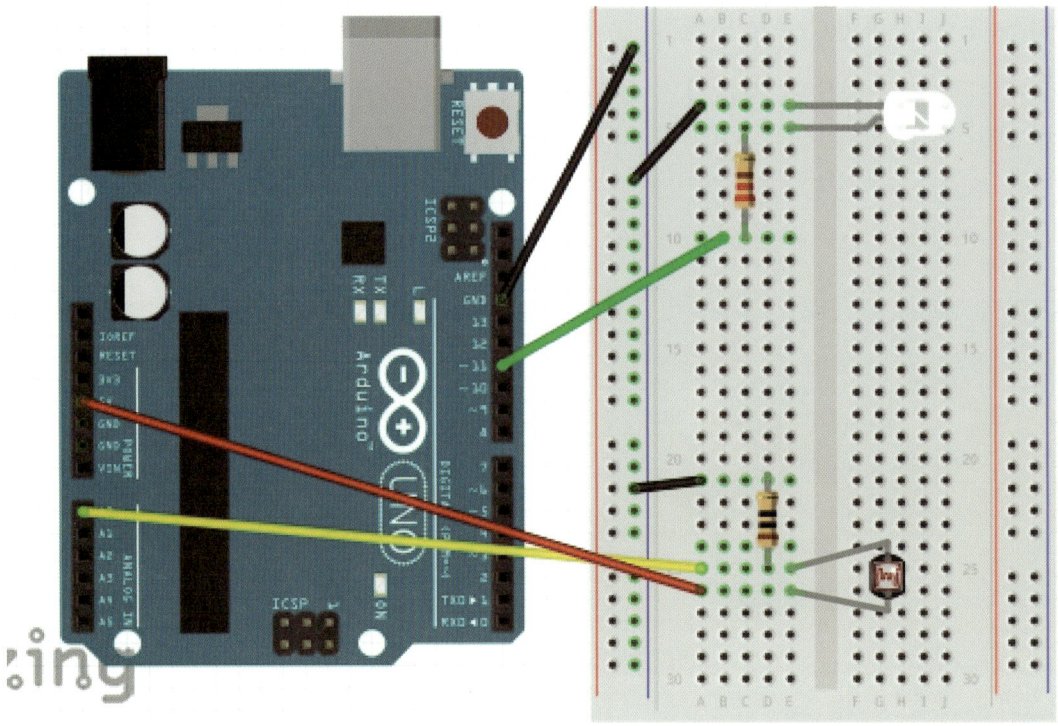

실제모습

❶ LED와 조도센서 연결하기

명칭	실제 위치
LED +극	11번, 220옴
LED -극	G N D
조도센선 한쪽	5V
조도센서 다른쪽	A0(아날로그 입력 핀), 10옴

(2) S4A 코드

조도센서를 손으로 가리면 밤이 되어 가로등이 켜지고, 손을 떼면 낮이 되어 가로등이 꺼지는 스마트한 가로등을 코딩합니다.

❶ 조도센서를 가리면 LED등 켜기

조도센서를 손으로 가리고 떼어보면서 A0값의 변화를 살펴보세요. 사용자의 환경에 따라 값이 다를 수 있습니다. 각자 환경에서 적절한 값을 찾아 조건에 입력해줍니다.

스프라이트
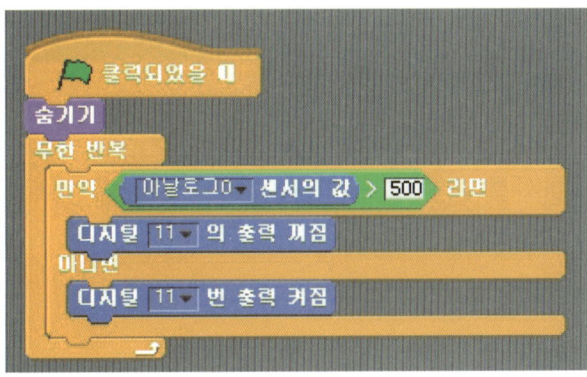

❷ 조도센서값에 따라 배경과 가로등 바꾸기

• 배경 바꾸기 – '낮 배경', '밤 배경' 메시지 방송하고 받기
• 가로등 바꾸기 – 'on', 'off' 메시지 방송하고 받기

스프라이트
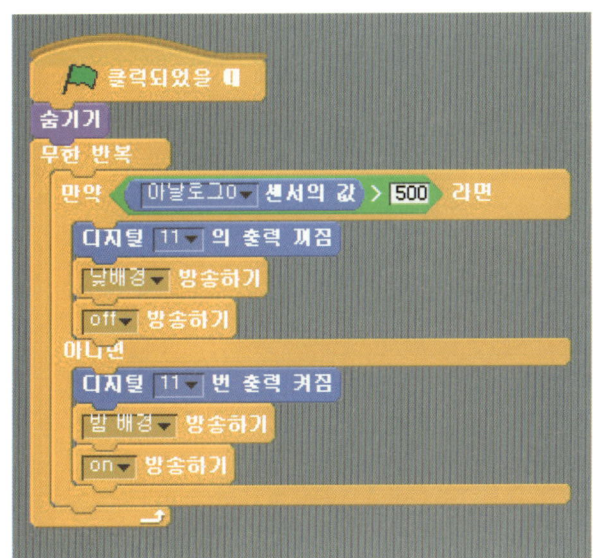

조도센서 A0〉500	LED가 켜지고 낮 배경이 바뀌고 '가로등' 스프라이트는 'off' 모양으로 바뀐다.
조도센서 A0〈=500	LED가 꺼지고 밤 배경이 바뀌고 '가로등' 스프라이트는 'on' 모양으로 바뀐다.

 스프라이트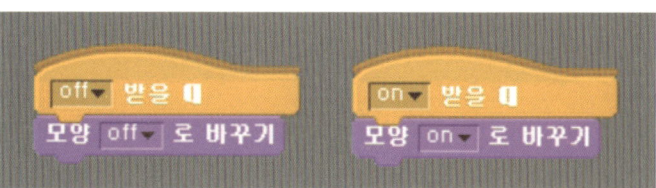

 스프라이트

❸ 확인하기

녹색깃발을 클릭하고 조도센서를 손으로 가리고 떼어보면서 잘 동작하는지 확인합니다.

2) 알록달록 빛으로 연주하는 피아노

▶ **실습예제** : 실습-07-03-02 알록달록 빛으로 연주하는 피아노

조도센서가 받는 빛의 양에 따라 빨, 노, 초, 파 LED등이 번갈아 켜지면서 도, 레, 미, 파, 솔, 라, 시, 도를 연주하는 '빛의 파도 피아노'를 만들어 봅니다.

■ 미션

■ 준비물 : 아두이노 보드(UNO), 브레드 보드, LED 1개, 조도센서 1개, 220kΩ 4개, 10kΩ 1개, 점퍼선 10개(검은색 4개, 하얀색 1개, 오렌지색 1개, 초록색 1개, 긴 빨간색 1개, 긴 노란색 2개)

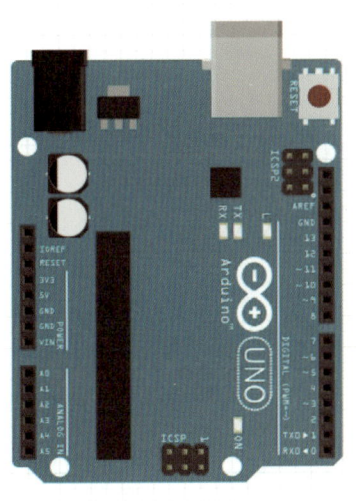
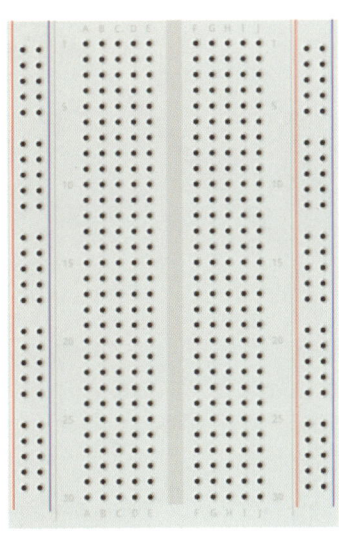
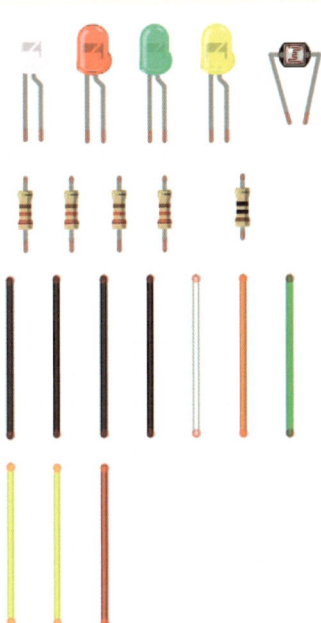

(1) 아두이노 연결

완성모습

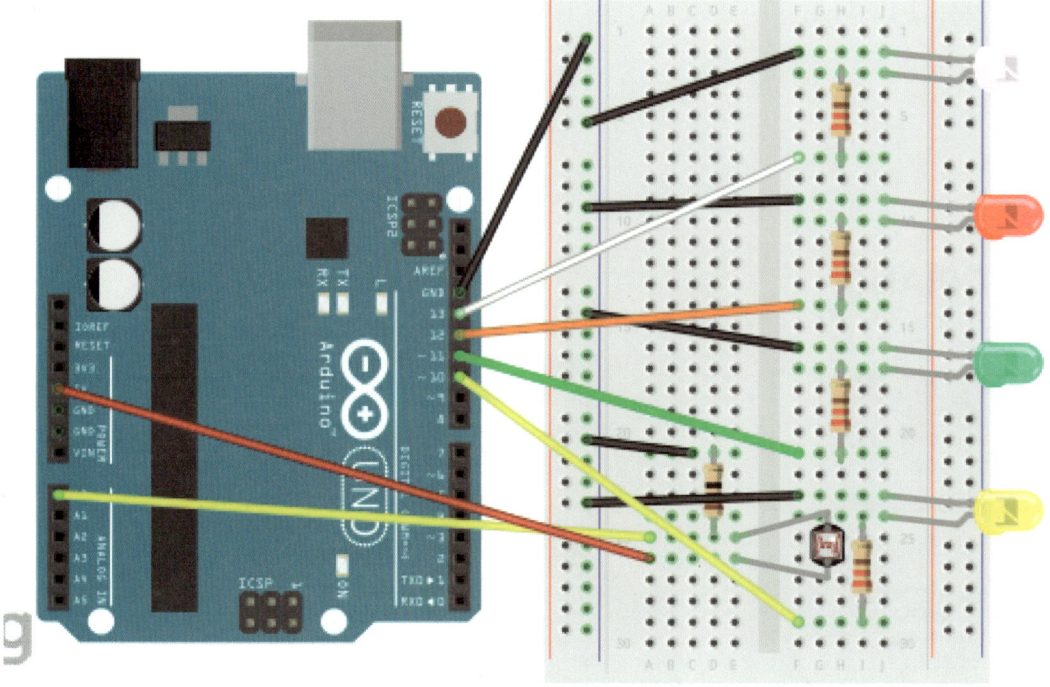

실제모습

1 아두이노와 전자부품 연결하기

명칭	연결위치	결과
LED 1	13번	'도'음, '솔'음
LED 2	11번	'레'음, '라'음
LED 3	10번	'미'음, '시'음
LED 4	9번	'파'음, '도'음
조도센서 한쪽	GND	
조도센서 다른쪽	A0	

(2) S4A 코드

1 '도레미파솔라시도' 음에 따라 빨, 노, 초, 파 LED 켜기

아날로그 입력 (A0)의 값을 나누어 범위에 따라 빨, 노, 초, 파 LED가 한 개씩 켜지고 8음계에서 한 음이 소리가 나도록 코딩합니다. 여기서는 A0의 값을 '100'으로 범위를 지정하여 나누었습니다.

조건			참일 경우	
			SFA실행	아두이노실행
만약	0 〈 아날로그 센서0의 값 〈 200	이면	'도'음 내기	빨간 LED켜기
만약	200 〈 아날로그 센서0의 값 〈 300	이면	'레'음 내기	노란 LED켜기
만약	300 〈 아날로그 센서0의 값 〈 400	이면	'미'음 내기	초록 LED켜기
만약	400 〈 아날로그 센서0의 값 〈 500	이면	'파'음 내기	파란 LED켜기
만약	500 〈 아날로그 센서0의 값 〈 600	이면	'솔'음 내기	빨간 LED켜기
만약	600 〈 아날로그 센서0의 값 〈 700	이면	'라'음 내기	노란 LED켜기
만약	700 〈 아날로그 센서0의 값 〈 800	이면	'시'음 내기	초록 LED켜기
만약	800 〈 아날로그 센서0의 값 〈 900	이면	'도'음 내기	파란 LED켜기

TIP

범위는 사용자의 환경에 따라 다를 수 있습니다. 조도센서를 손으로 가렸을 때 A0의 값을 조도센서를 적어두세요. 손으로 가리지 않았을 때 A0의 값을 적어두세요. 두 값의 범위가 사용자의 범위입니다. 그 범위를 8단계로 나누어 조건값을 정하면 됩니다.

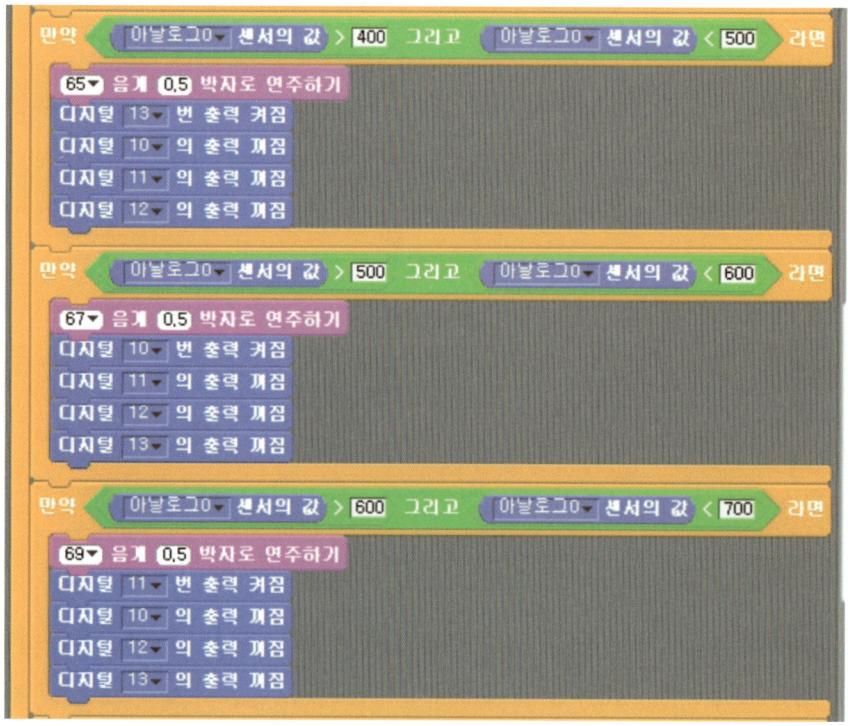

❷ 확인하기

조도센서를 손으로 가리고 음에 따라 LED가 켜지는지 확인합니다.

❸ 도레미파솔라시도 음에 따라 피아노 건반 색 바꾸기

조도센서를 읽는 A0의 값이 0~200 범위에 오면 '도'음을 내며 LED가 켜지고 빨간색 피아노 건반으로 바뀝니다. A0의 값에 따라 '음', 'LED', '건반색'이 변하도록 코딩합니다.

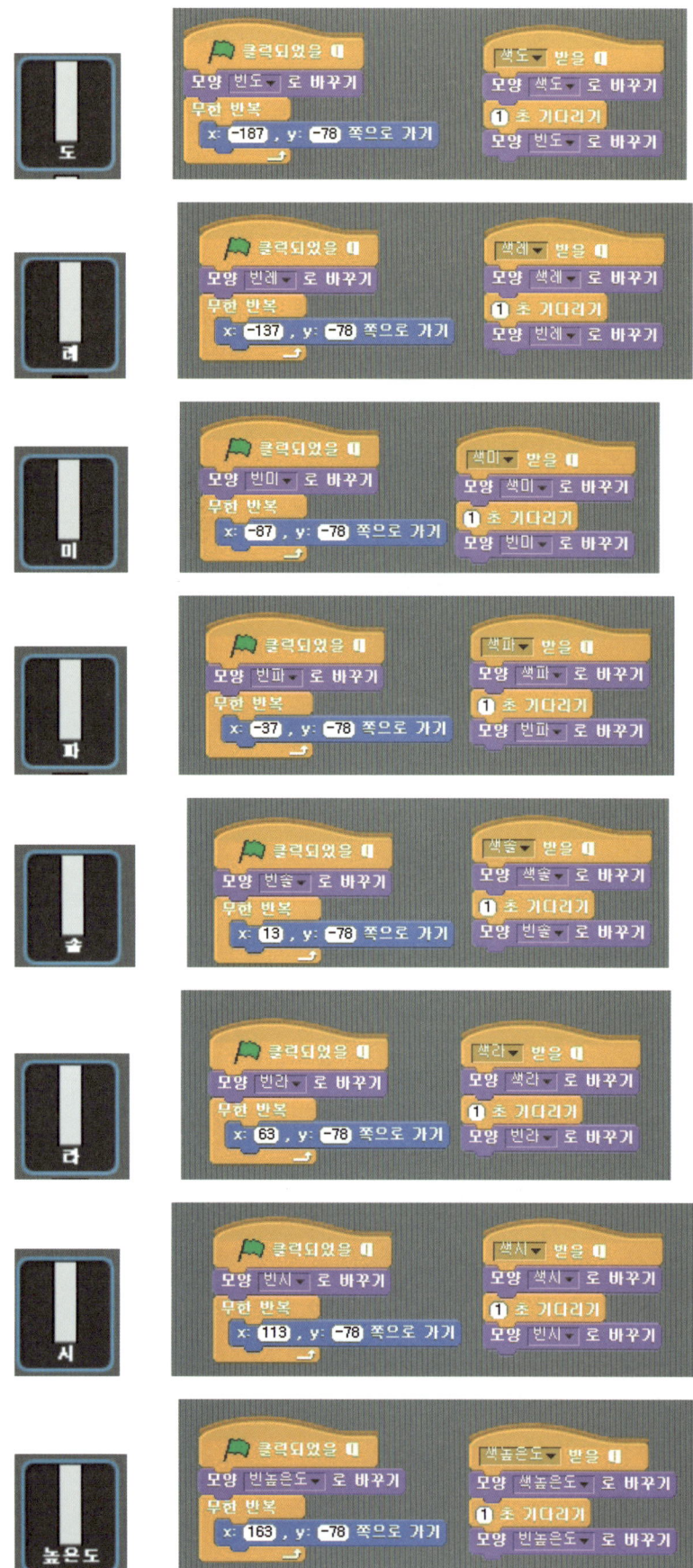

❹ 확인하기

녹색깃발을 클릭하여 조도센서를 손으로 가리거나 빛을 주어 잘 동작하는지 확인합니다.

4 CT 향상하기

조도센서를 이용하여 무엇을 만들 수 있을지 생각하고 만들어 봅니다.

	컴퓨터적 사고력 향상하기 **무엇을 만들어 볼까?**
1. 아이디어 생각하기 만들고 싶은 것을 자유롭게 생각하고 적어봅니다.	
2. 주제 정하기 생각한 아이디어를 정리하여 만들 주제(제목)를 적어봅니다.	
3. 아두이노 연결하기 아두이노에 부품을 연결합니다.	
4. 코딩하기 연결한 부품이 잘 동작하도록 코딩합니다. S4A에 스프라이트들도 같이 동작하도록 코딩합니다.	
5. 친구들과 공유하기 내가 만든 작품을 친구들에게 보여줍니다.	

7장 평가문제

1 부저의 +와 −를 적습니다.

2 조도센서 각 핀의 의미를 적습니다.

3 조도센서를 동작하기 위해 회로도를 연결합니다. 조도센서의 각핀과 아두이노를 연결하고 저항을 아래 이미지에 그려줍니다.

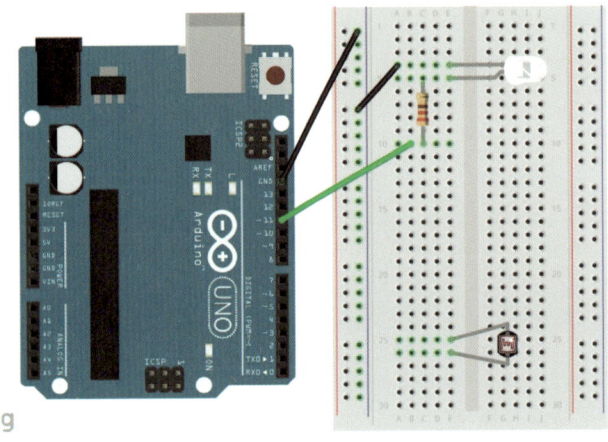

> 정답
>
> 1) 1. + 극, 2. − 극
> 2) 1. 5V, 2. 아날로그 입력핀 또는 1. 아날로그 입력핀, 2. 5V
> 3)

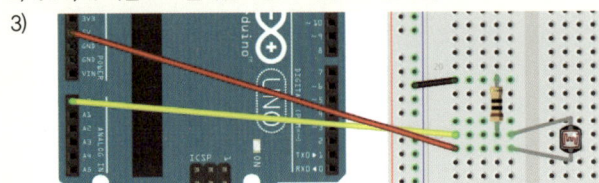

8장 스마트 선풍기

온도와 DC모터의 구조를 이해하고 이를 동작해 봅니다.
* 아두이노 학습 요소 : 온도센서(LM35), DC모터
* 코딩 학습 요소 : 무한반복, 조건 참 거짓, 비교 조건, 변수, 메시지 방송, 좌표, 디지털 출력, 아날로그 입력

● 스마트 온도계

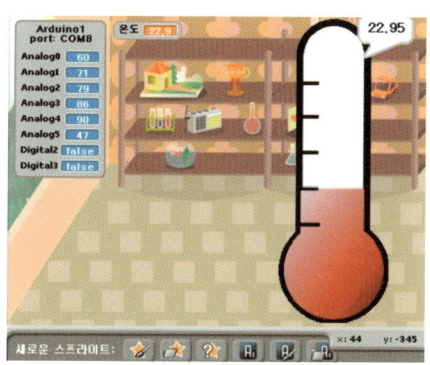

● 스마트 선풍기

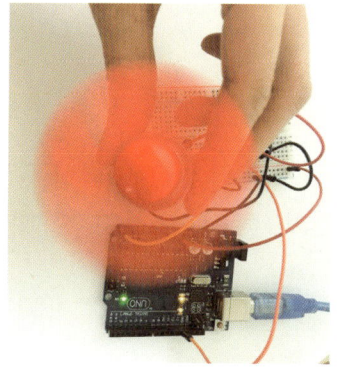

체크포인트

학습목표

1. 온도센서의 원리를 알고 온도가 올라가면 섭씨온도가 표시되도록 코딩할 수 있다.
2. 온도센서의 원리를 알고 온도값에 따라 DC모터를 제어할 수 있다.

학습포인트

1. 미리알아보기 : 온도센서와 DC모터에 대해 알아봅니다.
2. 기초다지기 : 온도센서와 DC모터를 동작해 봅니다.
3. 실력다지기 : 온도에 따라 온도계가 자동으로 표시되는 스마트 온도계와 온도가 높으면 선풍기가 돌아가는 스마트 선풍기를 만들어 봅니다.
4. CT 향상하기 : 온도와 DC모터를 이용하여 무엇을 만들 수 있을지 생각하고 만들어 봅니다.
5. 평가하기

1 미리알아보기

1) 온도센서(Temperature Sensor)

온도센서란 물체의 온도를 감지하여 전기신호로 바꿔주는 센서로 접촉식 온도센서와 비접촉식 온도센서가 있습니다. 아두이노에서 사용하는 센서들은 접촉식입니다. 비접촉식 온도센서는 고기집에서 많이 사용하는 레이저를 쏘면 온도가 측정되는 센서, 열화상 카메라 등이 있습니다. 우리가 사용할 온도센서는 LM35인데, 0℃에서 100℃까지 측정이 가능하지만 빠른 온도변화에는 적합하지 않은 센서입니다.

❶ 5V
❷ out
❸ G N D 표시하기

위의 사진과 같이 세 개의 다리가 있는데 온도센서의 평평한 면을 보고 왼쪽은 5V, 중간은 출력, 오른쪽은 GND로 연결되는 다리입니다. 이 때, 2번 출력 핀은 아두이노의 아날로그 핀(A0~A5)에 연결해야 됩니다. 온도는 0과 1로만 이루어진 디지털 신호가 아닌, 다양한 값을 갖고 있으므로 아날로그 입력핀에 연결합니다.

2) 생활 속 온도센서

온도센서는 온도를 감지해서 전기적인 신호로 변환해주는 센서이기 때문에, 온도와 관련된 제품들에 많이 사용됩니다. 에어컨, 보일러, 쿨러, 냉장고, 화재 경보기 등에 이용됩니다.

3) 온도센서의 종류

실물			
이름	LM35	Panel Temperature Meter	DHT11
측정온도	0℃~100℃	-30℃~12,570℃	0℃~50℃
오차범위	±0.6℃	±2℃	±2℃
특징	온도를 측정하기 쉽다.	디지털 LED를 통해 표시할 수 있다. 약간의 방수기능이 있다.	상대습도와 온도를 측정한다. 장시간 사용해도 변화율이 낮다.

이외에도 많은 온도센서가 있고, 온도센서의 종류마다 특징들이 다르니 실습의 목적에 따라 맞는 제품을 사용하면 됩니다. 본 교재는 간단한 온도 측정만을 할 것이므로 LM35 제품을 사용합니다.

4) DC모터

DC모터란 전기 에너지로 물체를 이동시킬 수 있는 힘으로 변환시킨다. 고정자로 영구자석을 사용하고, 회전자(전기자)로 코일을 사용하여 구성한 것으로, 전기자에 흐르는 전류의 방향을 전환함으로써 자력의 반발, 흡인력으로 회전력을 생성시키는 모터입니다.

DC모터는 따로 신호를 줄 필요가 없는 DC(직류)전원으로 동작하는 모터입니다. 전원과 접지(GND)만을 연결하여 회전을 할 수 있습니다. 이 때 전원과 접지의 연결되는 방향이 반대가 되면 모터의 회전방향도 반대로 바뀌어서 돌아갑니다. 동작에는 문제가 발생하지 않습니다. 또한 DC모터는 자력의 반발력을 이용해서 회전하기 때문에 전류량과 토크가 비례합니다. 그렇기 때문에 더 큰 전원을 제공할수록 더 빠른 회전을 하게 됩니다.

❖ 토크란? 물체를(여기에서는 모터를) 동작시키려 할 때에 필요한 힘을 의미합니다. 즉 모터를 동작하기 위한 회전력을 토크라고 말할 수 있습니다. 전원을 제공해도 발생되는 토크가 부족하다면 모터가 회전하지 않는 경우도 있을 수 있습니다.(출처 : 국제테크노정보연구소)

5) 생활 속 DC모터

세탁기, 선풍기, 믹서, 선풍기나 RC카와 같이 빠르고 연속적인 회전이 필요할 때 사용합니다.

6) DC모터의 종류

실물			
종류	스테퍼모터 (stepper motor)	BLDC모터 (Brushless DC motor)	RC모터 (Radio Control motor)
설명	한 바퀴의 회전을 많은 수의 스텝들로 나눌 수 있는 브러쉬리스 직류 전기 모터	브러쉬(Brush)가 없는 DC모터로 비용을 최소화하기 위해 많이 사용	DC모터에 위치센서가 있고, 칩이 존재하여 펄스폭에 따라 어느 정도의 각도로 위치시킬 수 있도록 되어있는 모터
특징	모터의 위치를 어떤 피드백 장치 없이도 아주 정확하게 속도 조절이 가능	브러쉬로 인한 스파크와 소음이 없어 반영구적인 모터의 수명과 밧데리의 효율 증가	각도 제어를 쉽게 할 수 있어 초보자가 사용하기 좋지만 정밀제어가 힘들어 학생들이 많이 사용
사용	프린터	전기 자동차	장난감

2 기초다지기

1) 더우면 올라가는 온도센서

■ 미션

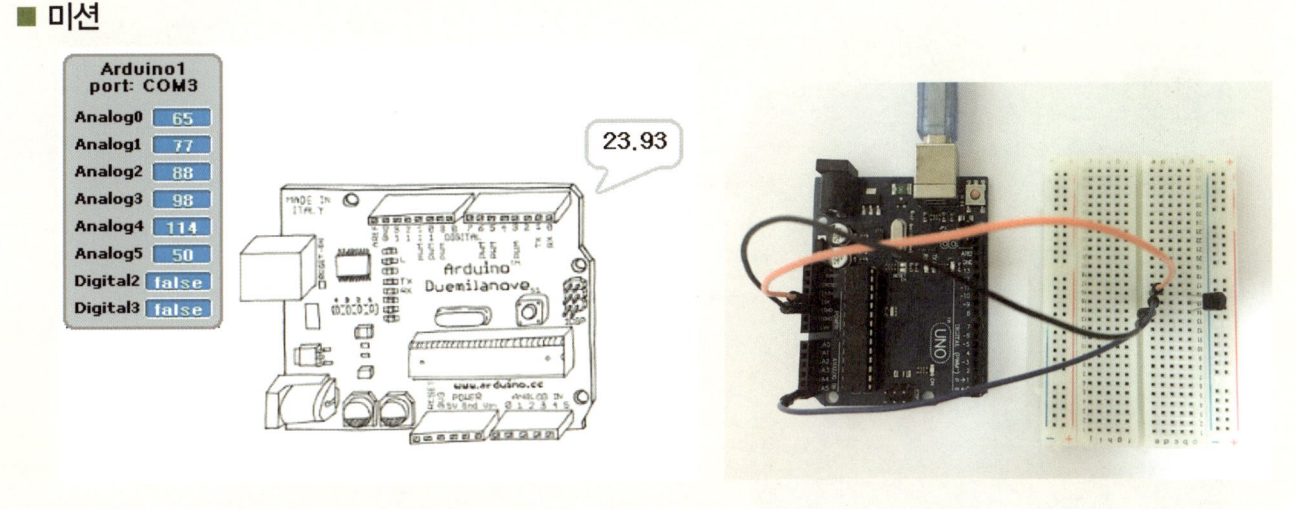

■ **준비물** : 아두이노 보드(UNO), 브레드 보드, 온도센서(LM35) 1개, 점퍼선 3개

■ 실제 온도센서 모습

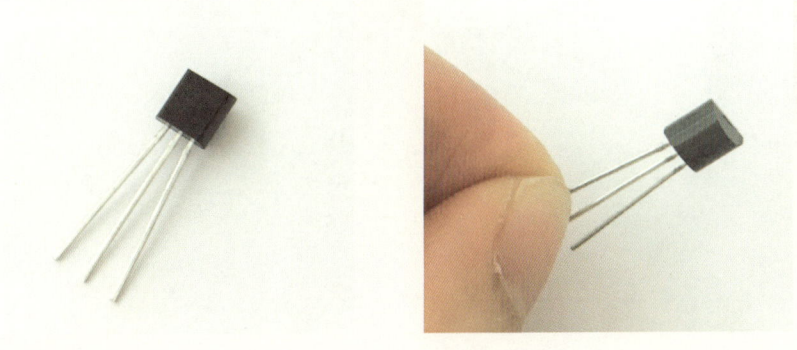

(2) 아두이노 연결

완성모습

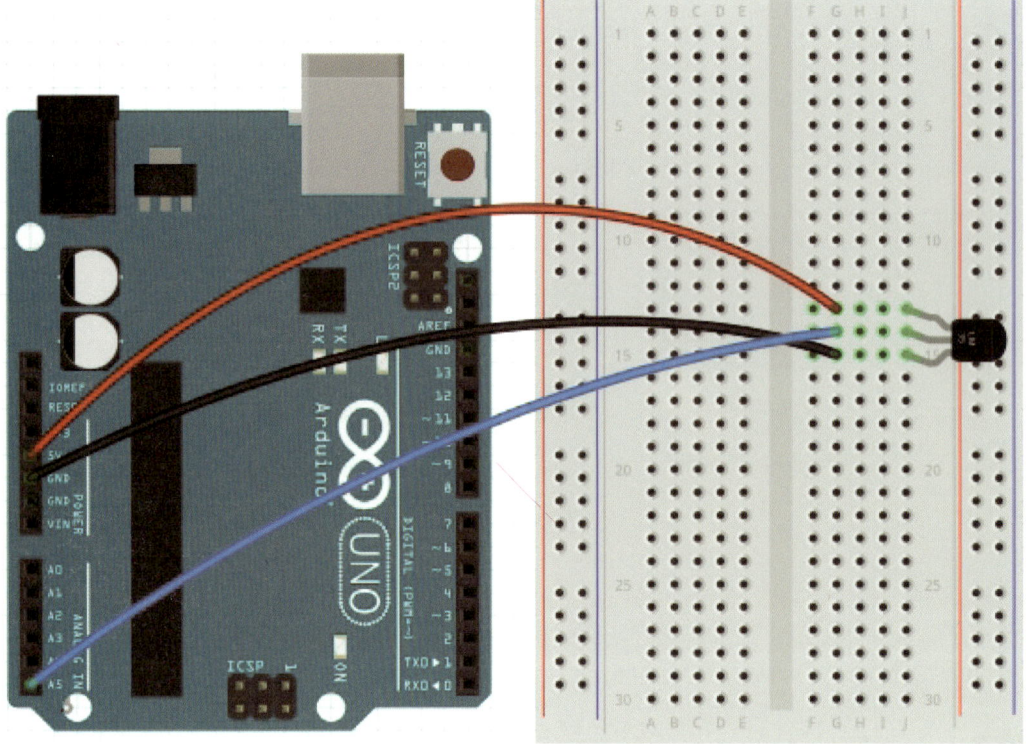

실제모습

❶ 온도센서와 보드 꽂기

온도센서의 평평한 부분이 앞으로 오도록 해서 핀을 꽂습니다.

 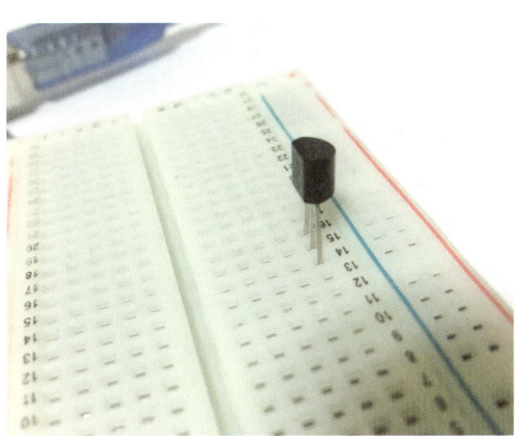

❷ 온도센서와 아두이노 연결하기

명칭	연결위치
온도센서 1번 핀	전압(5V)를 연결
온도센서 2번 핀	아날로그 5번(A5)핀 연결
온도센서 3번 핀	GND를 연결

앞에서도 말했듯이 온도센서의 출력값을 받아오는 2번 핀을 아두이노 보드의 아날로그 핀과 연결하는 이유는, 온도는 0과 1로 이루어져있는 디지털 신호가 아닌 연속된 여러값을 가질 수 있는 아날로그 신호이기 때문입니다.

(3) S4A 코드

❶ 온도센서 동작하기

아날로그 5번 핀에 연결된 온도센서가 변하는 온도값이 출력되도록 코딩합니다.

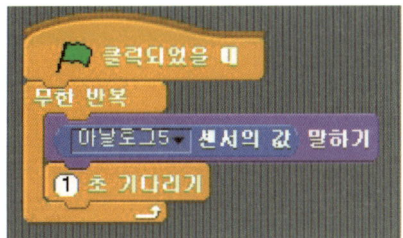

❷ 확인하기

녹색깃발을 클릭하고 온도센서를 손으로 잡아봅니다. 온도센서와 연결된 A5값이 올라갑니다. 온도센서에서 손을 떼면 A5값이 내려갑니다. LM35온도센서는 빠르게 반응하지 않으므로 천천히 올라가고 천천히 값이 내려갑니다.

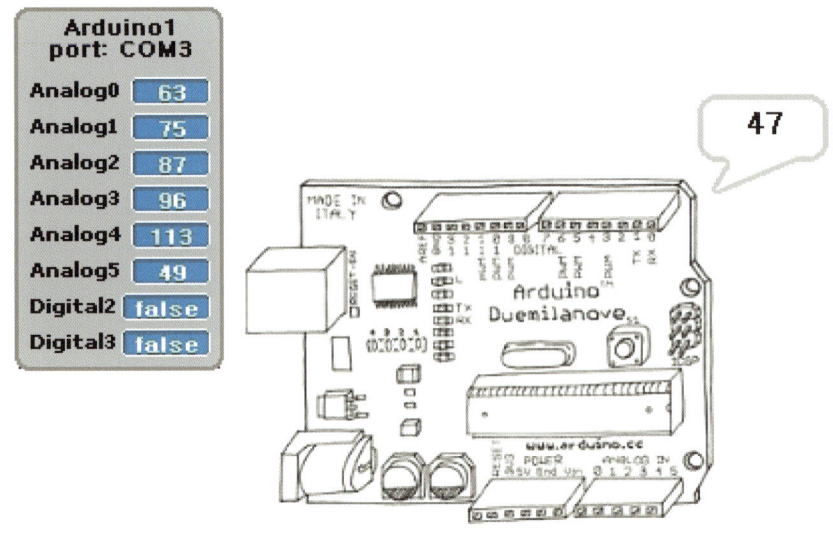

❸ 온도센서값을 섭씨온도로 바꾸기

②번에서 확인한 값은 실제 온도라고 하기에는 너무 높은 온도입니다. 센서로부터의 출력값이 우리가 평소에 사용하는 섭씨온도가 아니기 때문입니다. 아래와 같이 코드를 바꿔보도록 하겠습니다.

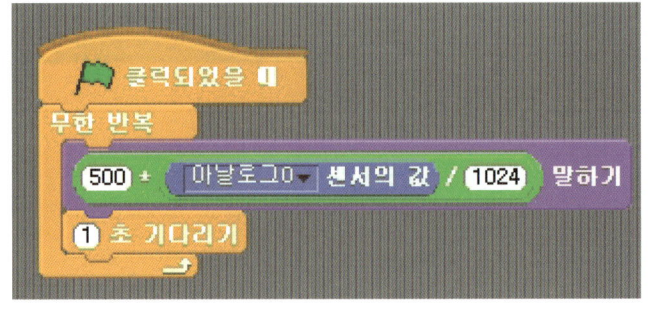

❹ 섭씨온도 확인하기

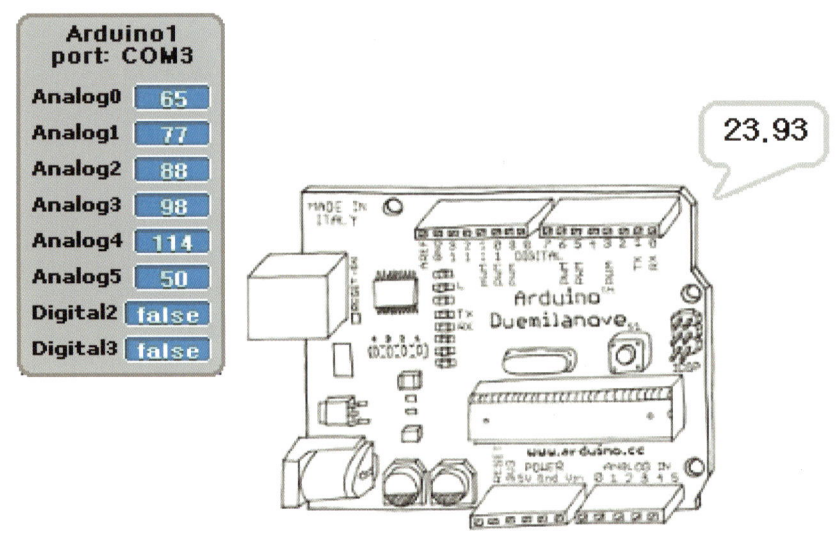

 7. 온도센서값을 섭씨온도로 바꾸는 공식 알아보기 ❖ 275페이지에서 확인하세요

2) DC모터 돌리기

■ 미션

■ 준비물 : 아두이노 보드(UNO), 브레드 보드, DC모터, 점퍼선 2개

■ 실제 DC모터 모습

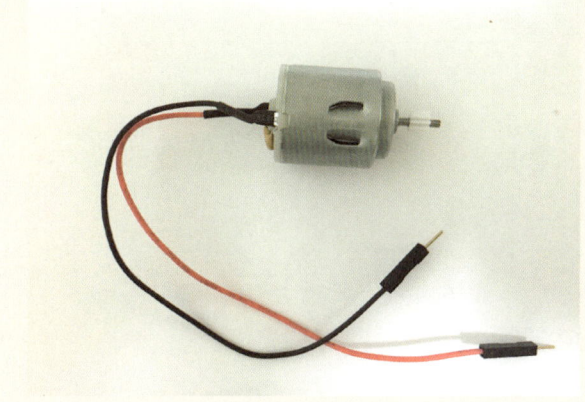

(1) 아두이노 연결

> 완성모습

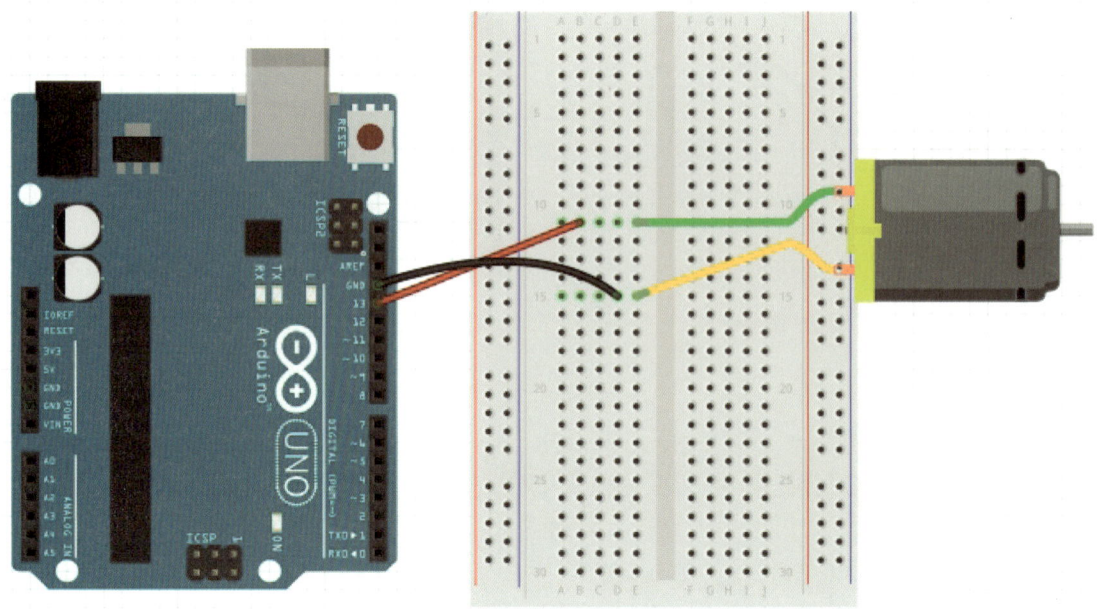

> 실제모습

❶ 전원에 바로 연결하여 동작 확인하기

DC모터는 전원에 연결이 되면 바로 회전을 시작하기 때문에, 코딩을 따로 할 필요 없이 모터가 돌아가는지 확인합니다.

명칭	연결위치
DC모터 전원핀(빨간선, 노란색)	5V
DC모터 GND핀(검정선, 초록색)	GND

아래 실제모습과 같이 점퍼선을 이용하여 연결 하여도 됩니다.

8장 스마트 선풍기 **173**

❷ 13번 핀에 연결하기

'완성 모습'과 같이 13번 핀에 연결하여 코딩으로 DC모터를 동작해 보겠습니다.

명칭	연결위치
• DC모터 전원핀(빨간선, 누란색)	13번
• DC모터 GND핀(검정선, 초록색)	G N D

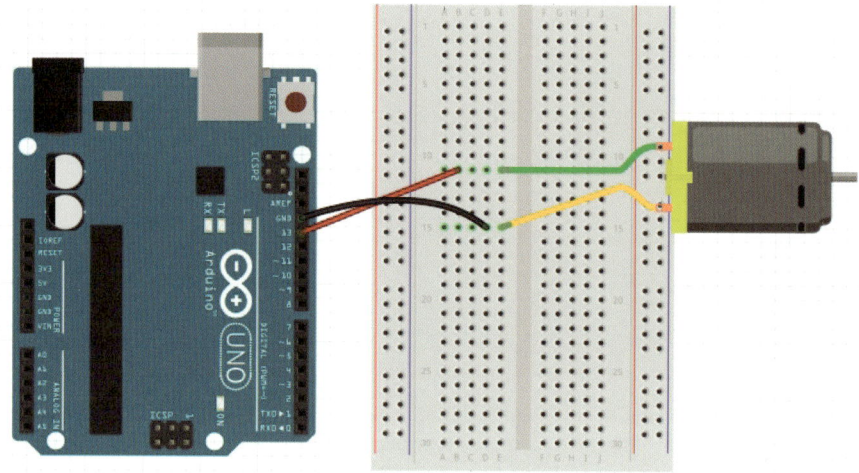

(3) S4A 코드

❶ DC모터 돌리기

클릭을 하면 모터가 돌아가고, 스페이스를 눌렀을 때 모터가 멈추도록 코딩합니다. 즉, 디지털 13번이 출력되면 모터가 돌아가고 디지털 13번의 출력이 꺼지면 모터가 멈추게 됩니다.

 스프라이트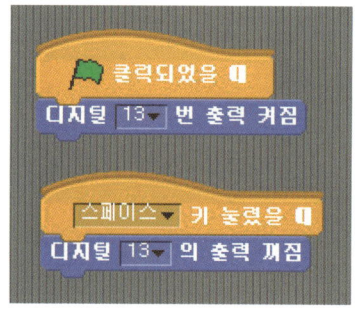

 8. 트랜지스터와 다이오드로 DC모터 속도 조절하기 ❖ 277페이지에서 확인하세요

3 실력다지기

1) 스마트 온도계

▶ 실습예제 : 실습-08-03-01-스마트 온도계

교실 온도가 너무 낮거나 높으면 경고 LED가 켜지고 '경고음'소리가 나는 똑똑한 온도계를 만들어 봅니다.

■ 미션

■ 준비물 : 우노보드, 브레드 보드, 점퍼선 7개, 온도센서(LM35), 빨간색 LED

8장 스마트 선풍기 **175**

(1) 아두이노 연결

완성모습

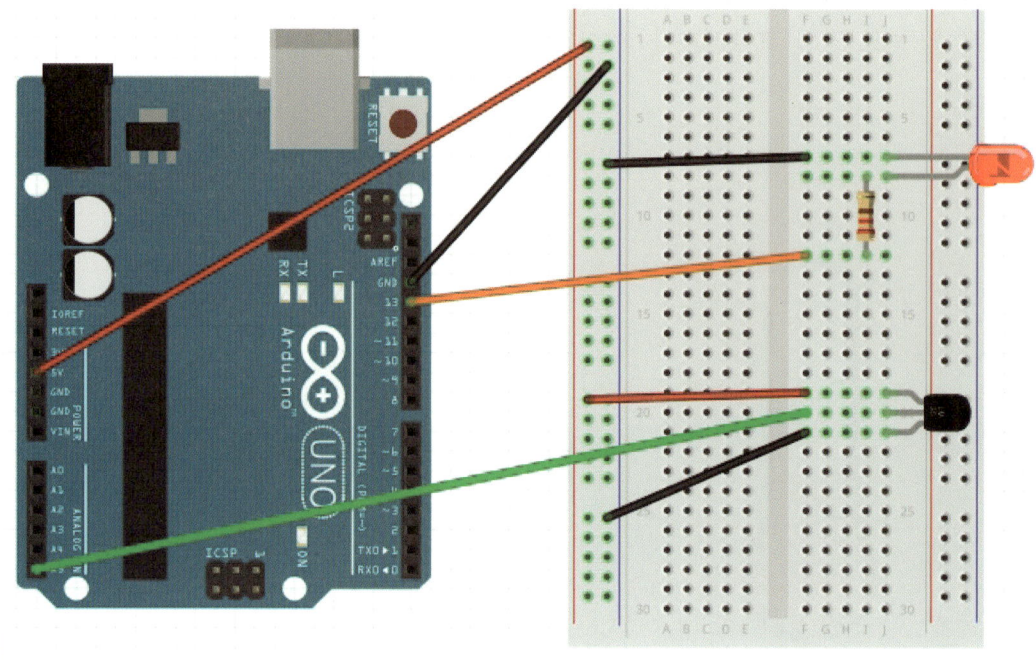

실제모습

(2) S4A 코드

❶ 온도계 스프라이트가 온도 말하는 코딩하기

먼저 '온도' 변수를 만듭니다.

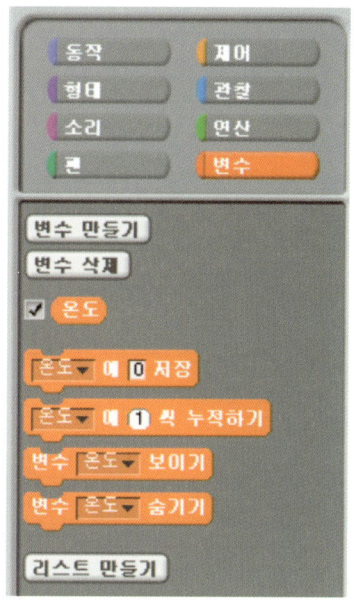

❷ 스프라이트에 코딩하기

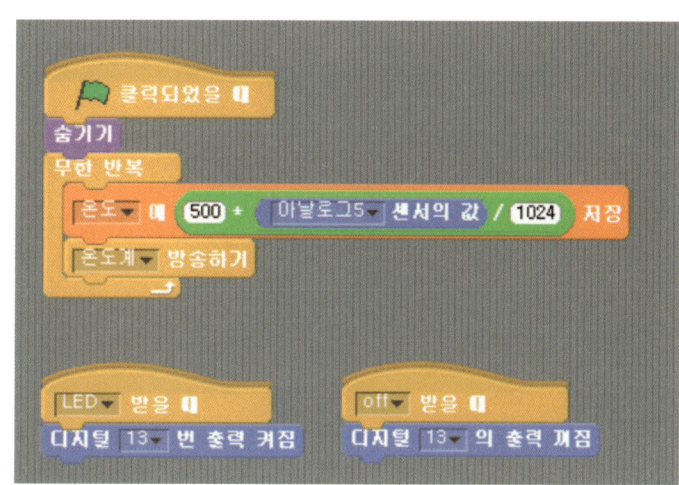

 스프라이트

 스프라이트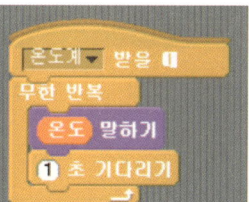

❸ 브레드보드에 꽂힌 온도계를 손으로 잡아보세요. 온도가 올라갑니다.

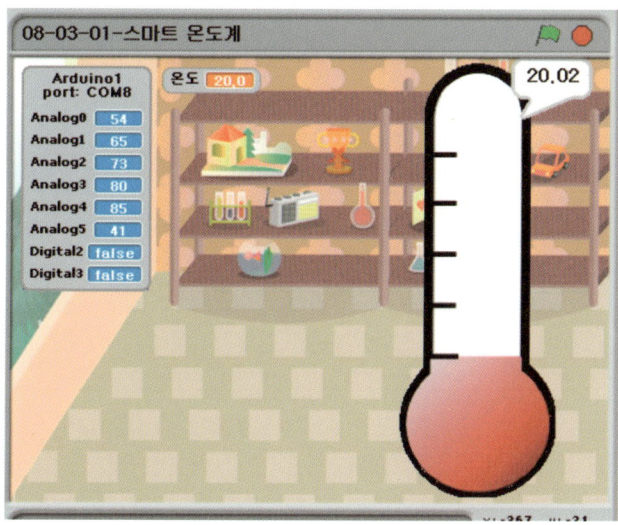

❹ 온도에 따라 달라지는 온도계 모양 코딩하기

다음과 같이 온도값을 조건으로 입력하여 온도값에 따라 온도계 이미지의 모양이 달라지도록 합니다. 온도 조건값은 사용자의 환경에 맞게 변경합니다. 사용자의 환경이 더운 곳이면 온도 조건값은 높게 정하면 됩니다.

 스프라이트

- 온도 〈 =20 이면 '온도계 1' 모양 표시
- 온도 〉 22 이면 '온도계 2' 모양 표시
- 온도 〉 24 이면 '온도계 3' 모양 표시
- 온도 〉 26 이면 '온도계 4' 모양 표시
- 온도 〉 27 이면 '온도계 5' 모양 표시, 경고음 소리내기

TIP

온도를 높이고 싶다면 온도센서를 잡고 입김을 불어보세요. 온도가 더 많이 올라갑니다. 또는 조건을 줄 때 변화가 없다면 사용자에 환경에 따라 다른 온도값을 주면 됩니다.

❺ 확인하기

녹색 깃발을 누르고 온도센서를 손으로 잡은 후 온도를 올려봅니다. 온도계가 바뀌고 27도 이상이 되면 경고음이 나는지 확인 합니다.

2) 스마트 선풍기

▶ 실습예제 : 실습-08-03-02-스마트 선풍기

날씨가 더우면 온도가 올라가면 선풍기가 자동으로 돌아가는 똑똑한 선풍기를 만들어 봅니다.

■ 미션

■ 준비물 : 우노보드, 브레드 보드, 점퍼선 7개, 온도센서(LM35), DC모터, 프로펠러

■ 실제 부품 모습

[DC모터와 프로펠러 연결 모습]

프로펠러를 하얀색 톱니바퀴 부분에 맞추고 누르면 하얀색 톱니바퀴가 안으로 들어가면서 프로펠러가 끼워집니다.

(1) 아두이노 연결

완성모습

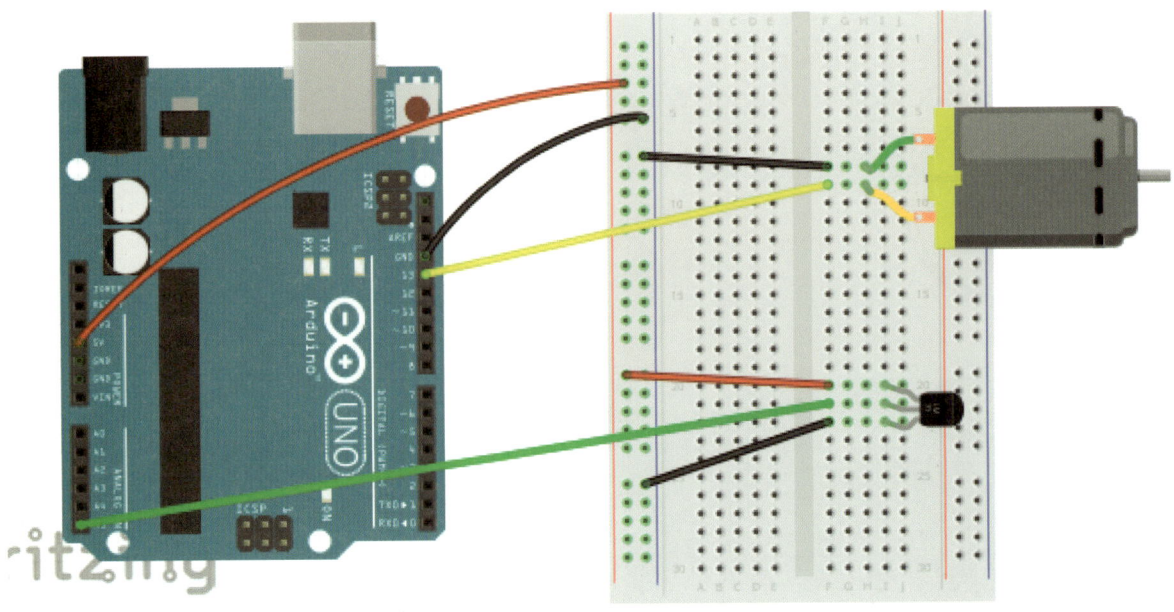

실제모습

(2) S4A 코드

❶ 선풍기 프로펠러 돌리기

온도가 30도 이상 올라가면 프로펠러가 돌아가고 30도 미만이면 멈추도록 블록코딩합니다. 온도 조건값은 사용자의 환경에 맞게 변경합니다. 사용자의 환경이 더운 곳이면 온도 조건값은 높게 정하면 됩니다.

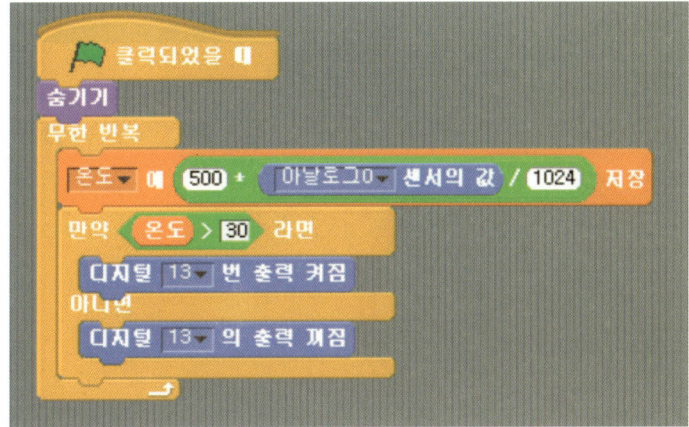

 스프라이트

❷ 확인하기

온도계를 손으로 잡아 온도를 높입니다. 30도 이상이 되어도 프로펠러가 안 돌아가면 프로펠러를 손으로 살짝 쳐주세요. 13번 출력에 나오는 전압이 낮아 바로 작동안하는 겁니다. 30이하로 떨어지면 프로펠러가 멈추는지 확인합니다.

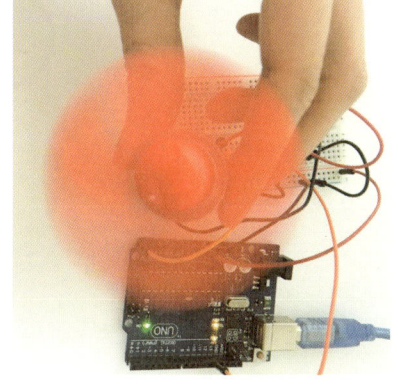

❸ 선풍기 스프라이트 돌리기

온도가 30도 이상 되면 프로펠러가 돌아가고 S4A화면에 선풍기 스프라이트도 돌아가도록 블록코딩합니다.

 스프라이트

 스프라이트

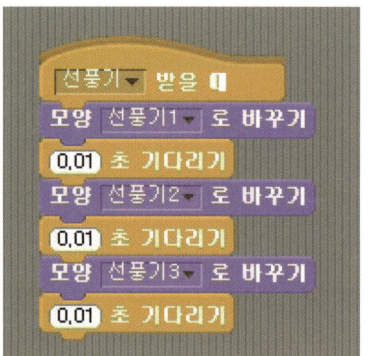

4 CT 향상하기

온도와 DC모터를 이용하여 무엇을 만들 수 있을지 생각하고 만들어 봅니다.

컴퓨터적 사고력 향상하기 **무엇을 만들어 볼까?**	
1. 아이디어 생각하기 만들고 싶은 것을 자유롭게 생각하고 적어봅니다.	
2. 주제 정하기 생각한 아이디어를 정리하여 만들 주제(제목)를 적어봅니다.	
3. 아두이노 연결하기 아두이노에 부품을 연결합니다.	
4. 코딩하기 연결한 부품이 잘 동작하도록 코딩합니다. S4A에 스프라이트들도 같이 동작하도록 코딩합니다.	
5. 친구들과 공유하기 내가 만든 작품을 친구들에게 보여줍니다.	

8장 평가문제

1 트랜지스터 핀의 이름과 기능을 적습니다.

- ❶
- ❷
- ❸

2 온도센서 핀의 아두이노 연결 부분을 적습니다.

3 다이오드가 어떤 기능을 하는지 적어봅니다.

정답

1) ❶ : Emitter, -극, 그라운드와 연결
   ❷ : base, 스위치, 일정 이상의 전류가 들어오면 1에서 3으로 전류의 흐름이 가능하도록 하는 스위치 역할을 합니다.
   ❸ : collector, +극, DC모터와 직접적으로 연결

2) 1 : 5V, 2 : 아두이노 A0~A5 입력 핀 중 한 곳, 3 : G N D

3) 다이오드는 전류의 방향을 한쪽으로 흐르도록 하는 부품입니다.

형성평가

1 가변저항으로 삼색LED의 빨간색의 농도를 조절하는 프로젝트를 만들어 봅니다

'Red'변수를 만들고 가변저항으로 Red변수의 값을 조절합니다.

'Red'변수값이 '255'이면 짙은 빨간색, '0'과 가까워지면 옅은 빨간색으로 변합니다.

2 선풍기의 강약을 조절하는 버튼을 만들어 봅니다.

트랜지스터와 다이오드를 이용하여 '선풍기'의 세기가 조절되도록 아두이노를 연결하고 S4A코딩을 해봅니다.

DC모터에 프로펠러를 장착하고 구현합니다.

S4A 화면에 빨간색 원, 주황색 원, 노란색 원, 검은색 원을 그린 후 각 이미지를 클릭하면 아래와 같이 동작하도록 합니다.

- 빨간색 원을 클릭하면 프로펠러가 강하게 돌아가기
- 주황색 원을 클릭하면 프로펠러가 중간으로 돌아가기
- 노란색 원을 클릭하면 프로펠러가 약하게 돌아가기
- 검은색 원을 클릭하면 프로펠러가 꺼집니다.

3 온도센서의 값에 따라 사계절이 변하는 프로젝트를 만들어 봅니다.

온도의 변화에 따라 S4A 배경화면이 변하도록 합니다.

예를 들어

온도 < 10 이면	배경이 겨울 그림으로 변한다.
10 < 온도 < 20 이면	배경이 가을 그림으로 변한다.
20 < 온도 < 30 이면	배경이 봄 그림으로 변한다.
온도 > 30 이면	배경이 여름 그림으로 변한다.

배경 이미지는 자유롭게 가지고 옵니다.

 사람 감지 초인종

초음파 센서와 서보모터의 구조를 알고 다양한 동작을 해봅니다.
* 아두이노 학습 요소 : 초음파센서, 서보모터
* 코딩 학습 요소 : 반복, 조건~아니면, 변수, 연산, 메시지방송, 아날로그 입력값, 디지털 출력값

● 사람 감지 초인종

 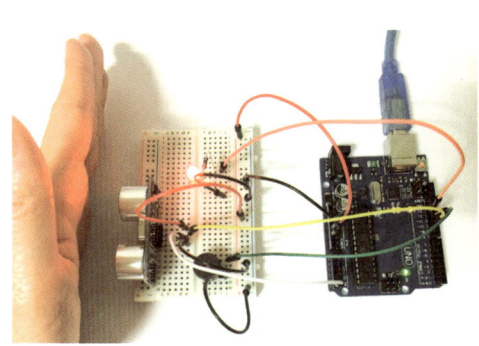

● 자동차 진입 차단기

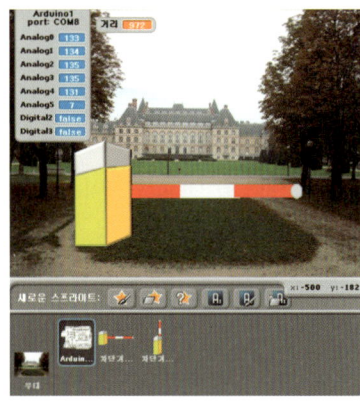 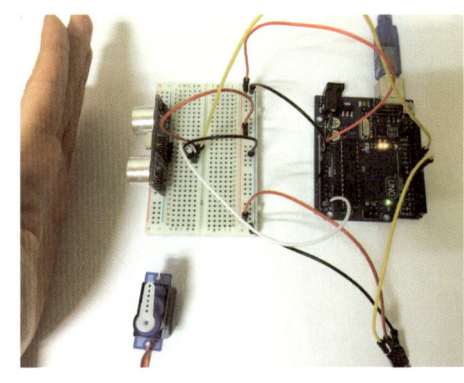

 체크포인트

학습목표
1. 초음파 센서의 원리를 알고 센서값을 이용하여 LED와 부저를 출력할 수 있다.
2. 초음파 센서와 서보모터의 원리를 알고 센서값을 이용하여 서보모터를 출력할 수 있다.

학습포인트
1. 미리 알아보기 : 초음파센서와 모터에 대해 알아봅니다.
2. 기초다지기 : 초음파센서와 모터를 동작해 봅니다.
3. 실력다지기 : 초음파센서와 모터를 이용하여 내 방 사람 감지 초인종과 주차장에 자동차 차단기를 만들어봅니다.
4. CT 향상하기 : 초음파센서와 서보모터를 이용하여 무엇을 만들 수 있을지 생각하고 만들어 봅니다.
5. 차시 평가하기

1 미리 알아보기

1) 초음파센서(Ultrasonic Sensor)

초음파센서는 앞에 두 개의 눈처럼 생긴 모양이 있습니다. 한쪽에서 들리지 않는 초음파가 나가고 다른 한쪽에서 나간 초음파를 다시 받습니다. 거리에 따라서 돌아오는 길이를 체크해서 앞에 물체가 얼마나 떨어져 있는지를 알아내는 거리를 측정하는 센서이다.

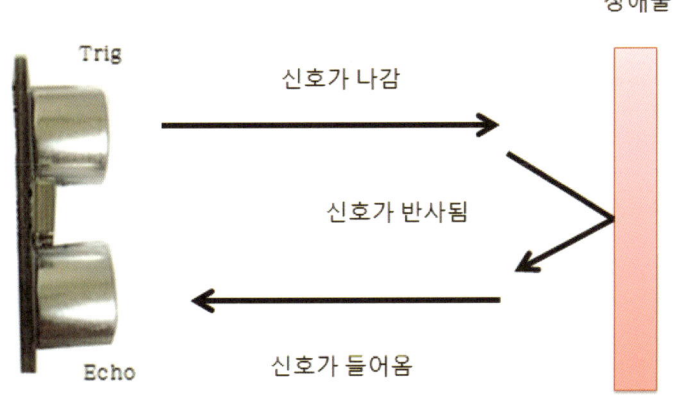

핀은 총 4개로 Vcc, Trig, Echo, Gnd가 있습니다.

명칭	의미	연결
Vcc	+극, 전원	5V 전압
Trig	내보내는 신호	디지털 10번 핀
Echo	내보낸 신호를 받는 신호	아날로그 입력 핀 (A0~A5)
Gnd	-극	GND

■ 초음파센서 뒷면 모습

2) 서보모터

서보 모터는 명령에 의해 구동되는 모터입니다. 카메라, 캠코더, 프린터에 사용되며, 서보 모터 중 SG-90모터는 값도 싸고, 아두이노의 전원(5V 핀)으로 충분히 동작과 제어가 가능한 마이크로 서보 모터입니다. 보통 0~180 사이를 움직이며, 해당 회전 범위 안에서의 위치를 사용자가 설정할 수 있어 로봇 관절 등 회전각 제어가 필요한 곳에 사용됩니다.

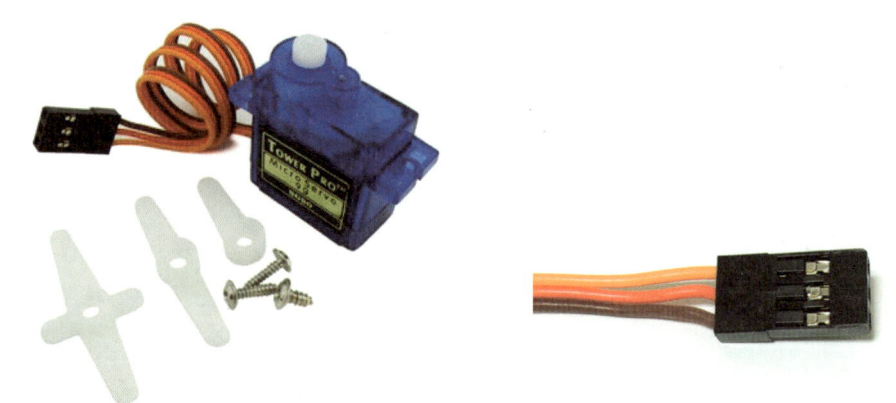

색깔	의미	연결
검정색 또는 갈색	-극	GND
빨간색 또는 주황색	전원(power)	5V
노란색	Signal	디지털 출력 8번

3가닥의 선을 각각 아두이노에 연결합니다. 노란색선이 모터를 제어할 PWM 신호를 보내주는 선입니다.

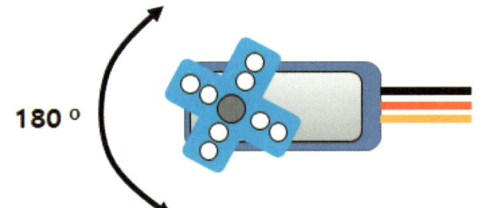

- 검정색(갈색) : GND
- 빨간색(주황색) : 전원 (5V)
- 노란색(오렌지색, 흰색) : 제어선(PWM(펄스폭변조)방식)

서보모터의 움직이는 각도는 0도, 90도, 180도입니다.

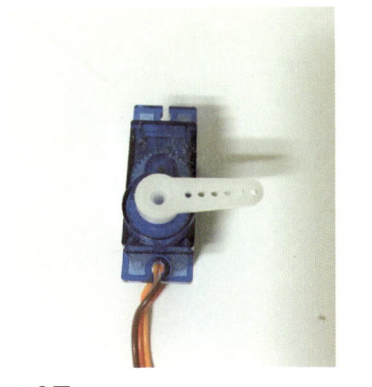

▲ 0도   ▲ 90도

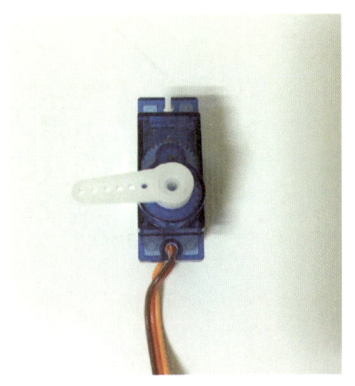

▲ 180도

2 기초다지기

1) 서보모터 돌리기

서보모터를 0도, 90도, 180도로 움직이도록 코딩하여 동작해 봅니다.

■ 미션

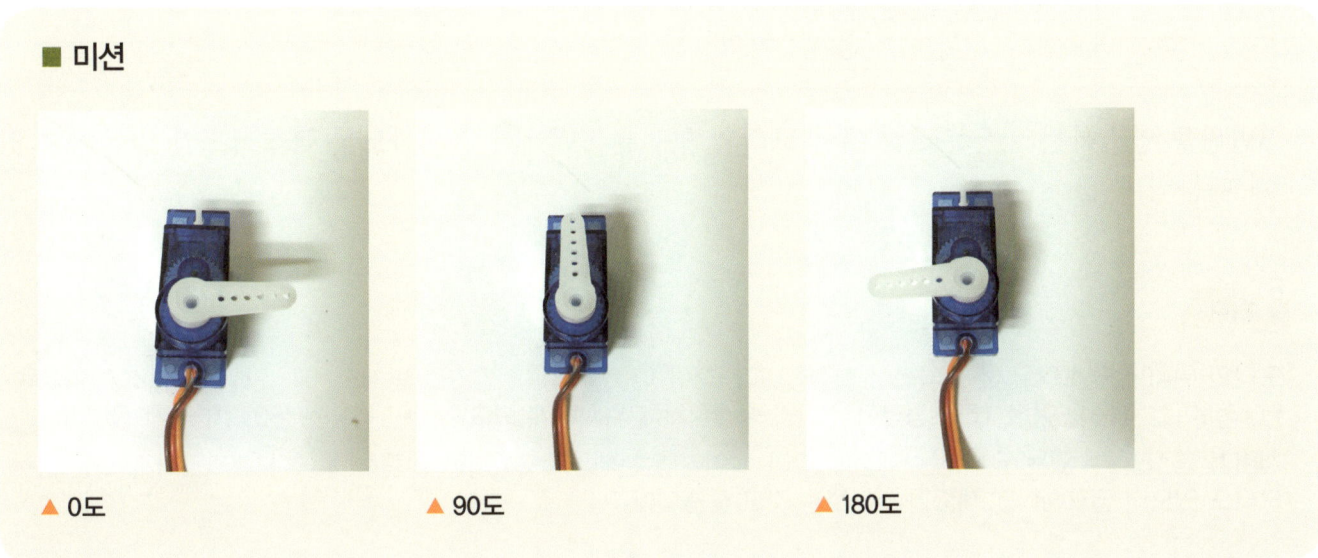

▲ 0도　　　　　▲ 90도　　　　　▲ 180도

■ 준비물 : 아두이노 보드(UNO), 서보모터(SG90) 1개, 점퍼선 3개

■ 실제 서보 모터 모습

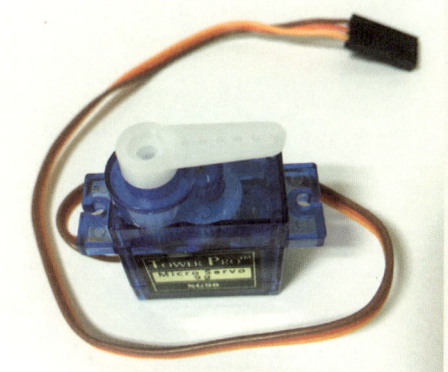

(1) 아두이노 연결

❶ 모터와 우노보드 연결하기

명칭	연결위치
• 모터의 갈색선	우노보드의 GND를 연결
• 모터의 주황선	전압(5V)를 연결
• 모터의 노란선	8번핀을 연결

8번핀을 연결하는 이유는 S4A에서 모터의 구동은 8번에서 제어하도록 블록코드가 만들어져 있기 때문입니다.

> **TIP**
>
> 모터의 위치는 펄스의 길이에 따라서 설정됩니다. 대략 매 20ms마다 펄스를 받게되는데, 만약 이 펄스가 1ms동안 high이면 각은 0 이며, 1.5ms동안 high이면 중간위치에 위치하게 되고 2ms인 경우는 180도가 되게 됩니다.
>
> 서버가 움직일 수 있는 끝부분은 제품에 따라 차이가 있는데 170도까지만 회전을 합니다. 360도까지 회전하는 모터도 있으니 필요하다면 제품을 찾아보는 것도 좋습니다.

완성모습

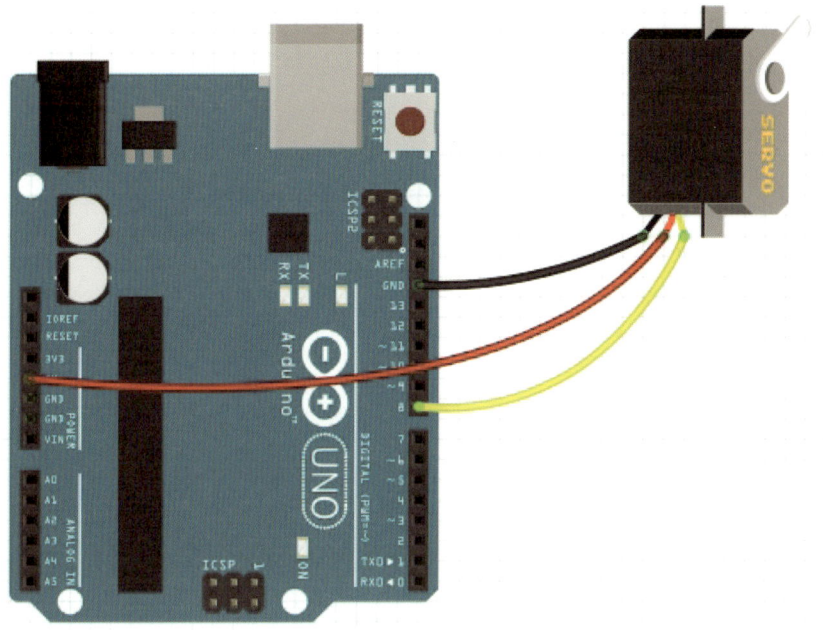

실제모습

9장 사람 감지 초인종

(2) S4A 코드

❶ 서보모터 동작하기

디지털 출력 8번 핀에 연결된 모터를 0도, 90도, 180도로 움직이도록 코딩합니다.

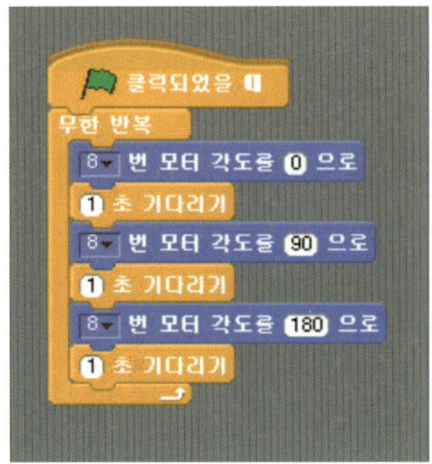

❷ 확인하기

녹색깃발을 클릭하여 서보모터가 잘 동작하는지 확인합니다.

2) 초음파센서로 거리재기

초음파센서를 이용하여 물체와의 거리를 알아보도록 하겠습니다.

■ 미션

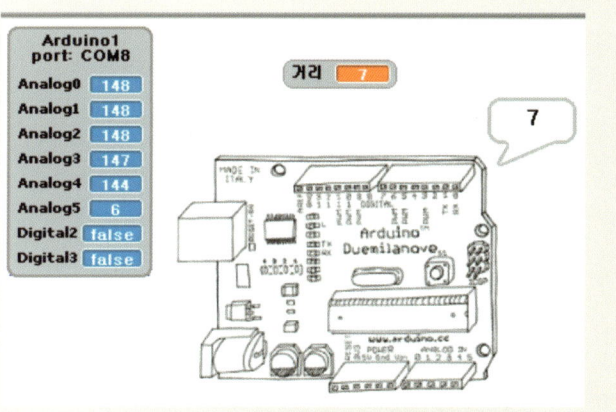

■ 준비물 : 우노보드, 브레드 보드, LED 1개, 초음파 센서(HC-SR04) 1개, 점퍼 케이블 4개

■ 실제 초음파 센서 모습

(1) 아두이노 연결

완성모습

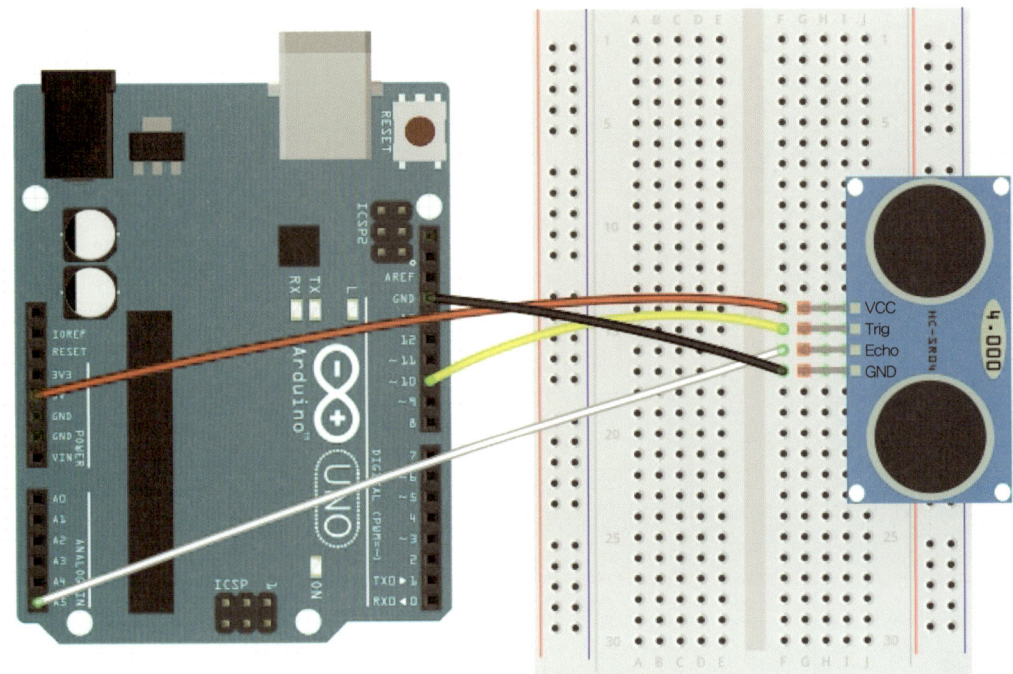

VCC	5V 전압
Trig	~10핀
Echo	아날로그 입력센서 A5
GND	GND

실제모습

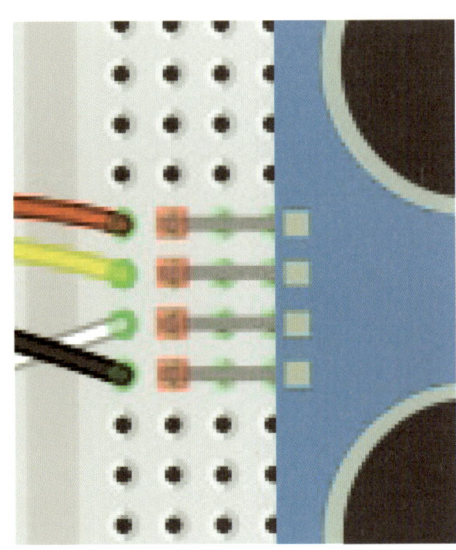

❶ 초음파센서를 브레드보드에 꽂기

초음파 센서의 눈처럼 뛰어나온 센서부분을 바깥쪽을 보도록 꽂습니다. 초음파는 앞에 물체를 인식하여 거리를 측정하므로 센서부분을 앞쪽으로 꽂으면 점퍼선이나 보드로 인해 거리인식에 장애를 받을 수 있기 때문입니다.

❷ 우노보드와 초음파 센서 연결하기

초음파 센서가 실제는 뒤로 꽂혀져서 완성 모습이 다를 수 있습니다. 초음파센서에 있는 VCC, Trig, Echo, GND 글씨를 보고 선을 연결해주면 됩니다.

❸ 초음파센서 펌웨어 업로드하기

초음파센서를 S4A에서 사용하기 위해서는 아두이노 우노에 초음파 센서 펌웨어를 업로드해야 합니다.

❹ 초음파센서를 다음과 같이 우노보드와 브레드보드에 연결한다. 반드시 초음파센서를 보드에 연결한 후 펌웨어를 업로드 해야 합니다.

❺ S4A프로그램을 닫고 아두이노 '스케치'프로그램을 실행한 후 '파일'-'열기' 한다.

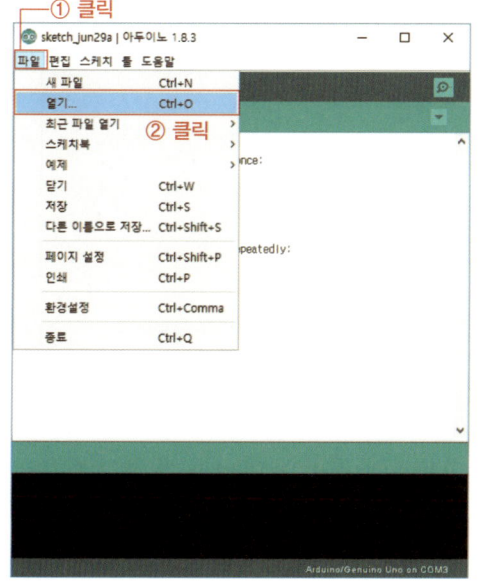

9장 사람 감지 초인종 **195**

❻ 자료파일에서 S4Afimware14_distancia.ino 파일을 찾아 선택한 후 '열기'한다.(파일은 교재에서 제공하는 자료 폴더에 있습니다.)

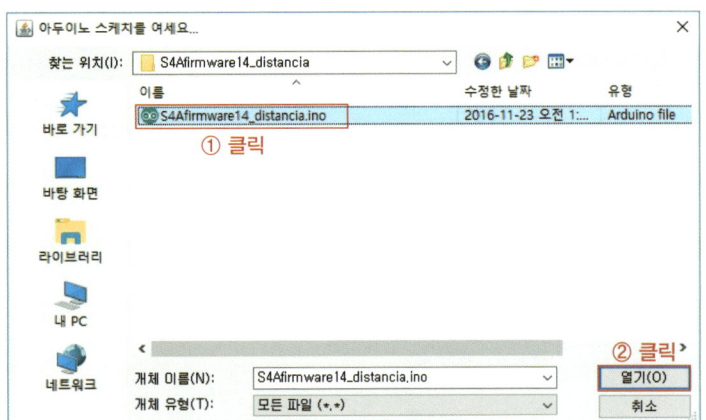

❼ '업로드' 단추를 누른 후 아래 검정영역 위 초록색에 '업로드 완료'라고 표시되면 성공이다.

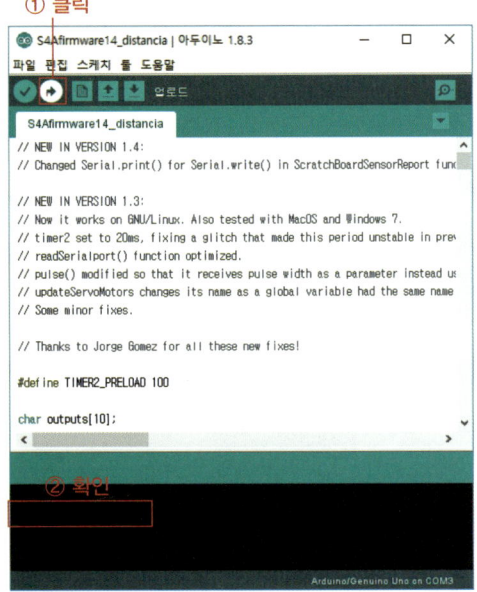

TIP

초음파센서를 사용하지 않고 다른 전자부품을 사용할 경우 S4A에서 '보드검색 중'이라는 문구가 계속 뜨며, 보드를 찾지 못하게 된다. 초음파센서 펌웨어는 초음파센서를 사용할 때만 사용가능한 펌웨어이다. 그러므로 '스케치'에서 아두이노 사용 시 처음에 업로드했던 펌웨어인 'S4AFirmware16.ino'를 열고 아두이노 우노보드에 업로드 해야 한다.

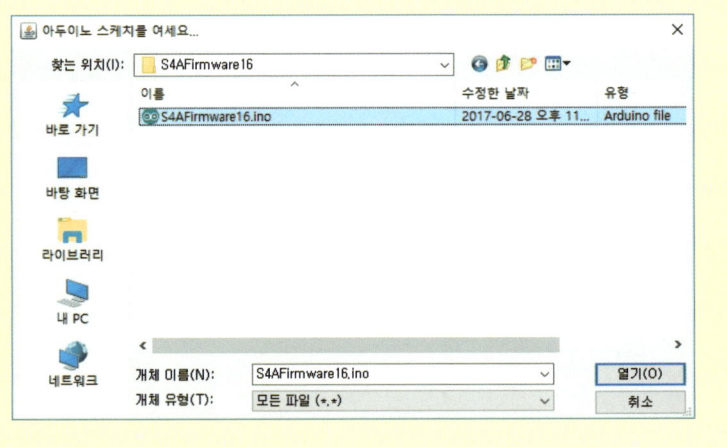

❹ 확인하기

손을 초음파센서에 가까이 가져갔다가 멀어졌다가 해봅니다. 'Analog 5' 입력값이 변하는 것을 확인할 수 있습니다.

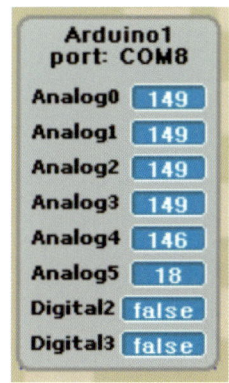

(2) S4A 코드

❶ 거리를 말하기

A5(아날로그 입력 5번)에 표시되는 값을 '거리'변수에 저장하여 '거리'를 말하는 코딩을 합니다. 거리가 10보다 작을 때 거리를 말합니다.

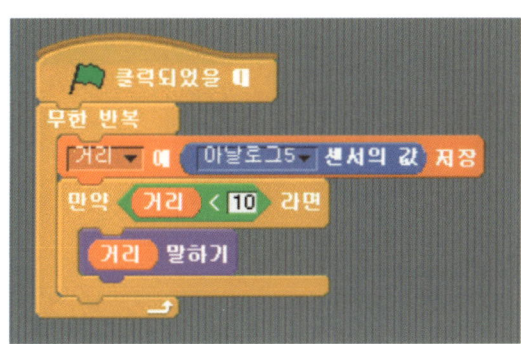

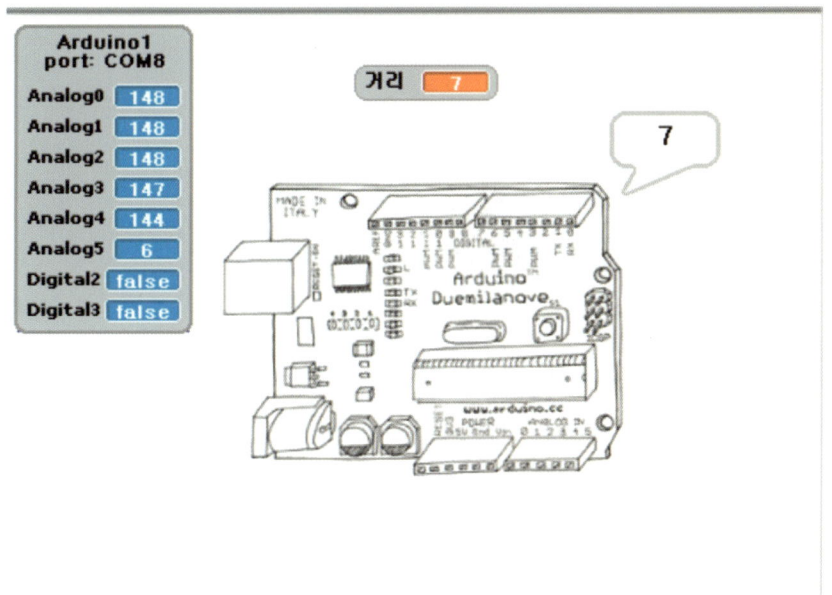

3 실력다지기

1) 내 방 자동 초인종

▶ 실습-09-03-01 내방 자동 초인종

소녀가 친구를 기다리고 있네요. 친구가 내 방으로 다가오면 LED가 켜지고 소리가 나는 자동 초인종을 만들어 봅니다.

■ 미션

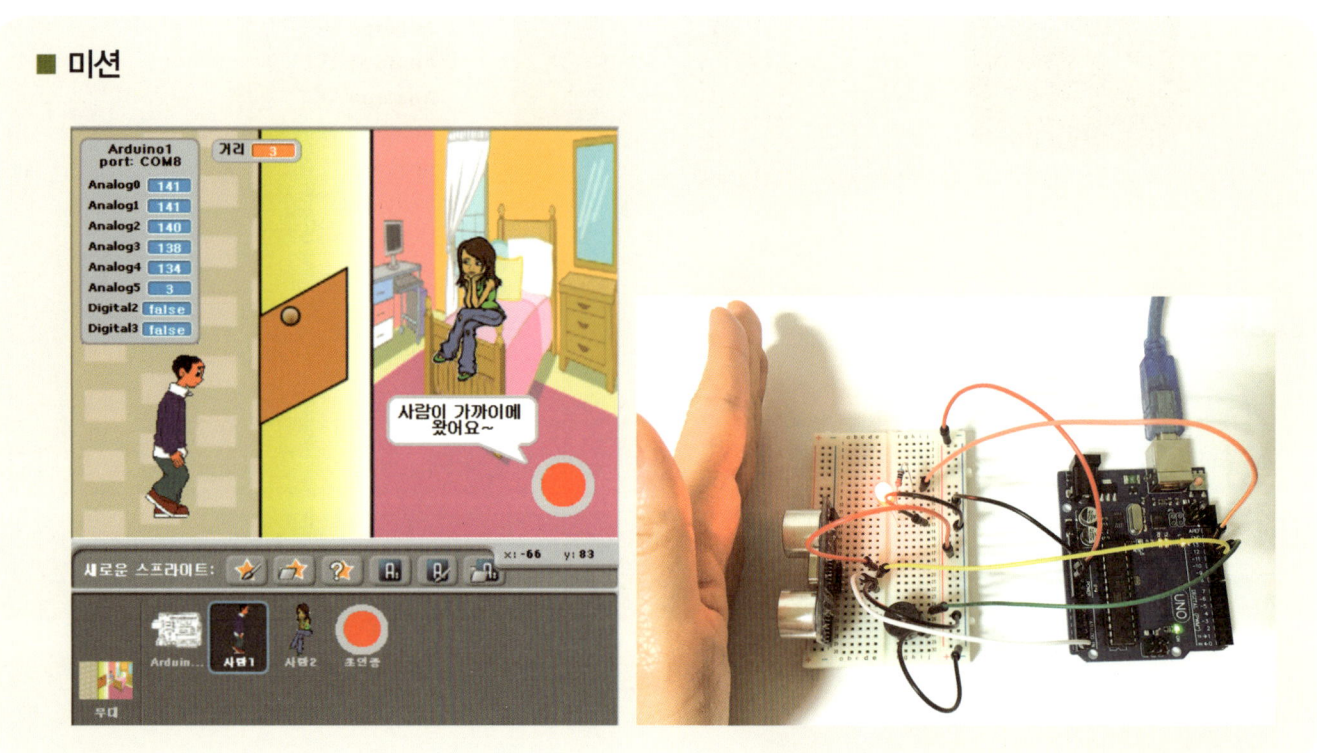

■ 준비물: 우노보드, 브레드 보드, 점퍼선 10개, 부저, 빨간색 LED, 초음파센서(HC-SR04) 1개

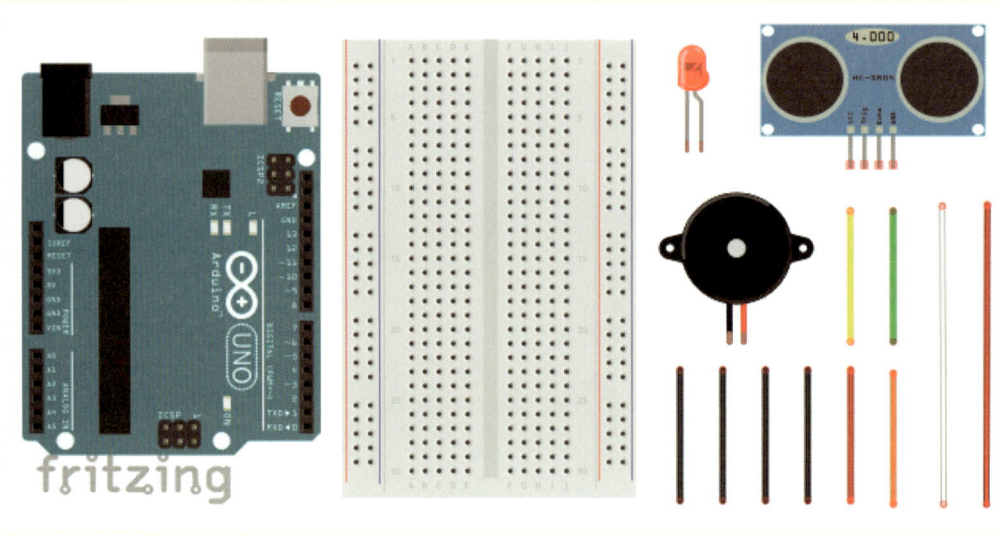

(1) 아두이노 연결

완성모습

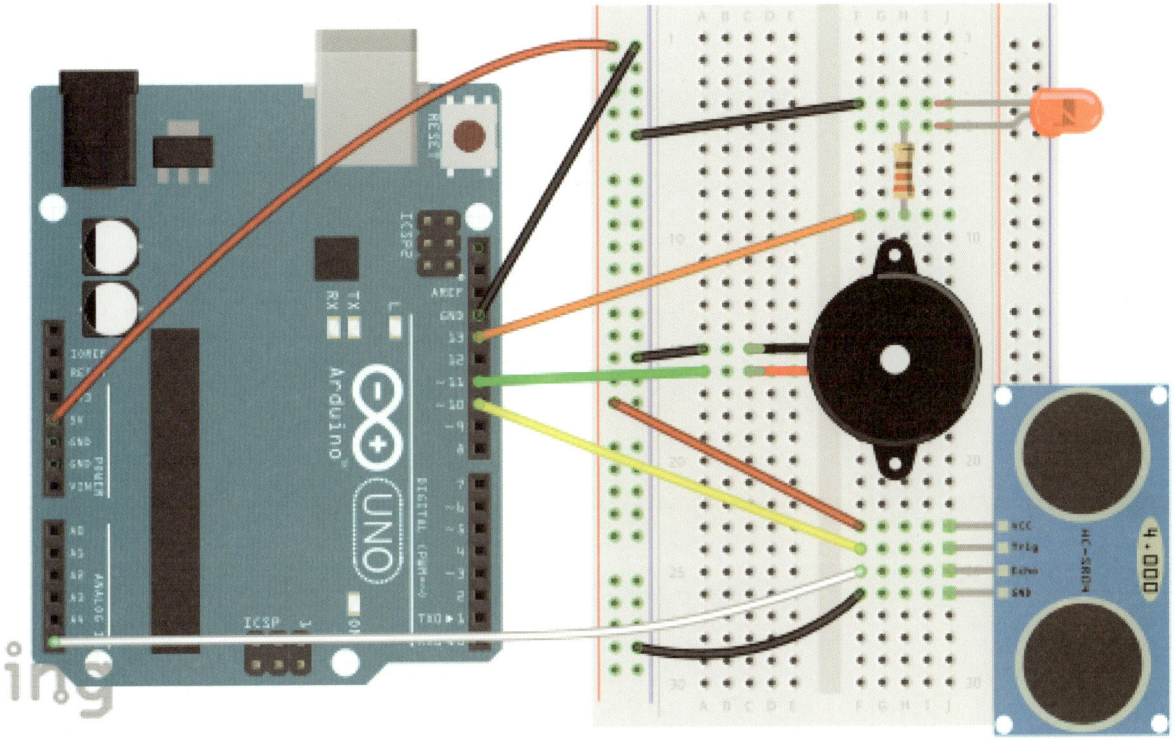

실제모습

(2) S4A 코드

❶ 거리<5 이며 LED가 켜지고 부저가 소리 나는 코딩하기

A5(아날로그 입력 5번)에 연결된 초음파센서를 '거리'변수에 저장합니다. 거리<5이면 디지털 출력 13번과 연결된 'LED'가 켜집니다. 거리<5이면 디지털 출력 11번과 연결된 '부저'가 소리를 냅니다.

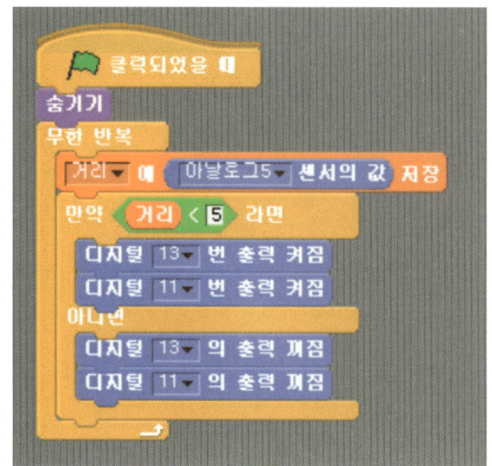

 '아두이노' 스프라이트

❷ 확인하기

손을 초음파 센서로 가까이 가져간 후 'LED'가 켜지고 '부저'소리가 나는지 확인합니다.

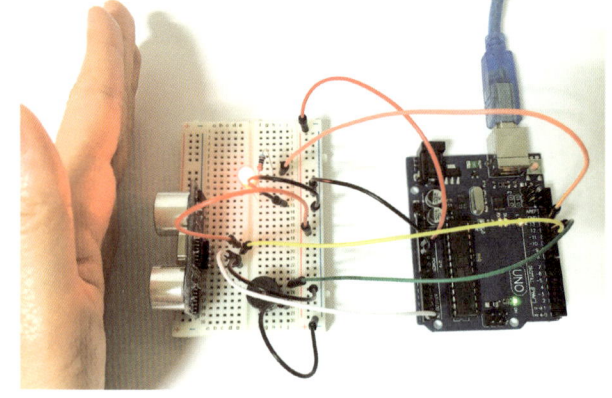

❸ 스마트 초인종 반응하기

사람이 가까이 다가오면 '초인종' 스프라이트가 빨간색으로 켜지고 사람이 가까이 왔다고 말하도록 코딩합니다.

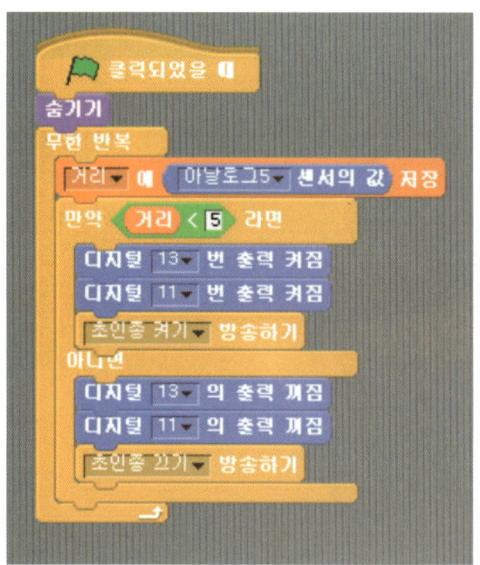

 '아두이노' 스프라이트

200 아두이노 코딩

 '초인종' 스프라이트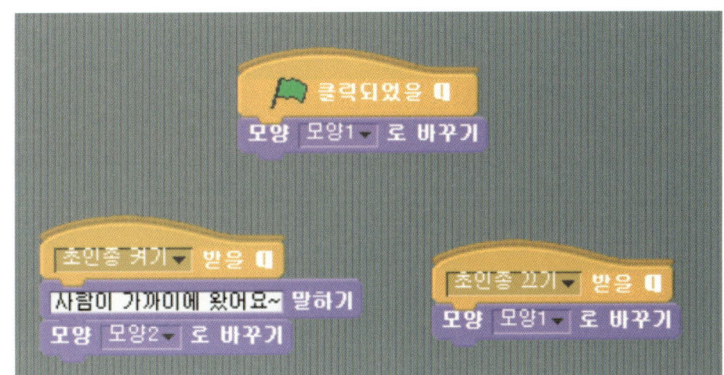

❹ 실제로 사람이 움직이는 동작을 코딩하기

'거리'가 5보다 작을 때 까지만 사람이 움직이는 동작을 합니다.

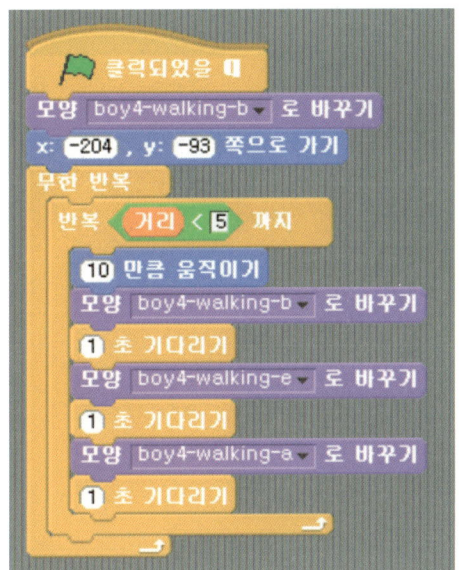

❺ 확인하기

초음파센서로 손을 가까이 가져가 잘 작동하는지 확인합니다.

2) 자동차 진입 차단기

▶ 실습예제 : 실습-09-03-02 자동차 차단기

자동차 진입 차단기는 주차장 또는 아파트 출입구 등에서 자동차의 진입을 통제할 때 사용됩니다. 주차장일 경우 자동차가 주차비를 계산했을 때만 차단기가 열립니다. 주차장 차단기를 만들어 봅니다.

■ 미션

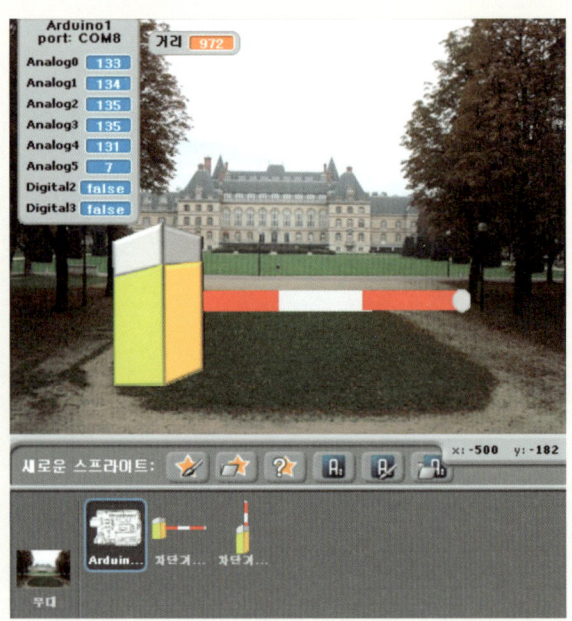

■ 준비물 : 우노보드, 브레드보드, 서보모터(SG90), 초음파센서(HC-SR04), 점퍼선 9개

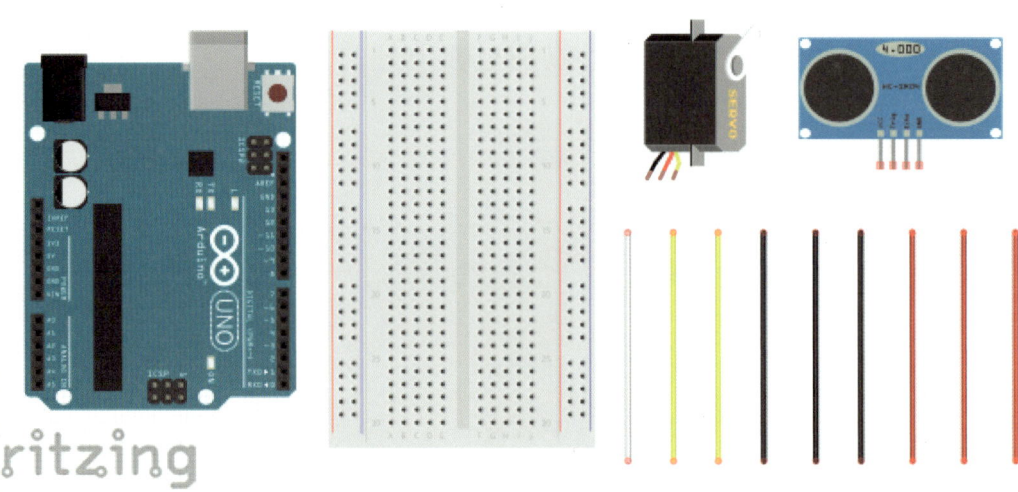

(1) 아두이노 연결

완성모습

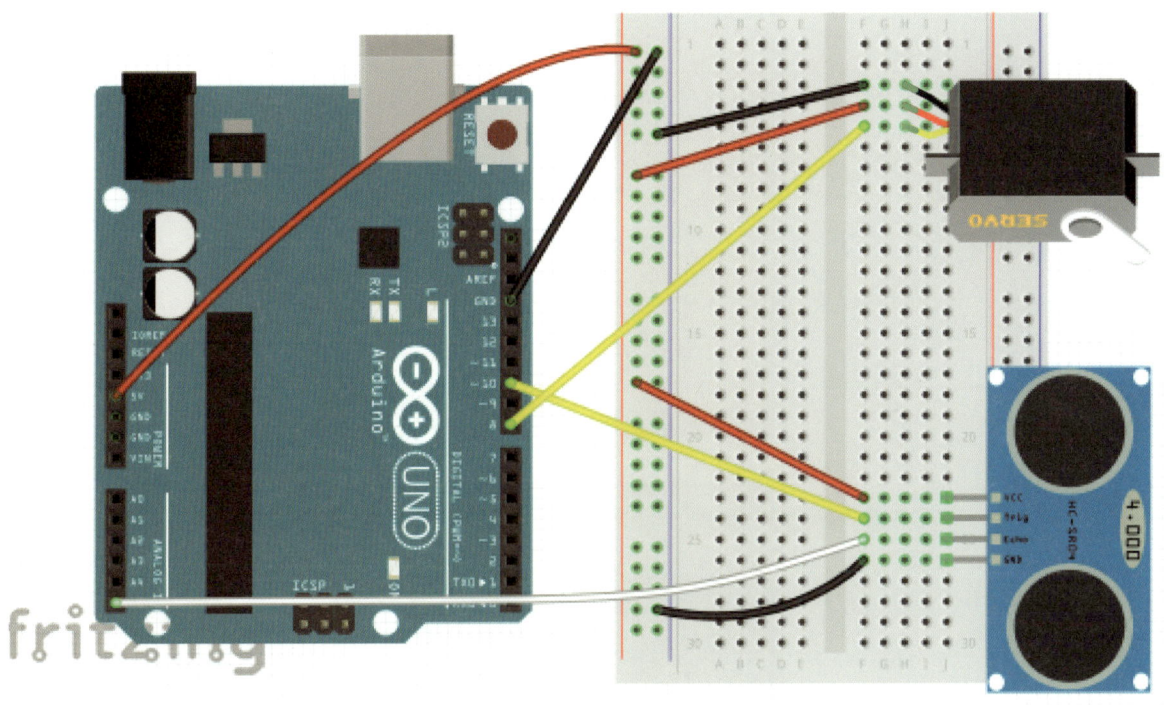

실제모습

(2) S4A 코드

❶ 차단기 작동하기

초음파센서로 받은 거리값에 따라 S4A의 차단기 스프라이트가 올라가고 내려가도록 코딩합니다.

 '아두이노' 스프라이트
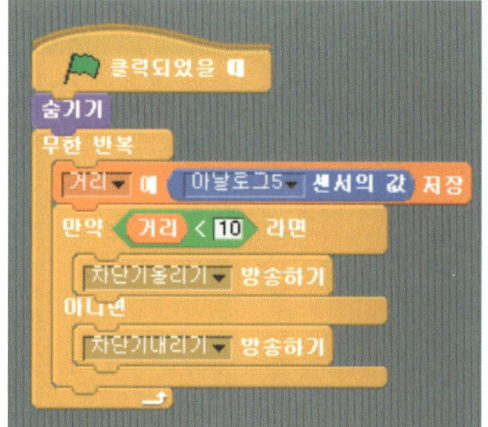

 '차단기1' 스프라이트

 '차단기2' 스프라이트
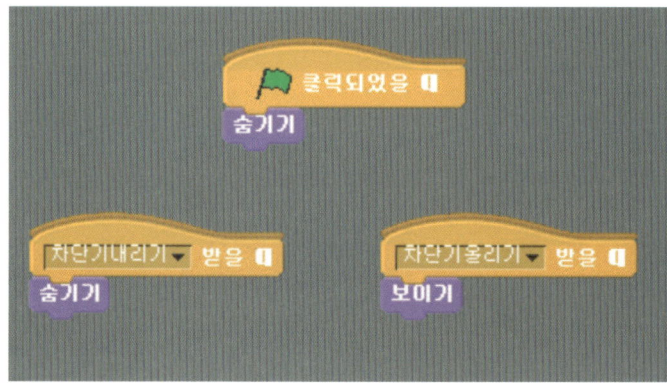

❷ 서보모터 작동하기

차단기 스프라이트가 올라가고 내려갈 때 서보모터도 같이 올라가고 내려가도록 코딩합니다.

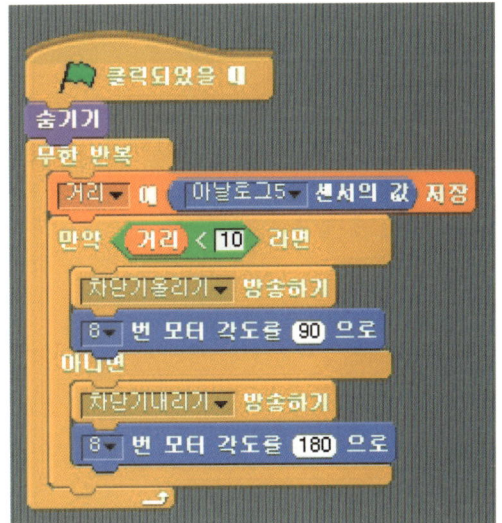

 '아두이노' 스프라이트

❸ 확인하기

녹색 깃발을 눌러 잘 작동하는지 확인합니다.

4 CT 향상하기

초음파센서와 서보모터를 이용하여 무엇을 만들 수 있을지 생각하고 만들어 봅니다.

컴퓨터적 사고력 향상하기 **무엇을 만들어 볼까?**	
1. 아이디어 생각하기 만들고 싶은 것을 자유롭게 생각하고 적어봅니다.	
2. 주제 정하기 생각한 아이디어를 정리하여 만들 주제(제목)를 적어봅니다.	
3. 아두이노 연결하기 아두이노에 부품을 연결합니다.	
4. 코딩하기 연결한 부품이 잘 동작하도록 코딩합니다. S4A에 스프라이트들도 같이 동작하도록 코딩합니다.	
5. 친구들과 공유하기 내가 만든 작품을 친구들에게 보여줍니다.	

9장 평가문제

1 초음파 센서의 각 핀의 의미와 아두이노 연결 부분을 적습니다.

명칭	의미	연결
Vcc		
Trig		
Echo		
Gnd		

2 서보모터가 움직일 수 있는 각도는 3가지입니다. 각도를 적어주세요.

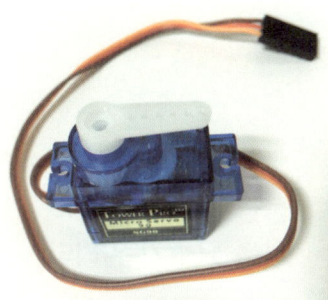

3 초음파센서를 사용하기 위해서는 다른 펌웨어를 아두이노에 업로드 해야 합니다. 순서를 표시합니다.

( ) 아두이노 프로그램을 닫고 S4A를 연다.

( ) 아두이노 프로그램을 열고 초음파 소스 코드를 불러온다.

( ) S4A를 닫고 아두이노 보드와 브레드 보드에 초음파를 연결한다.

( ) 초음파 소스코드를 컴파일하고 업로드한다.

정답

1)

명칭	의미	연결
Vcc	+극, 전원	5V 전압
Trig	내보내는 신호	디지털 10번 핀
Echo	내보낸 신호를 받는 신호	아날로그 입력 핀(A0~A5)
Gnd	-극	GND

2) 0도, 90도, 180도

3) 4-2-1-3

물을 채워 주세요!

토양수분센서의 구조를 알고 이를 사용하여 아두이노 코딩을 합니다.
* 아두이노 학습 요소 : 토양 수분 센서(YL-38, YL-69)
* 코딩 학습 요소 : 반복, 조건~아니면, 변수, 연산, 메시지방송, 아날로그 입력값, 디지털 출력값

● 휴대용 건조주의보 알리미

● 물을 채워 주세요!
  화분 물주기 알리미

체크포인트

학습목표

1. 수분센서의 원리를 알고 수분센서 정보를 아날로그 값으로 변환하여 수분의 양을 알 수 있다.
2. 수분센서의 원리를 알고 센서값을 이용하여 LED와 부저를 출력할 수 있다.

학습포인트

1. 미리 알아보기 : 수분센서에 대해 알아봅니다.
2. 기초다지기 : 수분센서를 동작해 봅니다.
3. 실력다지기 : 수분센서를 이용하여 건조주의보 알리미와 화분 물주기 알리미를 만들어 봅니다.
4. CT 향상하기 : 토양수분센서를 이용하여 무엇을 만들 수 있을지 생각하고 만들어 봅니다.
5. 평가하기

1 미리 알아보기

1) 수분센서(YL-38, YL-69)

토양수분센서란 화분 등에 꽂아서 토양의 습도를 측정하는 센서입니다. 두 개의 전극부분을 토양에 꽂으면 토양의 수분함량에 저항이 변화하게 됩니다. 토양의 수분이 많을 경우 전류가 잘 흐르므로 저항이 작아지고, 수분이 적을 경우 저항이 높아집니다. 그렇지만 토양 내 수분이 매우 많으면 전기 저항이 둔감하여 오차가 크게 발생하기도 합니다.

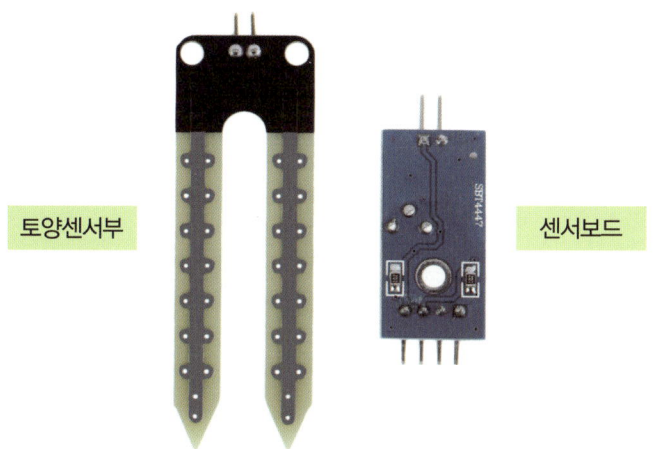

다음 그림과 같이 토양센서부, 센서보드로 구성되어 있습니다. 센서부는 암-암 케이블을 이용하여 센서보드에 연결하면 되는데, 센서보드에는 +, - 표시가 있지만 아무데나 연결해도 상관없습니다. 센서보드에는 감도조절을 위한 가변저항이 붙어있습니다.

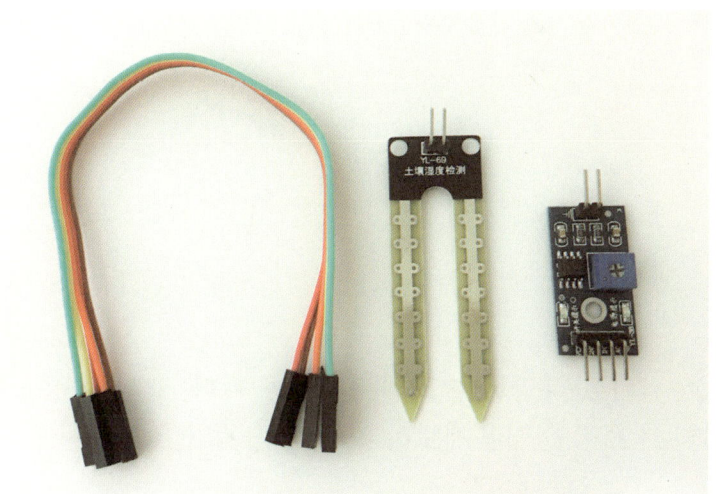

▲ FF퍼선 5개, 수분을 감지하는 센서, 값을 측정하는 보드

센서보드에서 4개의 핀은 아두이노에 연결이 되고, 2개의 핀은 센서부에 연결이 됩니다. A0은 아날로그 OUT(출력)으로 수분에 따른 저항값의 변화를 나타내며 0~1,023의 아날로그 숫자로 표현이 되고, D0은 디지털 OUT(출력)으로 수분 있음/없음만 표현됩니다. 아날로그의 경우에는 값이 낮아질수록 저항이 작은 것이니 수분이 많다는 의미입니다.

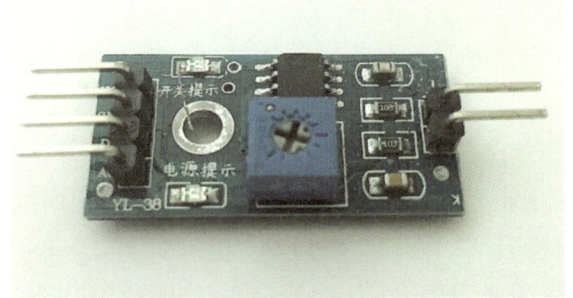

아두이노 연결　　　　　토양센서 연결

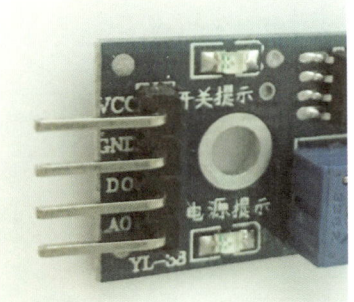

전원
그라운드
디지털 OUT
아날로그 OUT

2) 생활 속 수분과 습도센서

자동스프링클러 등에서 토양 수분센서를 이용하여 자동적으로 수분을 관리해주는 곳 등에 사용됩니다.

토양수분센서와 같이 수분의 양을 측정하는 센서로 다양한 습도센서가 있습니다. 형태와 용도에 따라 사용도와 가격이 다릅니다. 습도센서의 대표적인 사용예로는 자동 가습기가 있습니다.

2 기초다지기

1) 수분센서 측정하기

■ 미션

■ 미션

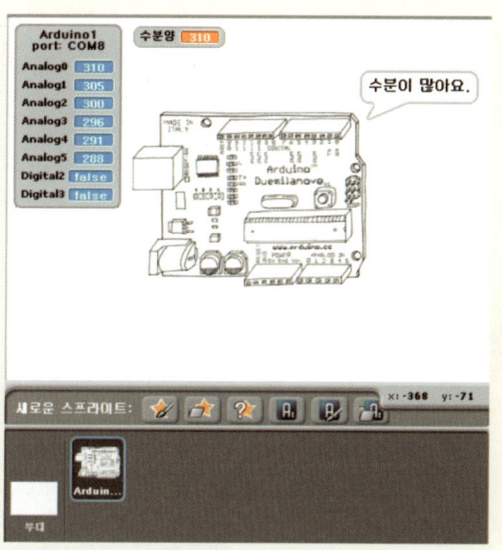

■ **준비물** : 아두이노 보드(UNO), 수분센서(YL-69, YL-38) 1개, FF점퍼선 5개, 점퍼선 3개

■ 실제 수분센서 모습

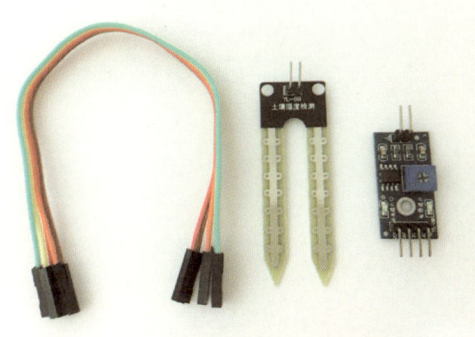

◀ FF퍼선 5개, 수분을 감지하는 센서, 값을 측정하는 보드

(1) 아두이노 연결

수분센서 측정은 브레드보드에 연결 없이 우노보드에만 연결하면 됩니다.

완성모습

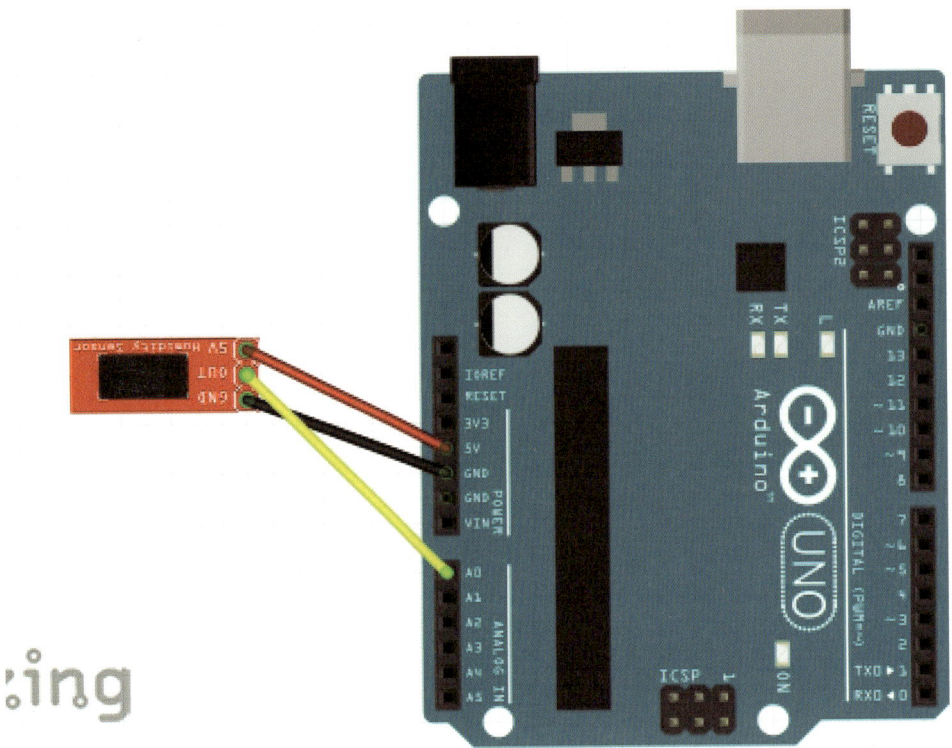

실제모습

❶ FF점퍼선과 값측정 보드를 연결합니다.

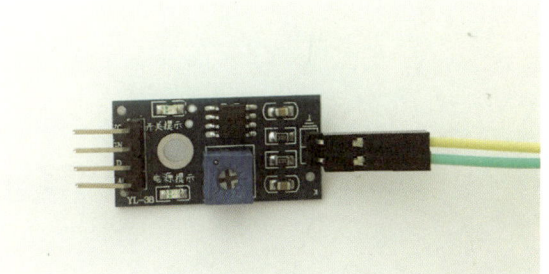

❷ FF점퍼선과 수분센서를 연결합니다.

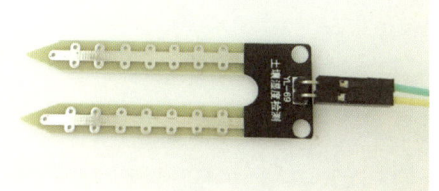

❸ 연결된 모습입니다.

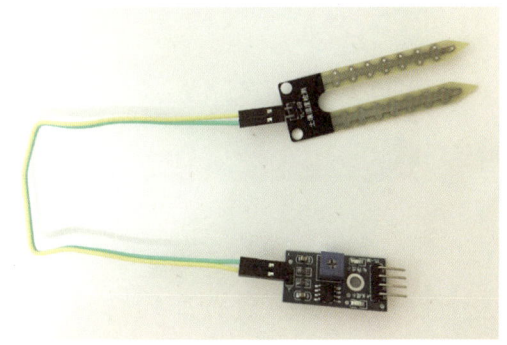

❹ 값 측정 보드를 아두이노 우노 보드와 연결하기

우선 값 측정 보드를 FF점퍼선과 연결합니다.

전자부품	아두이노	의미
VCC	5V	전원
G N D	GND	-극
D0		수분센서의 값을 디지털 값으로 표현
A0	아날로그 입력 핀인 A0	수분센서의 값을 아날로그 값으로 표현

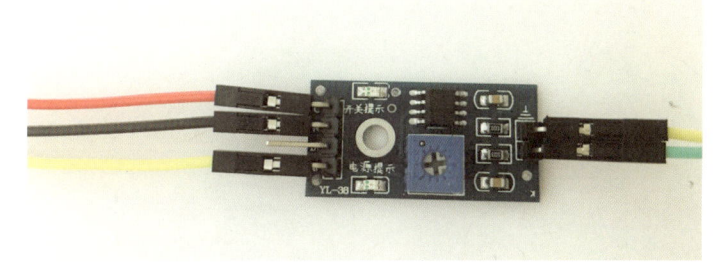

10장 물을 채워 주세요! **213**

– FF점퍼선을 점퍼선과 연결합니다.　　　　　　– 점퍼선을 우노보드에 꽂습니다.

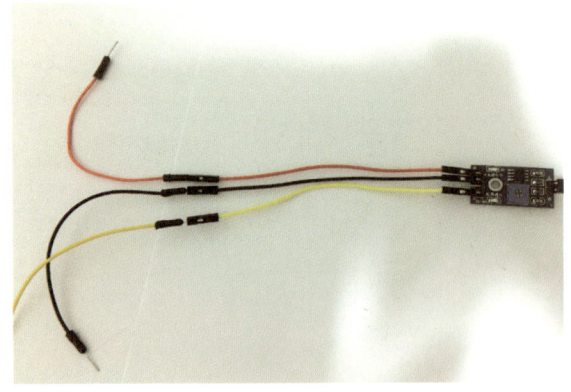 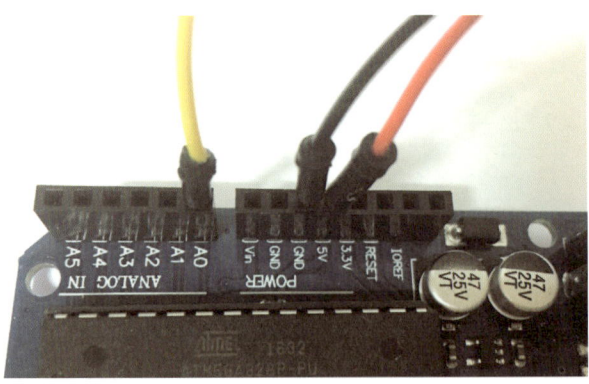

(2) S4A 코드

❶ 수분상태를 말하기

수분상태를 말하는 코딩을 합니다. 수분량에 따라 '수분이 많아요.', '수분이 적당해요.', '수분이 부족해요.'를 말하도록 합니다.

 스프라이트

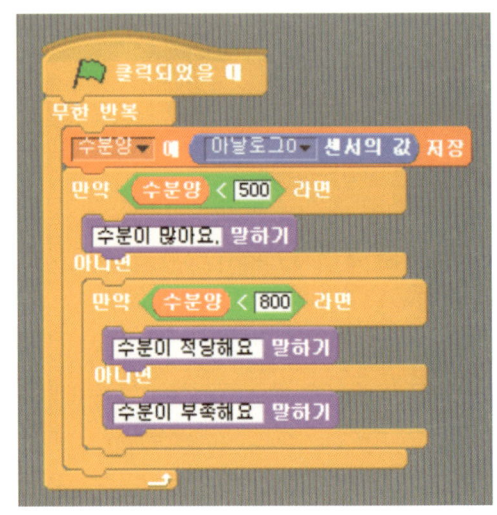

❷ 확인하기

종이컵에 물을 담은 후 수분센서를 담가봅니다. 수분센서가 물에 닿는 범위에 따라 A0의 값이 달라지면서 '수분량'변수도 같이 달라지는 것을 볼 수 있습니다.

수분센서가 수분이 부족할 때 A0의 값	1023
수분센서가 수분이 많을 때 A0의 값	숫자가 작아지면서 0에 점점 가까워진다.

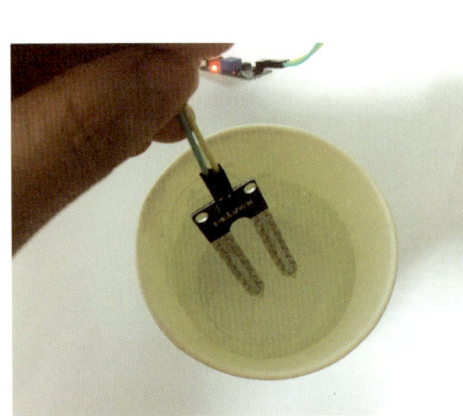

2) 수분이 부족하면 소리나기

수분센서에서 수분이 부족하면 LED가 켜지고 소리가 나도록 합니다.

■ **미션**

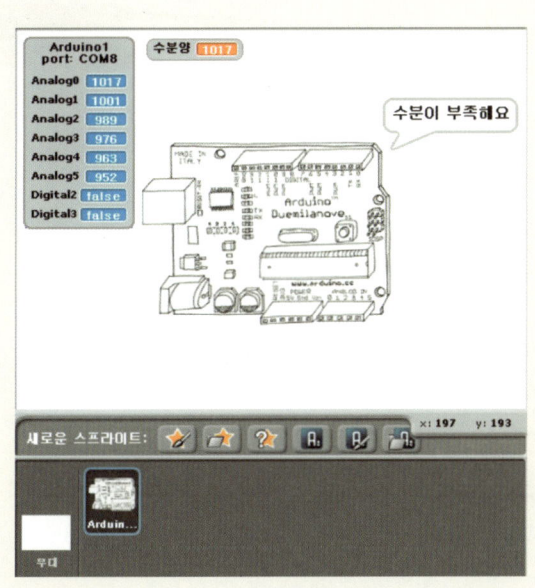

■ **준비물** : 우노보드, 브레드 보드, 수분센서(YL-38, YL-69) 1개, LED 1개, 부저, FF 점퍼선 5개, 점퍼선 10개

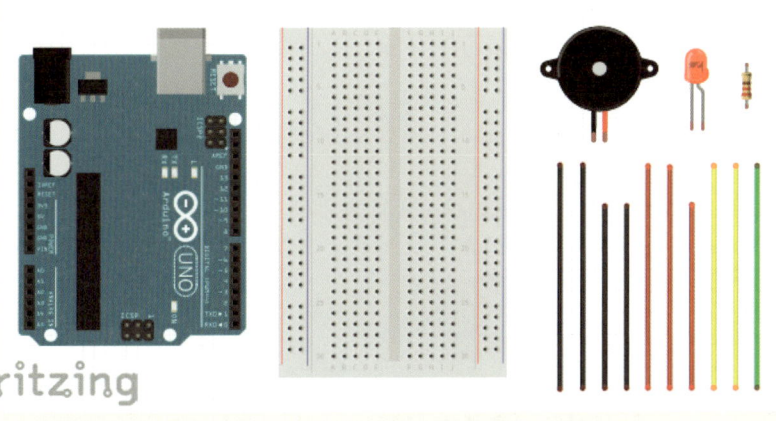

■ **실제 부품 모습**

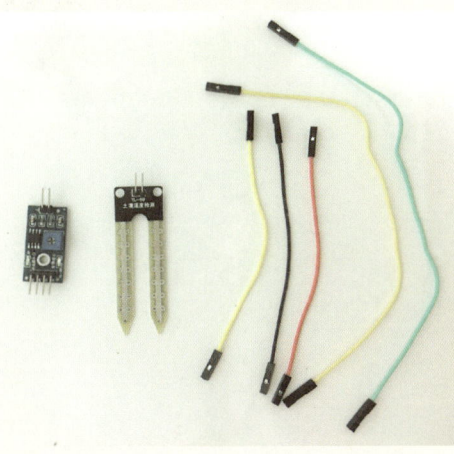

(1) 아두이노 연결

> 완성모습

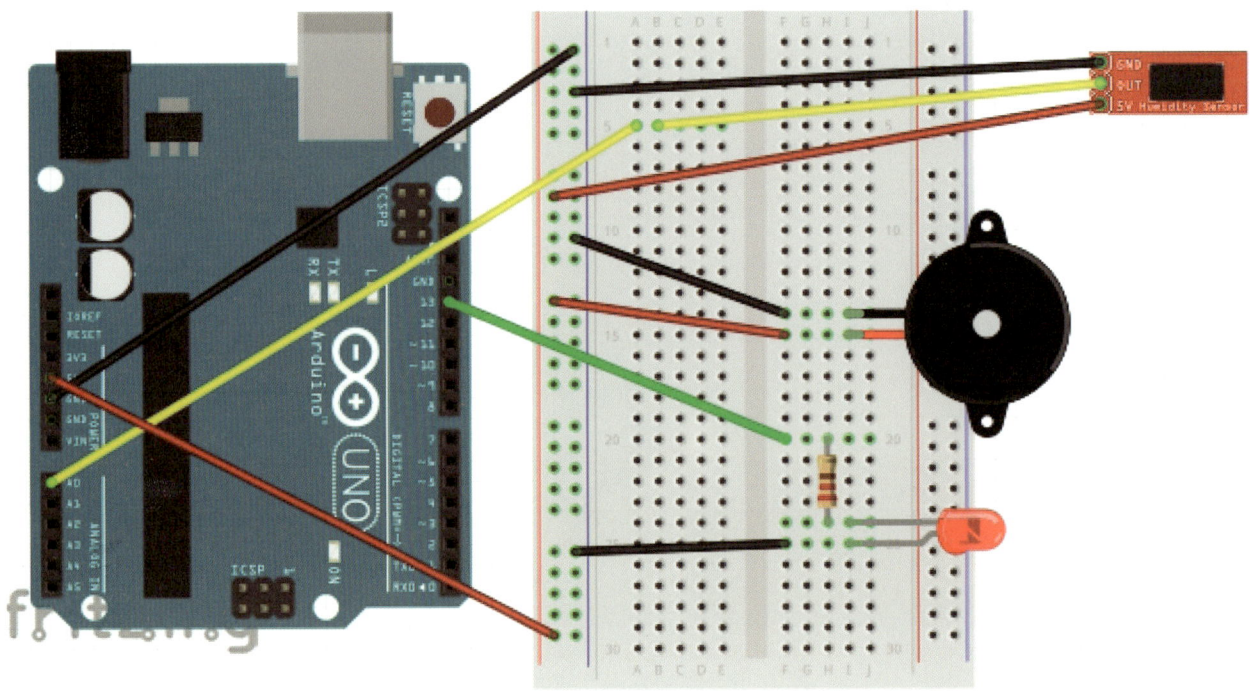

> 실제모습

❶ LED, 부저, 수분센서 연결하기

명칭	연결 위치	명칭	연결 위치
LED -극	G N D	LED +극	13번
부저 -극	G N D	부저 +극	12번
수분센서 G N D	G N D	수분센서 전원	5V
A0	아날로그 입력 핀인 A0	수분센서 A0	아날로그 입력 핀 A0

(2) S4A 코드

❶ 부저와 LED 출력하기

수분이 부족하면 부저에서 소리가 나고 LED가 켜지는 코딩을 합니다.

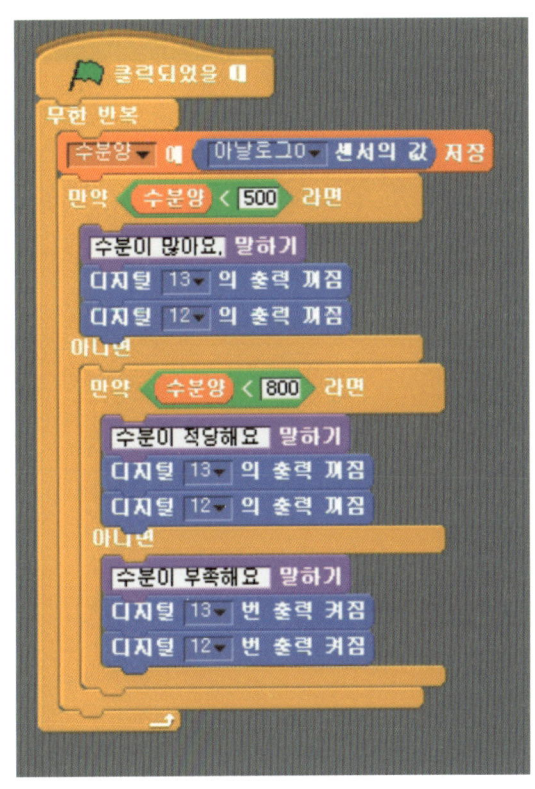

❷ 확인하기

수분센서를 물에 담그면 부저와 LED는 꺼지고, 물에서 빼면 부저에서 소리가 나고 LED가 켜집니다.

3 실력다지기

1) 휴대용 건조주의보 알리미

▶ 실습예제 : 실습-10-03-01 휴대용 건조주의보 알리미

요즘 날씨가 건조한 날이 많습니다. 건조할 땐 물을 많이 마셔서 건강을 챙겨야 하거나 불조심을 해야 하는 등 주의할 것이 있습니다. 오늘의 건조 상태를 알려주는 건조주의보 알리미를 만들어 봅니다.

■ 미션

■ 준비물 : 아두이노 보드(UNO), 브레드보드, 수분센서(YL-69, YL-38) 1개, FF점퍼선 5개, 점퍼선 8개

 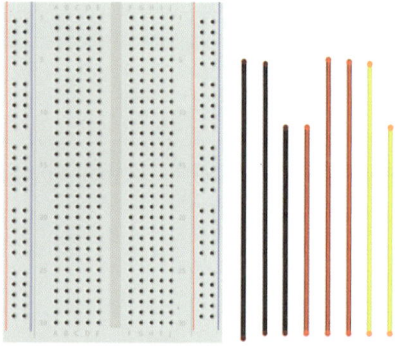

■ 실제 수분센서 모습

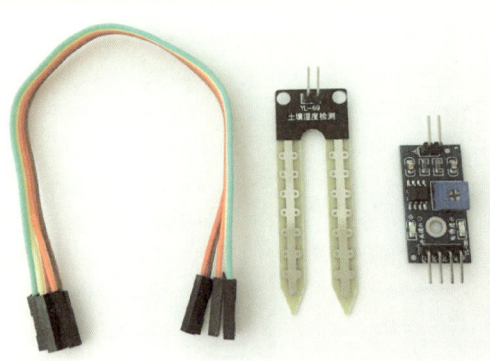

◀ FF퍼선 5개, 수분을 감지하는 센서, 값을 측정하는 보드

(1) 아두이노 연결

브레드 보드 없이 해도 되지만 이번에는 브레드 보드를 이용하여 연결해 보겠습니다.

> 완성모습

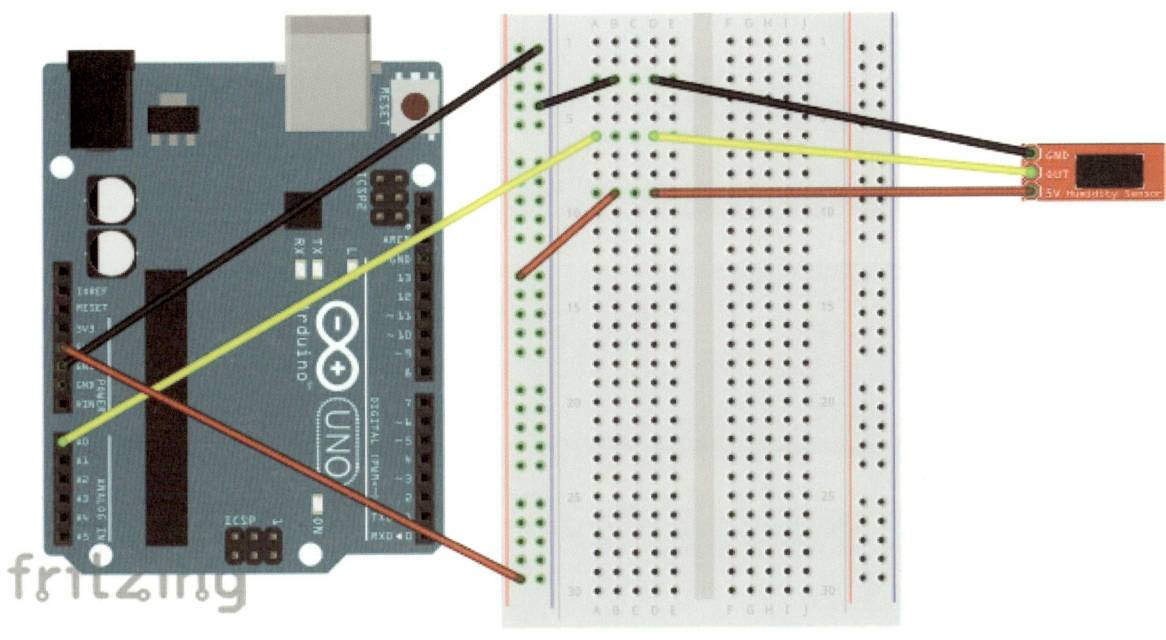

> 실제모습

(2) S4A 코드

❶ 건조주의보 알리미 코딩하기

수분센서의 아날로그 값이 800보다 작으면 '좋은날', 많으면 '건조주의보'를 알리는 알리미를 코딩합니다.

 스프라이트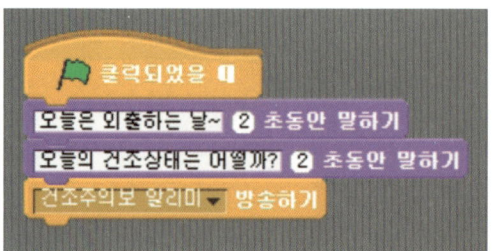

 스프라이트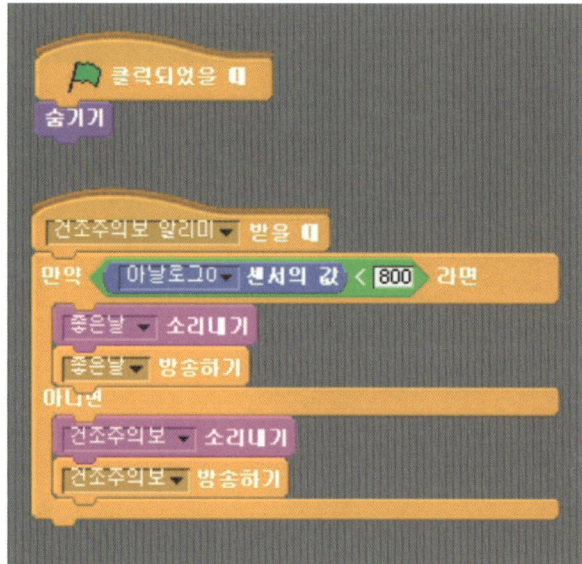

> **TIP**
> '좋은날' 소리내기, '건조주의보' 소리내기 녹음하는 방법은 '실력쑥쑥 4. 소리 녹음하기' 274페이지를 참고하세요.

 스프라이트

❷ 확인하기

녹색 깃발을 눌러 잘 작동하는지 확인합니다.

2) 화분에 물주는 화분 알리미

▶ **실습예제** : 실습-10-03-02 화분 물주기 알리미

화분에 물을 주는 일을 자꾸 잊어버려 화분에 꽃들이 말라버리는 일이 생깁니다. 내가 키우는 화분에 물이 부족할 때 적색 LED가 켜기고 경고 메시지 소리가 나오는 "화분 알리미"를 만들어 봅니다.

■ 미션

■ **준비물** : 우노보드, 브레드 보드, 수분센서(YL-69, YL-38) 1개, LED 1개, 부저(능동부저), FF 점퍼선 5개, 점퍼선 12개

 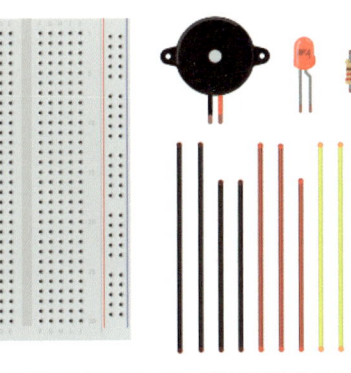

■ 실제 수분센서 모습

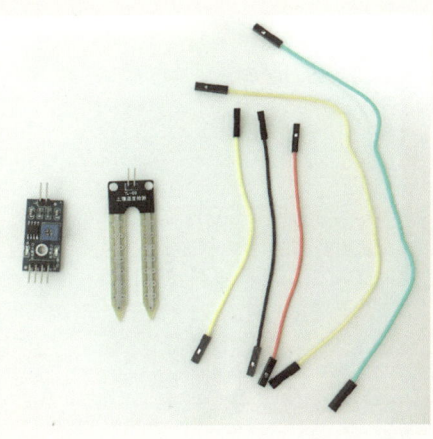

◀ FF퍼선 5개, 수분을 감지하는 센서, 값을 측정하는 보드

10장 물을 채워 주세요! **221**

(1) 아두이노 연결

완성모습

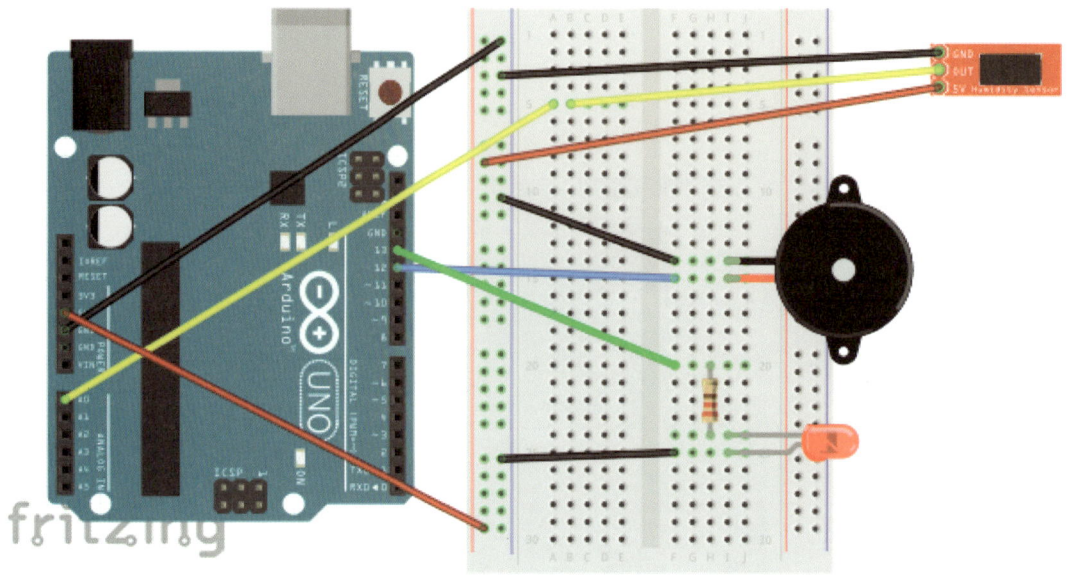

실제모습

❶ LED, 부저, 수분센서 연결하기

명칭	연결 위치	명칭	연결 위치
LED +극	13번	수분센서 전원	5V
LED -극	GND	수분센서 GND	GND
부저 +극	12번	수분센서 A0	아날로그 입력 핀 A0
부저 -극	GND		

(2) S4A 코드

❶ 화분에 수분이 부족하면 물을 주는 코딩을 합니다.

화분에 수분이 채워졌을 때	• LED 꺼짐 • 부저 소리 꺼짐 • 알리미 스프라이트 '흰색' 표시 • 화분 스프라이트 웃기 • 물통 스프라이트 물주는 모양
화분에 수분이 부족할 때	• LED 켜짐 • 부저 소리 켜짐 • 알리미 스프라이트 '빨간색' 표시 • 화분 스프라이트 울기 • 물통 스프라이트 물주지 않는 모양 • '물을 넣어주세요' 메시지 소리내기

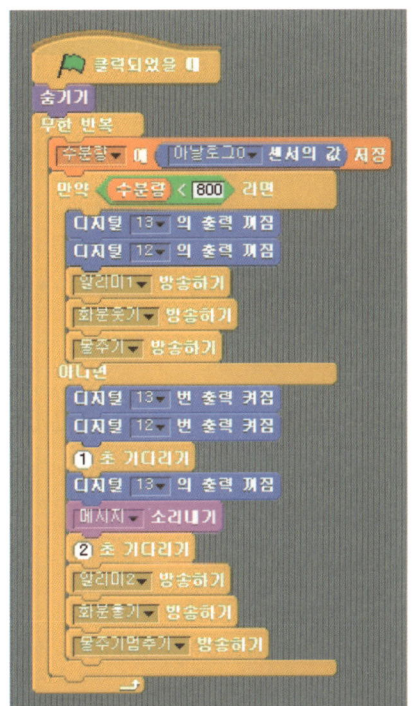

 스프라이트

 스프라이트

 스프라이트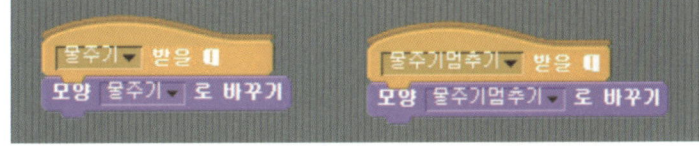

 스프라이트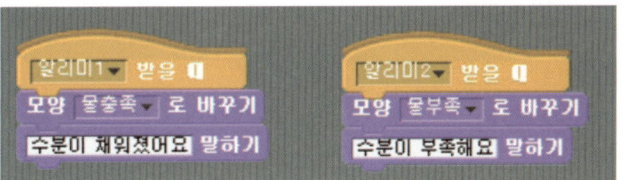

❷ 확인하기

수분센서를 물컵에 넣었다가 뺐다가 하면서 확인해 봅니다.

4 CT 향상하기

수분센서를 이용하여 무엇을 만들 수 있을지 생각하고 만들어 봅니다.

	컴퓨터적 사고력 향상하기 **무엇을 만들어 볼까?**
1. 아이디어 생각하기 만들고 싶은 것을 자유롭게 생각하고 적어봅니다.	
2. 주제 정하기 생각한 아이디어를 정리하여 만들 주제(제목)를 적어봅니다.	
3. 아두이노 연결하기 아두이노에 부품을 연결합니다.	
4. 코딩하기 연결한 부품이 잘 동작하도록 코딩합니다. S4A에 스프라이트들도 같이 동작하도록 코딩합니다.	
5. 친구들과 공유하기 내가 만든 작품을 친구들에게 보여줍니다.	

10장 평가문제

1. 토양수분센서를 구성하는 하드웨어의 이름과 기능을 적습니다.

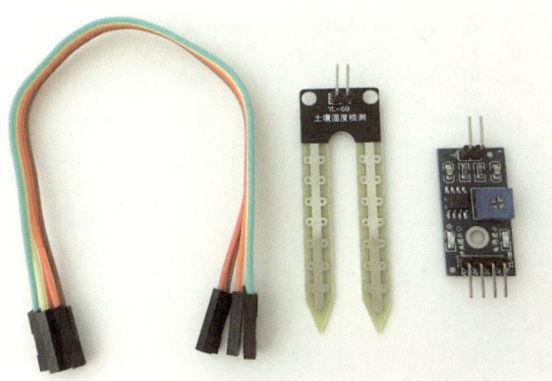

2. 토양수분센서의 각 핀의 의미를 적습니다.

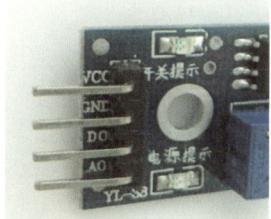

1.
2.
3.
4.

3. 각 핀의 아두이노 보드 어느부분에 연결하는지 적습니다.

전자부품	아두이노 연결
VCC	
G N D	
D0	
A0	

정답

1) ① FF퍼선 5개, ② 수분을 감지하는 센서, ③ 값을 측정하는 보드
2) 1. 전원, 2. 그라운드, 3. 디지털 출력, 4. 아날로그 출력
3)

전자부품	아두이노 연결
VCC	5V
G N D	GND
D0	
A0	아날로그 입력 핀인 A0

11장 눈사람을 맞춰라!

가속도 센서의 구조와 원리를 이해하고 아두이노 코딩을 해봅니다.
* 아두이노 학습 요소 : 3축 가속도 센서(ADXL335칩 기반_GY-61)
* 코딩 학습 요소 : 반복, 조건~아니면, 변수, 연산, 메시지방송, 아날로그 입력값, 디지털 출력값

● 공을 피하는 자동차 레이싱

● 눈사람을 맞춰라!

체크포인트

학습목표
1. 가속도센서의 원리를 알고 센서의 아날로그 값을 X, Y축으로 변환하여 스프라이트를 동작할 수 있다.
2. 가속도센서의 아날로그 값을 각도로 변환한 후 스프라이트를 동작할 수 있다.

학습포인트
1. 미리 알아보기 : 가속도 센서에 대해 알아봅니다.
2. 기초다지기 : 가속도 센서를 동작해 봅니다.
3. 실력다지기 : 가속도센서를 이용하여 자동차 레이싱과 눈사람 맞추기 게임을 만들어 봅니다.
4. CT 향상하기 : 가속도 센서를 이용하여 무엇을 만들 수 있을지 생각하고 만들어 봅니다.
5. 평가하기

1 미리 알아보기

1) 가속도센서

가속도 센서는 시간에 대한 속도의 변화 비율을 측정하는 센서로 3축인 X축, Y축, Z축을 기준으로 회전각의 변화에 대한 가속도를 구할 수 있습니다. 즉, 사물이 얼마만큼 중력의 힘을 받는지를 측정하는 것으로 중력방향을 기준으로 얼마나 기울어져있는가를 나타냅니다. 3축의 센서는 각 축의 중력가속도의 크기를 표시합니다.

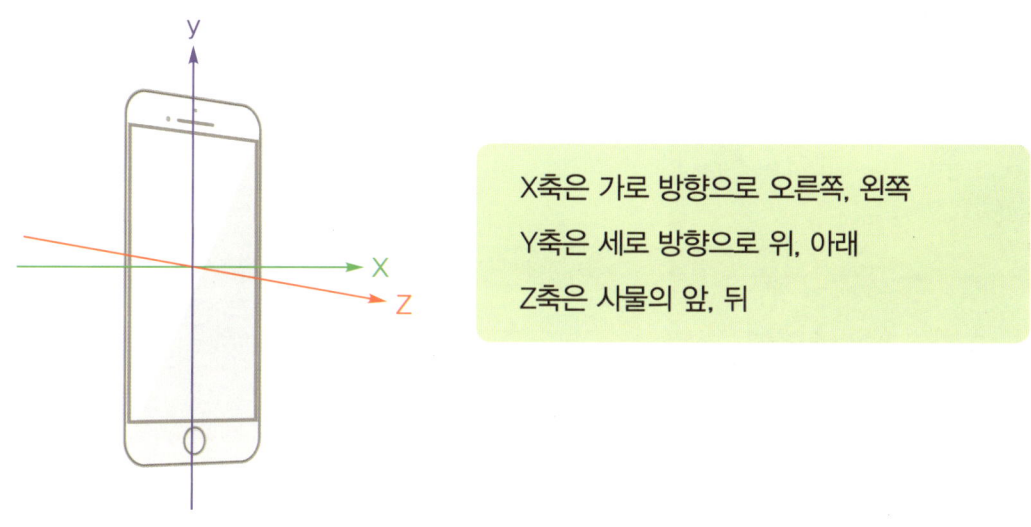

가속도 센서와 아두이노 연결을 다음과 같이 합니다.

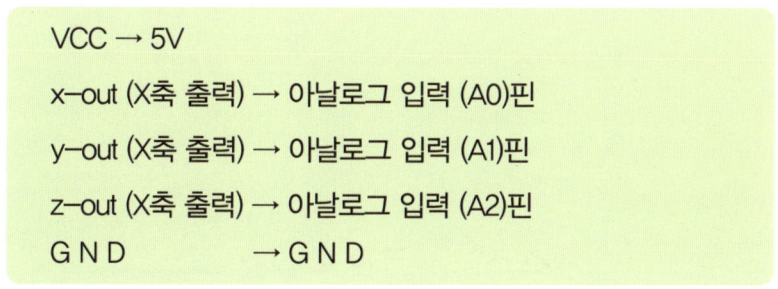

센서가 회전할 때마다 각 축이 받는 중력의 힘이 변하게 되고 각 축이 연결된 아날로그 입력 핀에 아날로그 값을 출력해 줍니다. 형태와 용도에 따라 다양한 가속도 센서가 있습니다.

일상생활에 가속도센서가 사용되는 경우를 살펴보면 가장 가까이 휴대폰이 있습니다. 태블릿, 노트북, 휴대폰에서 기울기에 따라 화면이 변화되는 것입니다. 또는 자동차의 에어백이 있습니다. 에어백의 가속도센서가 충격을 감지하면, 가스가 에어백을 팽창하여 부풀어 오는 것입니다. 그 밖에 전자식 엔진제어시스템, ABS(브레이크를 밟아 차가 정지할 때 바퀴가 미끄러지지 않고 효율적으로 멈추도록 하는 제동장치), 지능형 현가장치(차체와 차축 사이를 연결하고 노면으로부터의 충격이나 진동을 흡수해 승차감을 좋게 하는 장치), 조향 장치(steering system), 자동잠금장치, 후진할 때 앞뒤나 좌우의 움직임을 감지하는 장치 등에 사용됩니다.

 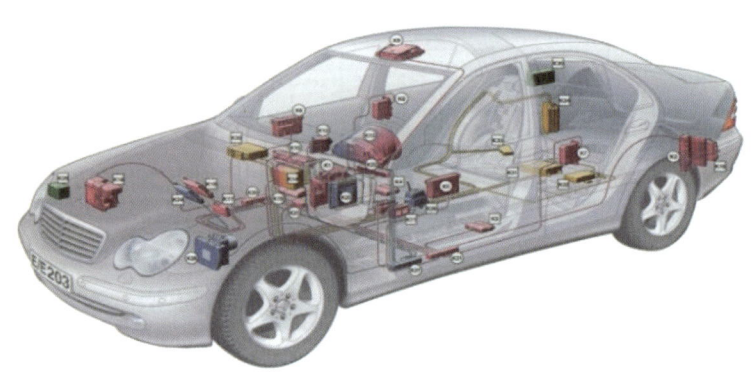

가속도 a로 움직일 때 관성력으로 진동물체는 x만큼 위치가 변화합니다. 이 변화량이 전기적 신호로 측정 돼 충격을 감지하고 에어백의 동작 여부를 결정합니다.

2 기초다지기

1) 가속도센서를 이용하여 비행기 움직이기

▶ 실습예제 : 실습-11-02-01 가속도 센서로 비행기 움직이기

가속도 센서가 부착된 브레드 보드를 상하좌우로 움직일 때 비행기가 상하좌우로 움직이도록 합니다.

■ 미션

■ 준비물 : 우노보드, 브레드 보드, 가속도 센서(GY-61), 점퍼선 4개

■ 실제 가속도센서 모습

  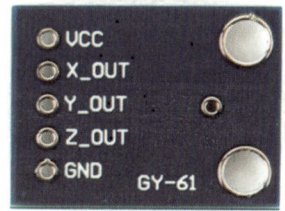

11장 눈사람을 맞춰라! **229**

(1) 아두이노 연결

완성모습

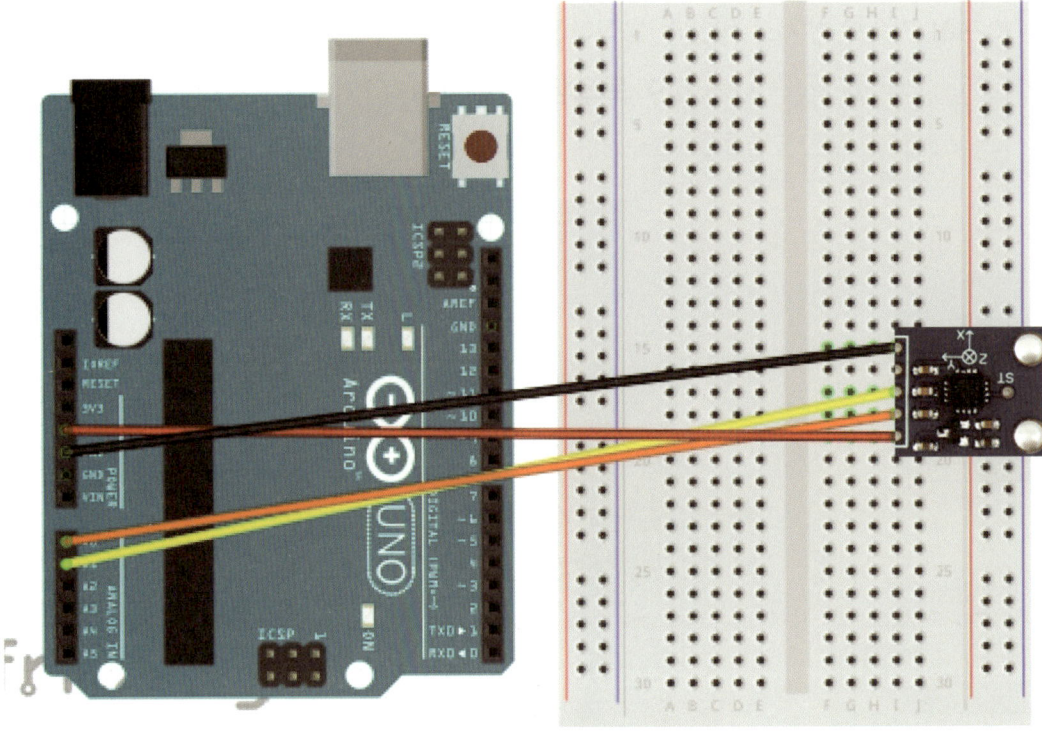

실제모습

❶ 브레드보드에 가속도 센서 꽂기

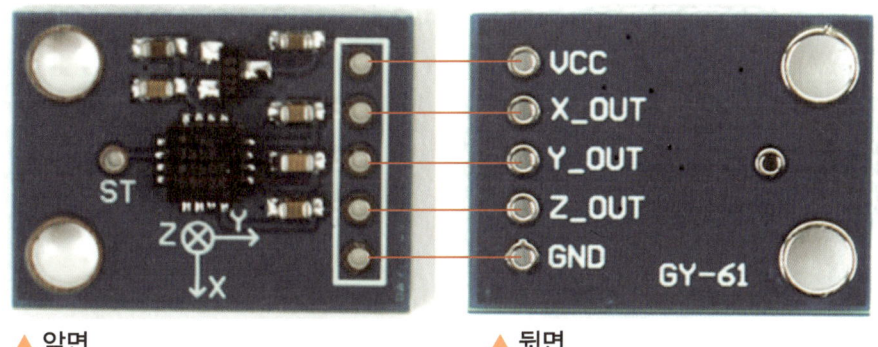

▲ 앞면   ▲ 뒷면

가속도센서와 연결핀이 부착된 부품일 경우에는 브레드보드에 잘 꽂아주기만 하면 됩니다.

❷ 가속도센서와 보드 연결하기

전자부품 명칭	아두이노 연결 위치
가속도 센서 VCC	5V
가속도 센서 X_OUT	A0
가속도 센서 Y_OUT	A1
가속도 센서 G N D	G N D

❸ A0과 A1의 센서값 확인하기

연결위치	축	방향	가속도센서에서 출력되는 값(Analog 0)
A0	X축	90(오른쪽)	260
		0(중앙)	330
		-90(왼쪽)	400
A1	Y축	360(위쪽)	260
		0(중앙)	330
		180(아래쪽)	400

(센서값은 ±1~10정도의 오차가 있을 수 있습니다.)

- 브레드 보드 오른쪽으로 돌린 경우

- 브레드 보드 왼쪽으로 돌린 경우

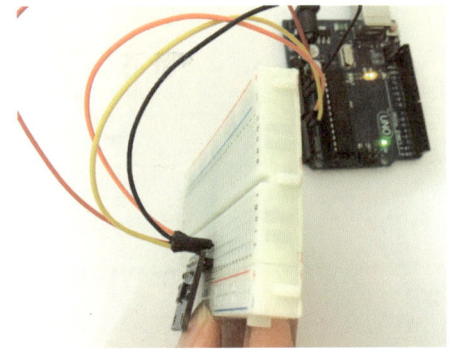

- 브레드 보드 위쪽으로 돌린 경우

- 브레드 보드 아래쪽으로 돌린 경우

– 브레드 보드 회전 안한 경우

(2) S4A 코드

❶ 비행기 움직이기

A0값은 X축 변수에 저장하고 A1값은 Y축 변수에 저장하여 이동 거리로 변환한 후 비행기를 움직이도록 코딩합니다.

> 이동 거리 계산 공식

비행기를 왼쪽, 오른쪽으로 움직이는 것은 X축의 값에 따라 움직이며, 좌우 움직임은 A0센서값을 이용하여 제어할 수 있습니다.

> 이동 거리=A0센서값 범위의 중앙값−A0센서값/이동 거리 분할 수

- **A0센서값** : 현재 A0센서값
- **A0센서값 범위의 중앙값** : 센서값의 범위인 260~400의 중앙값인 330
- **이동 거리 분할 수** : 'A0센서값−A0센서값의 범위에 중앙값'의 결과를 나누는 수이다.
  나누는 값이 클 수로 '비행기' 스프라이트는 작게 움직이고,
  나누는 값이 작을 수로 '비행기' 스프라이트는 빠르게 움직인다.

계산 예)

이동거리=(센서중앙값−A0 센서값)/분할 수

 (330−260)/7=10

'10'을 이동거리에 삽입하면 X좌표가 10만큼 움직여서 오른쪽으로 움직이는 결과가 된다.

- 아날로그 센서값은 X축, Y축 변수를 만들어 저장한 후 비행기 움직이기

아날로그 0(A0)은 X축 변수에 저장하고 아날로그 1(A1)은 Y축 변수에 저장합니다. A0은 좌우로 움직일 때 변하는 값이며 A1은 상하로 움직일 때 변하는 값입니다.

 스프라이트

 스프라이트

X축은 A0의 값으로 Y축은 A1의 값이 입력됩니다.

❷ 확인하기

브레드 보드를 움직여서 비행기의 움직임을 확인합니다.

2) 가속도 센서의 아날로그 값을 각도 변환하여 동작하기

▶ **실습예제** : 실습-11-02-02 가속도 센서의 아날로그 값을 각도로 변환하여 동작하기

가속도 센서의 데이터 값을 각도로 변환하여 원하는 각도로 스프라이트가 움직이도록 합니다.

■ 미션

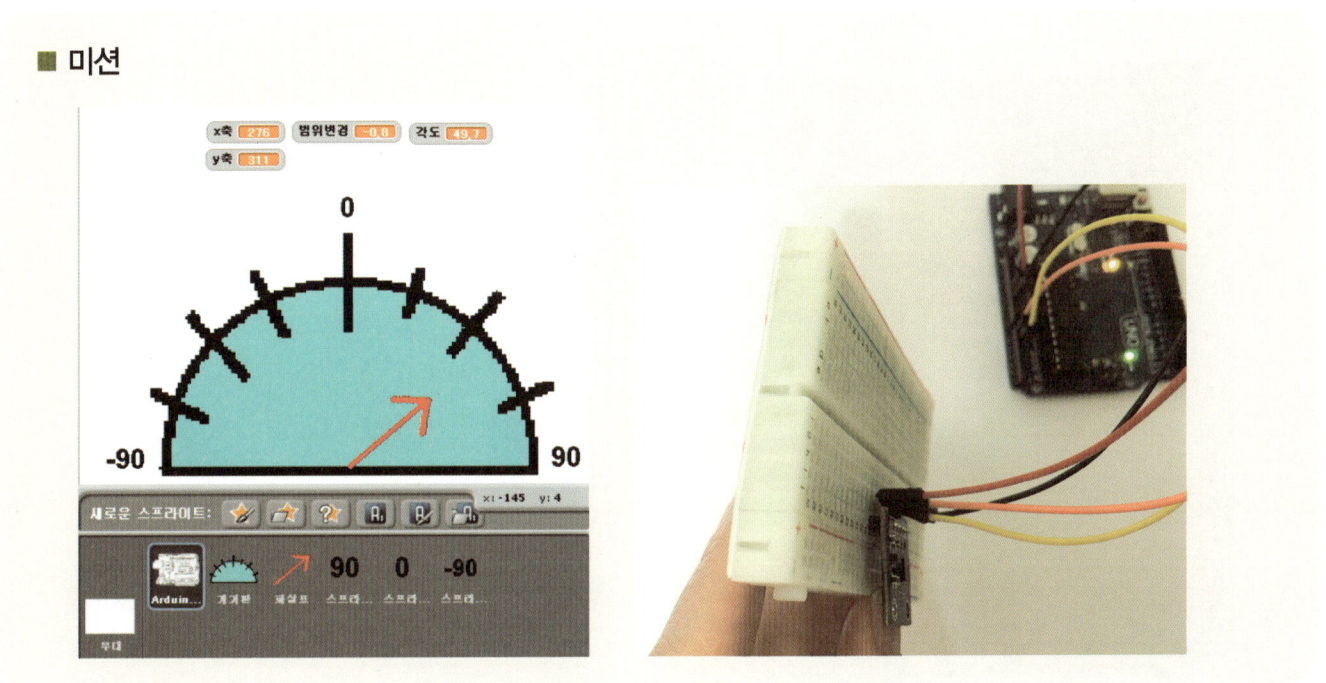

■ 준비물 : 우노보드, 브레드 보드, 가속도 센서(GY-61), 점퍼선 4개

11장 눈사람을 맞춰라! **235**

(1) 아두이노 연결

완성모습

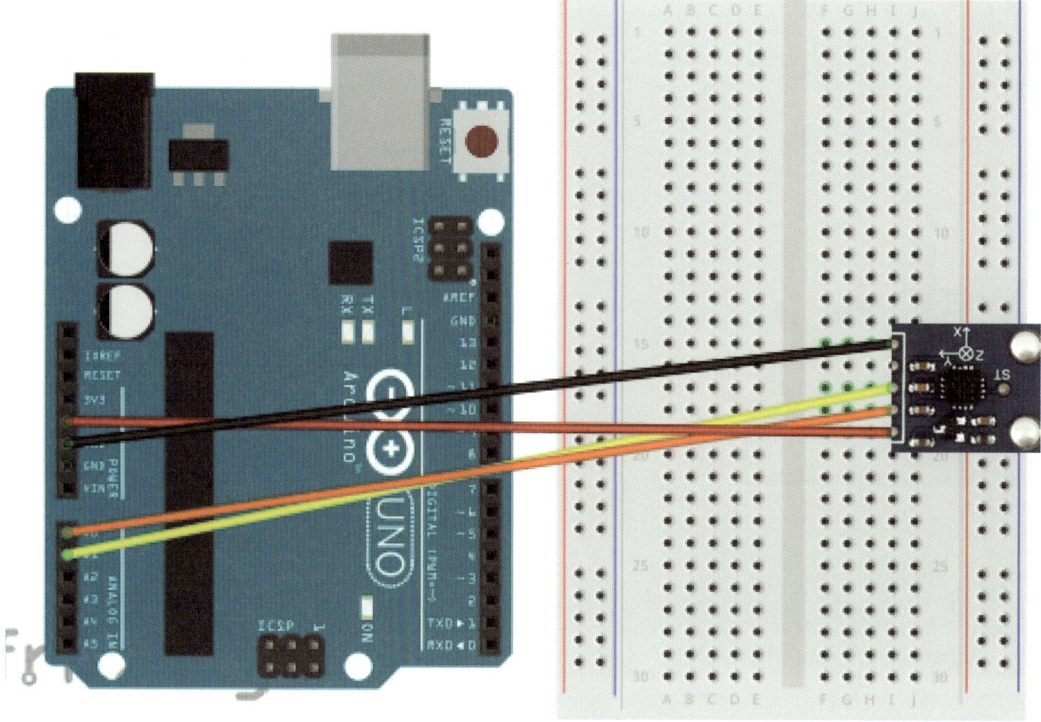

실제모습

❶ 가속도센서와 보드 연결하기

명칭	연결 위치
가속도 센서 VCC	5V
가속도 센서 X_OUT	A0
가속도 센서 Y_OUT	A1
가속도 센서 G N D	G N D

(2) S4A 코드

❶ X축, Y축 변수에 아날로그 값 저장하기

아날로그 0(A0)은 X축 변수에 저장하고 아날로그 1(A1)은 Y축 변수에 저장합니다. A0은 좌우로 움직일 때 변하는 값이며 A1은 상하로 움직일 때 변하는 값입니다.

 스프라이트

❷ 확인하기

가속도 센서가 부착된 브레드 보드를 상하좌우로 움직이면서 X축과 Y축의 값의 변화를 살펴봅니다.

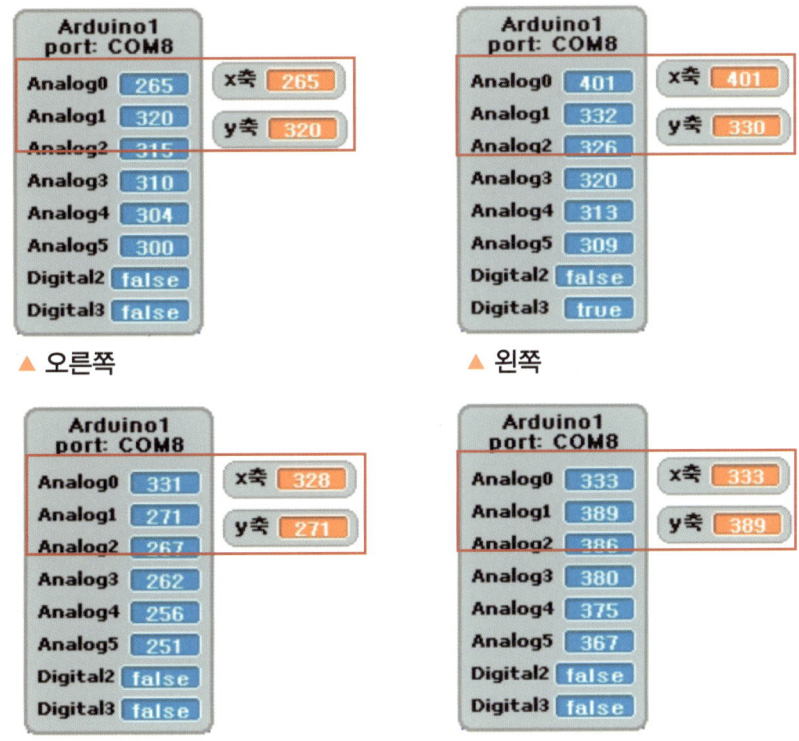

▲ 오른쪽   ▲ 왼쪽

▲ 위쪽   ▲ 아래쪽

❸ X축(센서 A0)값의 범위를 −1~1 범위로 변경하기

X축 값은 좌우로 움직이는 값입니다. 좌우로 움직이는 값을 각도로 변환하기 위해 먼저 −1~1범위로 변경합니다.

명칭	연결 위치	
A0 범위	최소 265	최대 400
변경 범위	최소 −1	최대 1

위와 같이 변경하겠습니다.

가속도 센서 X축 A0의 값의 범위를 −1~1로 변경하는 공식 'D'는 아래와 같습니다.

> D=(현재 X축 (A0)의 값−X축(A0)의 최소값)×(변환할 범위의 최대값−변환할 범위의 최소값)/(X축(A0)의 최대값−X축(A0)의 최소값)+변환할 범위의 최소값

- 현재 X축 (A0)의 값이 300인 경우 계산하기

    D=((300−260)×(1−(−1))/(400−260))+−1

    D=−0.71428571

'아두이노' 스프라이트에 다음과 같이 블록코딩합니다.

❹ 확인하기

녹색 깃발을 클릭하여 '범위변경'의 변수를 확인합니다.

− 브레드 보드를 오른쪽으로 돌릴 경우 범위변경은 −값을 가집니다.

브레드 보드를 왼쪽으로 돌릴 경우 범위변경은 +값을 가집니다.

❺ 범위 변경의 값을 -1과 1로 정하기

범위변경의 값이 위에서 확인한 것과 같이 정확한 -1과 1로 표현되지 않습니다. 그래서 -1보다 작을 경우 '범위변경'값을 -1로 정해주고 1보다 큰 경우 '범위변경'값을 1로 정해지도록 코딩합니다.

❻ -1~1 범위를 각도로 변경하기

-1~1 범위를 역함수로 계산하여 각도로 변경할 수 있습니다. -1~1값은 -90~90의 값입니다. 역함수 asin을 이용하여 -1~1값을 각도로 변경하겠습니다.

−1를 곱하는 이유는 오른쪽으로 회전할 때 90, 왼쪽으로 회전할 때 −90의 각도로 표현하기 위해서입니다.

❼ 각도에 따라 화살표 움직이기

각도를 받을 때 '화살표 각도'메시지를 방송하여 '화살표' 스프라이트가 움직이도록 코딩합니다.

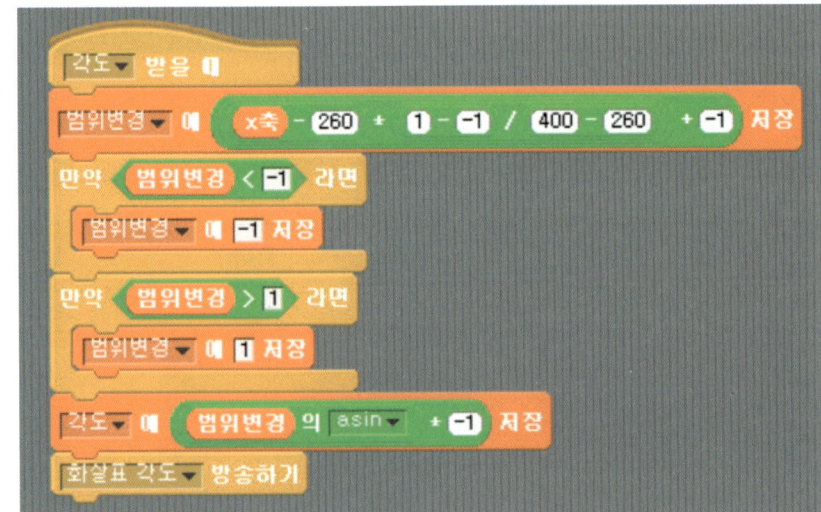

 스프라이트

 스프라이트

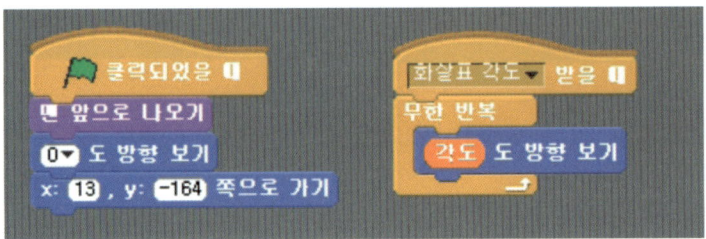

❽ 확인하기

녹색 깃발을 클릭한 후 브레드보드를 좌우로 움직여서 '화살표' 스프라이트의 각도를 확인합니다.

여기서 화살표가 90도와 −90를 정확히 가르치지 않을경우 자신의 가속도 센서의 X축의 최소값과 최대값을 확인하여 수치를 변경하면 된다.

3 실력다지기

1) 공을 피하는 자동차 레이싱

▶ 실습예제 : 실습-11-03-01 공을 피하는 자동차 레이싱

하늘에서 공이 떨어집니다. 자동차가 공을 피해서 레이싱을 합니다. 브레드보드를 좌우로 움직여서 공을 피해서 자동차가 움직이도록 합니다.

■ 미션

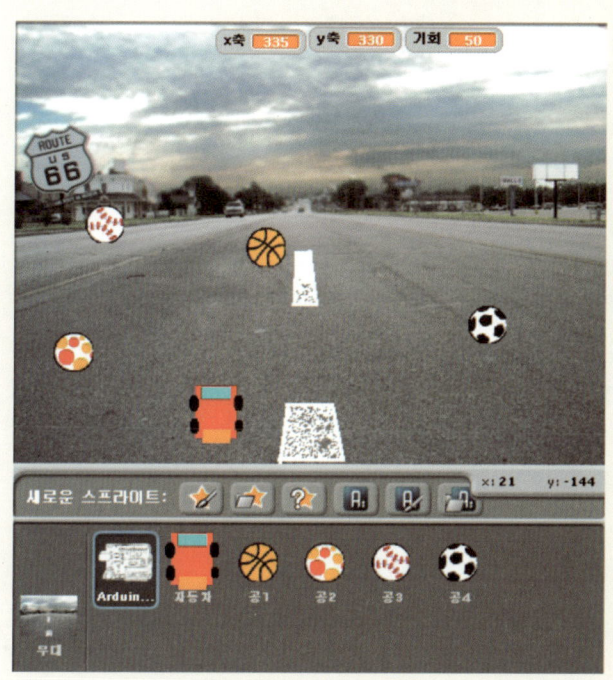

■ 준비물 : 우노보드, 브레드 보드, 가속도 센서(GY-61), 점퍼선 4개

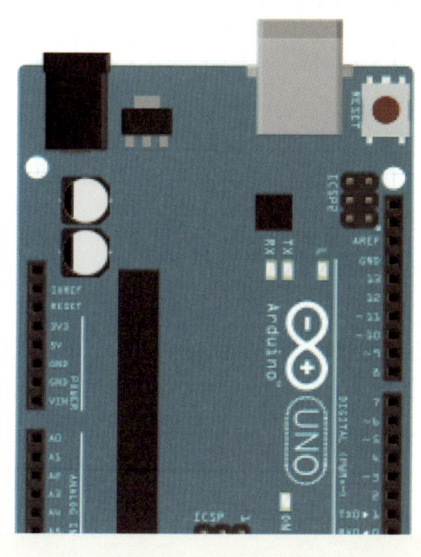
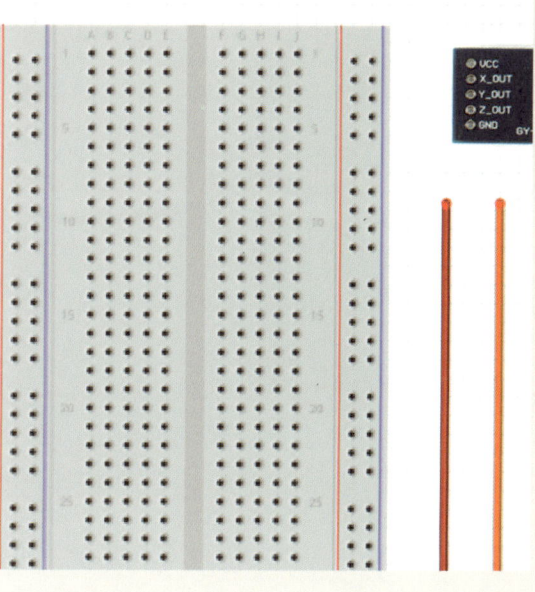

(1) 아두이노 연결

완성모습

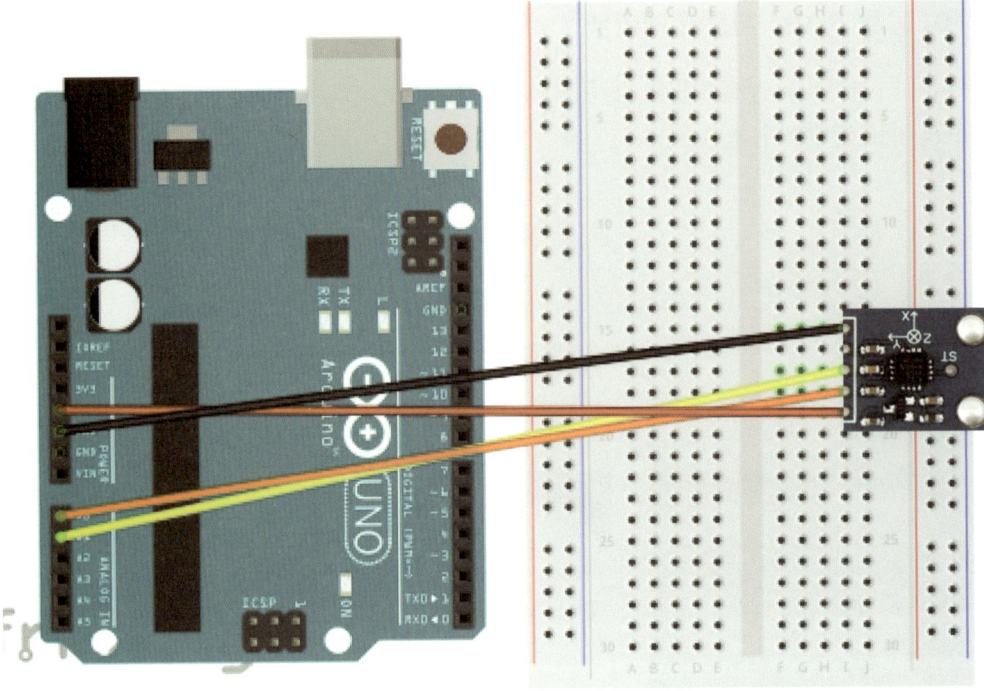

실제모습

❶ 가속도센서 연결하기

명칭	연결 위치
가속도 센서 VCC	5V
가속도 센서 X_OUT	A0
가속도 센서 Y_OUT	A1
가속도 센서 G N D	G N D

(2) S4A 코드

❶ 가속도 센서값을 X축과 Y축에 저장하기

 스프라이트

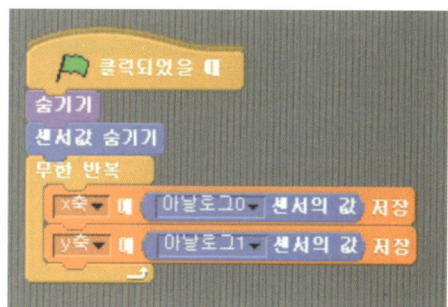

❷ 자동차 스프라이트 좌우로 움직이기

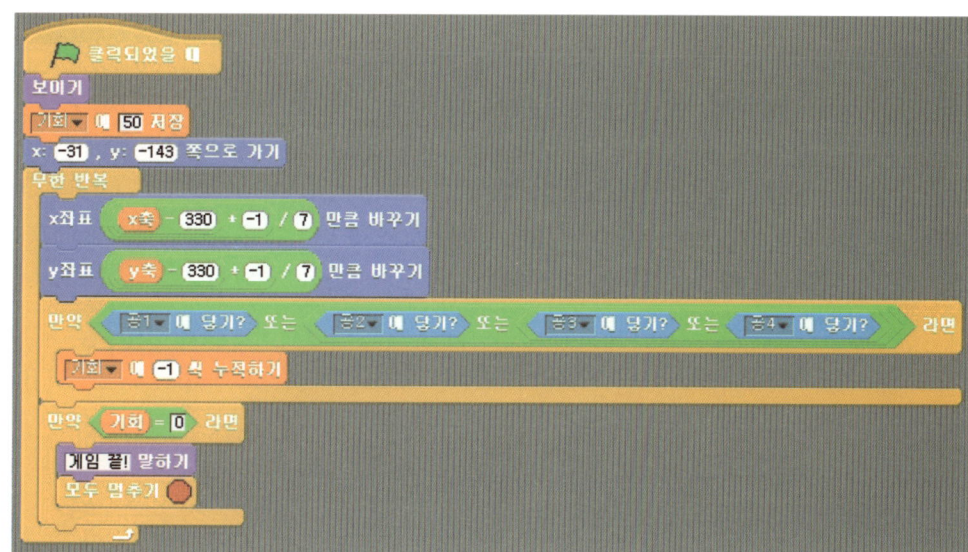

 스프라이트

❸ 공 스프라이트 하늘에서 떨어지기

스프라이트

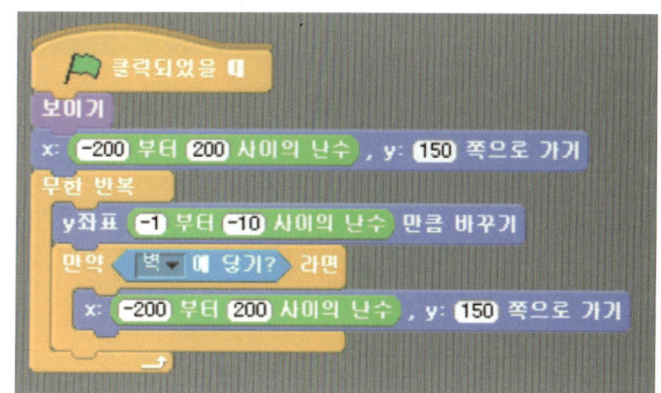

❹ 확인하기

녹색깃발을 클릭하고 브레드보드를 움직여 공을 피해서 자동차 레이싱을 해봅니다.

2) 눈사람을 맞춰라

▶ **실습예제** : 실습-11-03-02 눈사람을 맞춰라

가속도센서의 값을 각도로 변환하여 표시된 각도로 화살표가 날아가서 눈사람을 맞추는 게임을 만들어 봅니다.

■ 미션

■ **준비물** : 아두이노 보드(UNO), 브레드보드, 가속도 센서(GY-61) 1개, 단추 2개, 점퍼선 10개

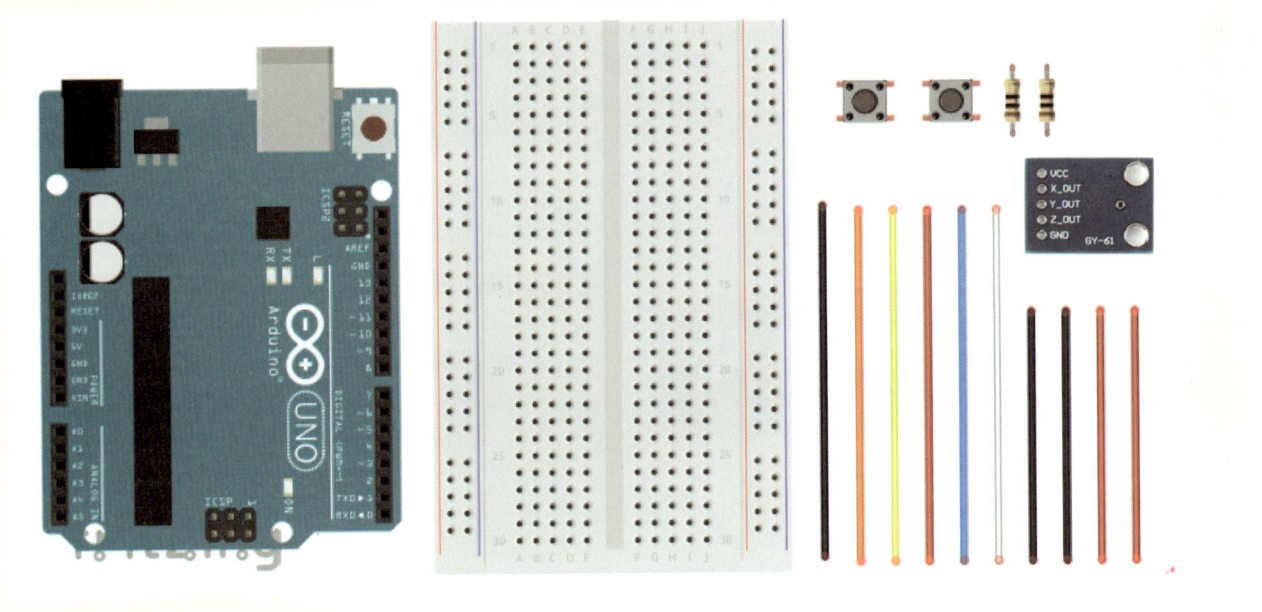

(1) 아두이노 연결

브레드 보드 없이 해도 되지만 이번에는 브레드 보드를 이용하여 연결해 보겠습니다.

`완성모습`

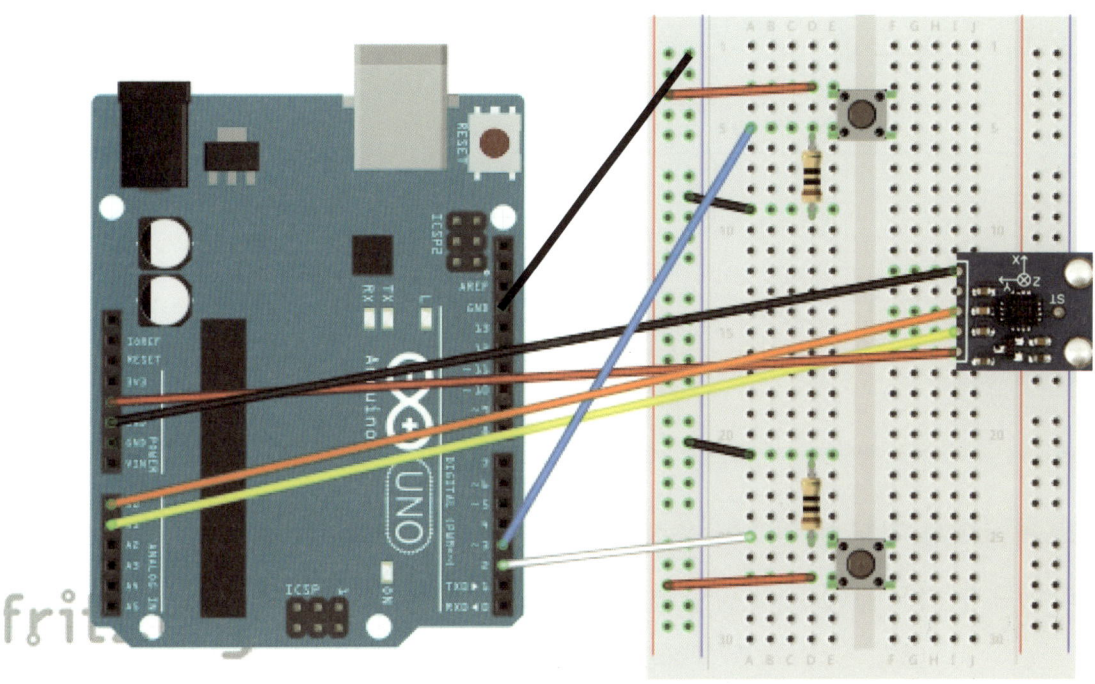

`실제모습`

❶ 가속도센서 연결하기

명칭	연결 위치
가속도 센서 VCC	5V
가속도 센서 X_OUT	A0
가속도 센서 Y_OUT	A1
가속도 센서 GND	GND
단추 1 한쪽	5V
단추 1 다른쪽	디지털 3번
단추 1 다른쪽	저항연결, GND
단추 2 한쪽	5V
단추 2 다른쪽	디지털 2번
단추 2 다른쪽	저항연결, GND

(2) S4A 코드

❶ 화살표 스프라이트가 '각도'에 맞추어 움직이기

화살표 스프라이트가 '각도'값에 따라 방향을 바라보도록 코딩합니다.

 스프라이트

❷ 단추를 눌렀을 때 화살표가 날아가기

 스프라이트

❸ 눈사람 스프라이트가 무작위로 움직이고 화살표 닿으면 모양 바꾸기

 스프라이트

❹ 확인하기

녹색 깃발을 누르고 브레드 보드를 좌우로 움직이면서 단추를 클릭하면 화살표가 날아가는지 확인합니다.

4 CT 향상하기

가속도센서를 이용하여 무엇을 만들 수 있을지 생각하고 만들어 봅니다.

컴퓨터적 사고력 향상하기 **무엇을 만들어 볼까?**	
1. 아이디어 생각하기 만들고 싶은 것을 자유롭게 생각하고 적어봅니다.	
2. 주제 정하기 생각한 아이디어를 정리하여 만들 주제(제목)를 적어봅니다.	
3. 아두이노 연결하기 아두이노에 부품을 연결합니다.	
4. 코딩하기 연결한 부품이 잘 동작하도록 코딩합니다. S4A에 스프라이트들도 같이 동작하도록 코딩합니다.	
5. 친구들과 공유하기 내가 만든 작품을 친구들에게 보여줍니다.	

11장 평가문제

1 가속도 센서의 각 핀에 아두이노의 연결부분을 적습니다.

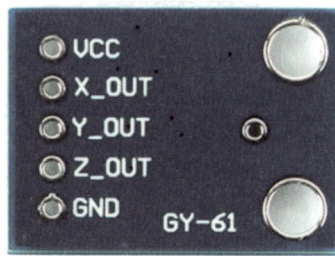

① _____
② _____
③ _____
④ _____
⑤ _____

2 가속도 센서의 X, Y, Z축의 방향을 적습니다.

3 가속도 센서가 출력하는 아날로그 값을 적습니다.

축	각도(방향)	가속도센서에서 출력되는 값 (Analog 0)
X축	90(오른쪽)	(1)
	0(중앙)	(2)
	-90(왼쪽)	(3)
Y축	360(위쪽)	(4)
	0(중앙)	(5)
	180(아래쪽)	(6)

정답

1) 1. 전원, 2. 아날로그 입력핀, 3. 아날로그 입력핀, 4. 아날로그 입력핀, 5. 그라운드
2)   X축은 가로 방향으로 오른쪽, 왼쪽
    Y축은 세로 방향으로 위, 아래
    Z축은 사물의 앞, 뒤
3) (1) : 1,260, (2) : 2,330, (3) : 3,400, (4) : 4,260, (5) : 5,330, (6) : 6,400

12장 폭탄이다! 멈춰라!

적외선 센서의 구조와 원리를 이해하고 아두이노 코딩을 해봅니다.
* 아두이노 학습 요소 : 적외선 센서
  (IR 적외선 장애물 회피 센서-Infrared Sensor of Obstacle Avoidance Module)
* 코딩 학습 요소 : 반복, 조건~아니면, 좌표, 또는 연산, 메시지방송, 디지털 출력값

- 폭탄이다! 멈춰라!

- 지구를 구하는 우주 원숭이

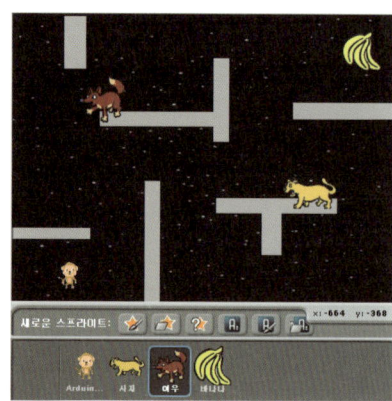

체크포인트

학습목표

1. 적외선센서의 원리를 알고 모듈을 설명할 수 있다.
2. 적외선센서의 송수신 동작으로 스프라이트를 제어할 수 있다.

학습포인트

1. 미리알아보기 : 적외선 센서에 대해 알아봅니다.
2. 기초다지기 : 적외선 센서를 동작해 봅니다.
3. 실력다지기 : 적외선센서를 이용하여 폭탄 멈추기와 우주원숭이 게임을 만들어 봅니다.
4. CT 향상하기 : 적외선 센서를 이용하여 무엇을 만들 수 있을지 생각하고 만들어 봅니다.
5. 평가하기

1 미리 알아보기

1) 적외선센서(IR 적외선 장애물 회피 센서-Infrared Sensor of Obstacle Avoidance Module)

적외선 센서는 송수신 센서가 부착되어있습니다. 송신부에는 앞을 향해 적외선을 보내고 앞에 장애물이 있으면 적외선은 반사되어 수신부로 돌아옵니다. 이 때 돌아오는 적외선의 양으로 거리를 측정할 수 있고, 앞에 장애물의 유무를 탐지할 수도 있습니다.

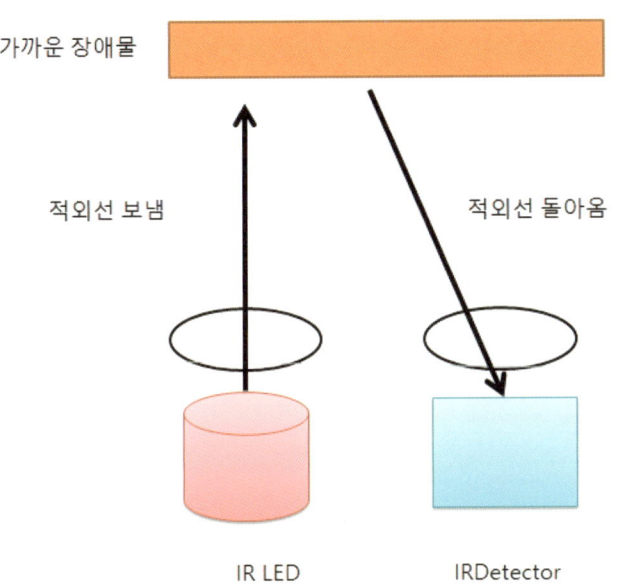

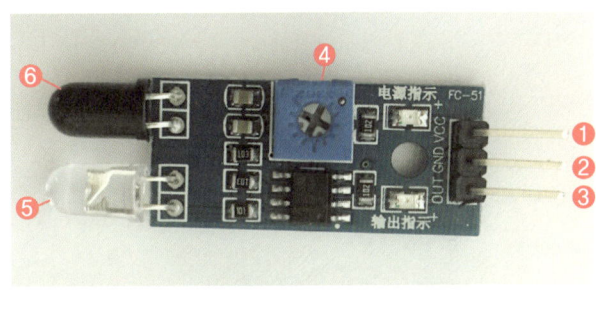

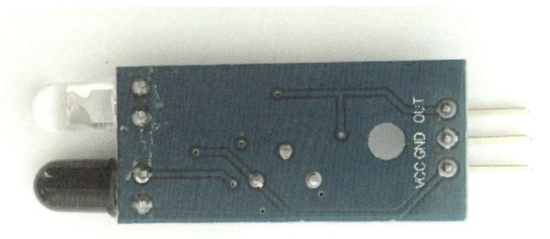

❶ VCC : 전원을 연결하는 곳으로 전압은 5V 또는 3.3V를 사용

❷ GND : 아두이노의 GND와 연결

❸ OUT : 디지털 2번핀 또는 3번핀과 연결합니다. 적외선센서가 전원에 연결되면 '1'을 출력하고 적외선센서에 장애물이 감지되면 '0'을 출력합니다.

적외선센서 장애물이 없을 때	적외선센서 장애물이 있을 때
HIGH, '1', 'true'	LOW, '0', 'false'

❹ 가변저항 : 적외선 감지거리를 조절합니다. 기본 감지거리는 약 3cm정도 됩니다. 최소 2cm~최대 30cm까지 조절이 가능합니다.

❺ 송신부 : 적외선을 내보냅니다.

❻ 수신부 : 되돌아오는 적외선을 받습니다.

■ 정보정리

- 적외선 감지거리 : 2cm~30cm
- 적외선 감지각도 : 35도
- 전압 : 3.3V&5V
- 출력 : 디지털 출력핀 사용

2 기초다지기

1) 적외선센서를 이용하여 LED켜기

▶ **실습예제 : 없음**

적외선 센서의 송·수신을 이용하여 LED를 켜고 끄기를 해보도록 하겠습니다.

■ **미션**

■ **준비물** : 우노보드, 브레드 보드, 적외선 센서(IR 송수신 센서), 점퍼선 5개, LED 1개, 220옴 저항 1개

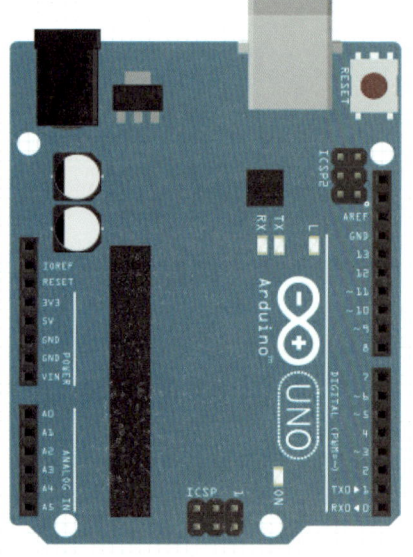
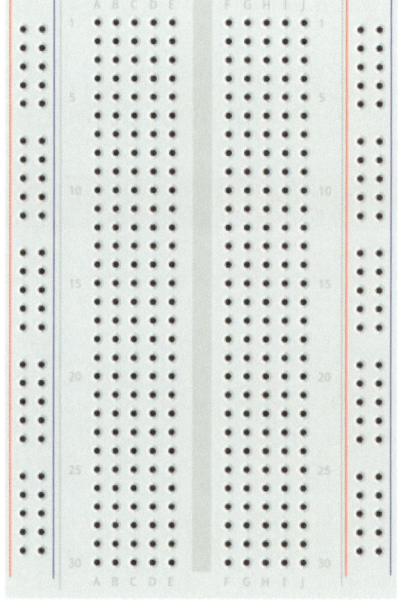

(1) 아두이노 연결

완성모습

실제모습

❶ 브레드보드에 적외선 센서 꽂기

적외센 센서를 그림과 같이 꽂고 각 핀과 아두이노 보드와 연결합니다.

명칭	연결 위치
적외선 센서 VCC	5V
적외선 센서 GND	GND
적외선 센서 OUT	디지털 출력 2

적외선센서를 아두이노 전원과 GND와 연결하면 적외선센서 전원부분에 빨간 LED가 켜지는 것을 확인할 수 있습니다. 송수신이 가능한 상태로 송수신 센서에 손을 가져가면 적외선센서에 OUT부분 LED에 불이 켜집니다. 그럼 적외선 센서가 잘 작동하고 있는 겁니다. 송수신센서에서 장애물이 감지되면 LOW상태 '0'을 출력하고 감지되지 않으면 HIGH상태 '1'로 출력합니다. 0은 false(거짓)이고, 1은 true(참)입니다.

• 송수신 센서에 장애물이 없을 때   • 송수신 센서에 장애물이 있을 때

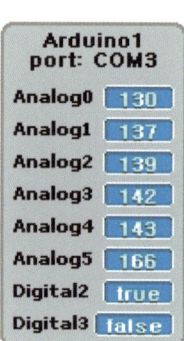

❷ LED도 연결합니다.

명칭	연결 위치
LED +극	디지털 13번
LED -극	GND

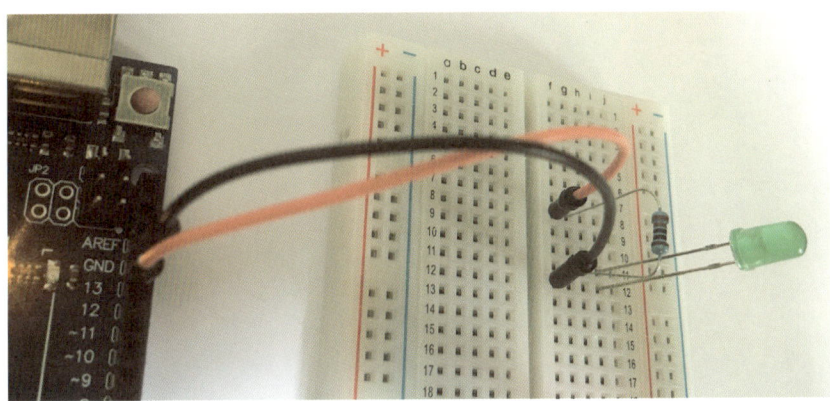

2) S4A 코드

❶ LED켜기

❷ 확인하기

🟢(녹색깃발)을 클릭하면 LED가 켜지고 적외선센서 송수신에 손을 가져가면 LED가 꺼집니다. 전원이 연결되면 적외선센서와 연결된 디지털 2번에 HIGH인 '1'값을 보내서 'true'상태가 됩니다. 'true(참)'이 되면 디지털 13번과 연결된 LED가 켜집니다. 적외선 송수신 센서에 손을 가져가면 연결된 디지털 2번에 LOW인 '0'값이 보내져서 'false'상태가 됩니다. 'false(거짓)'가 되면 디지털 13번과 연결된 LED가 꺼지는 상태가 됩니다. 적외선센서는 스위치(단추)와 다르게 전원이 연결되면 바로 디지털 2번을 눌려진 것으로 인식합니다.

> **TIP**
>
> 손을 가져갔을 때 LED가 꺼지도록 하고 싶다면 아래와 같이 참일 때 꺼지도록 하면 됩니다.

2) 적외선센서로 DC모터 제어하기

▶ 실습예제 : 없음

적외선센서를 이용하여 DC모터의 동작을 제어해보겠습니다.

■ **미션**

■ **준비물** : 우노보드, 브레드 보드, 적외선 센서(IR 송수신 센서), 점퍼선 2개, DC모터 1개

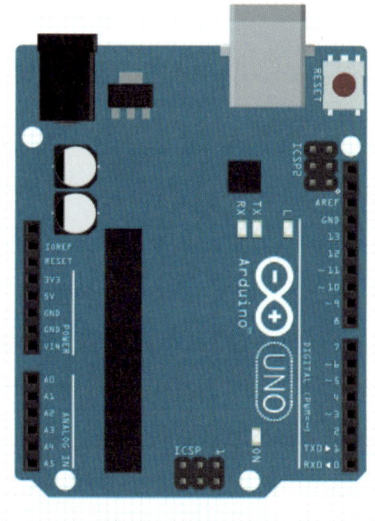 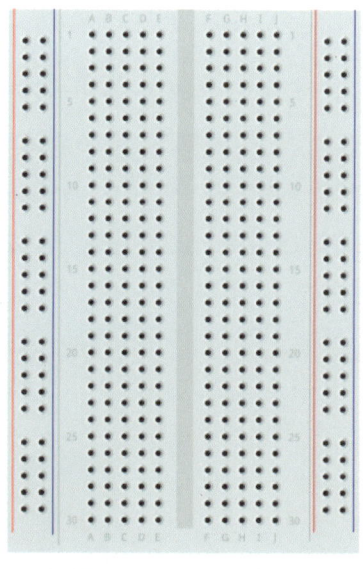 

(1) 아두이노 연결

> 완성모습

> 실제모습

❶ 브레드보드에 적외선 센서 꽂기

적외센 센서를 그림과 같이 꽂고 각 핀과 아두이노 보드와 연결합니다.

명칭	연결 위치
적외선 센서 VCC	5V
적외선 센서 GND	GND
적외선 센서 OUT	디지털 출력 2

❷ DC모터 연결하기

DC모터는 직접 아두이노 보드와 연결합니다.

(2) S4A 코드

❶ 모터 돌리기

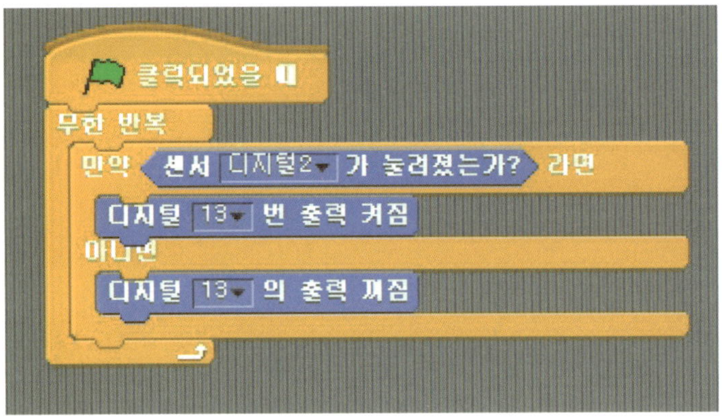

❷ 확인하기

(녹색깃발)을 클릭하면 모터가 돌아갑니다. 적외선센서 송수신에 손을 가져가면 모터는 중지합니다. 전원이 연결되면 적외선센서와 연결된 디지털 2번에 HIGH인 '1'값을 보내서 'true'상태가 됩니다. 'true(참)'이 되면 디지털 13번과 연결된 모터가 동작합니다. 적외선 송수신 센서에 손을 가져가면 연결된 디지털 2번에 LOW인 '0'값이 보내져서 'false'상태가 됩니다. 'false(거짓)'가 되면 디지털 13번과 연결된 모터가 중지합니다.

3 실력다지기

1) 폭탄이다! 멈춰라!

▶ **실습예제** : 실습-12-03-01 폭탄이다 멈춰라

길을 가고 있는데 갑자기 폭탄이 나타났습니다. 폭탄이 나타나면 멈추고 사라지면 다시 길을 걷도록 합니다.

■ **미션**

■ **준비물** : 우노보드, 브레드 보드, 적외선 센서(IR 송수신 센서), 점퍼선 3개

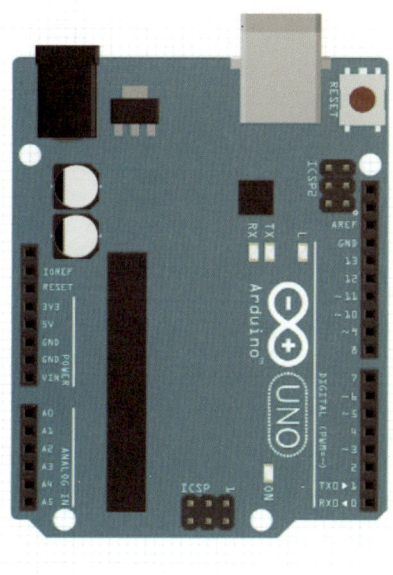
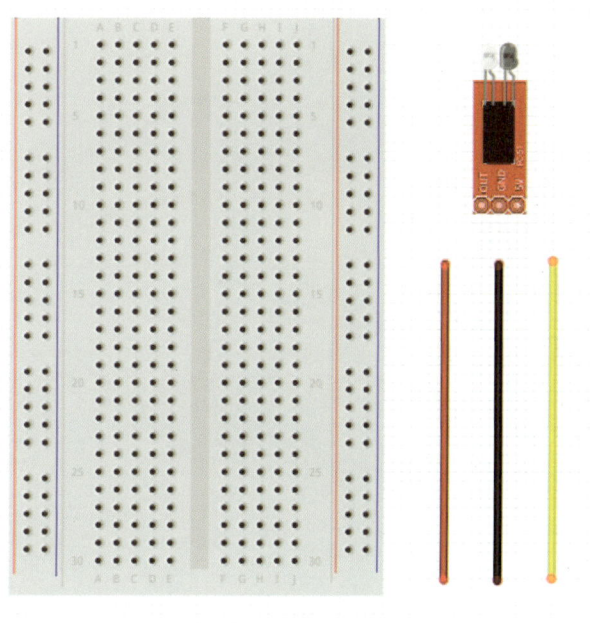

(1) 아두이노 연결

완성모습

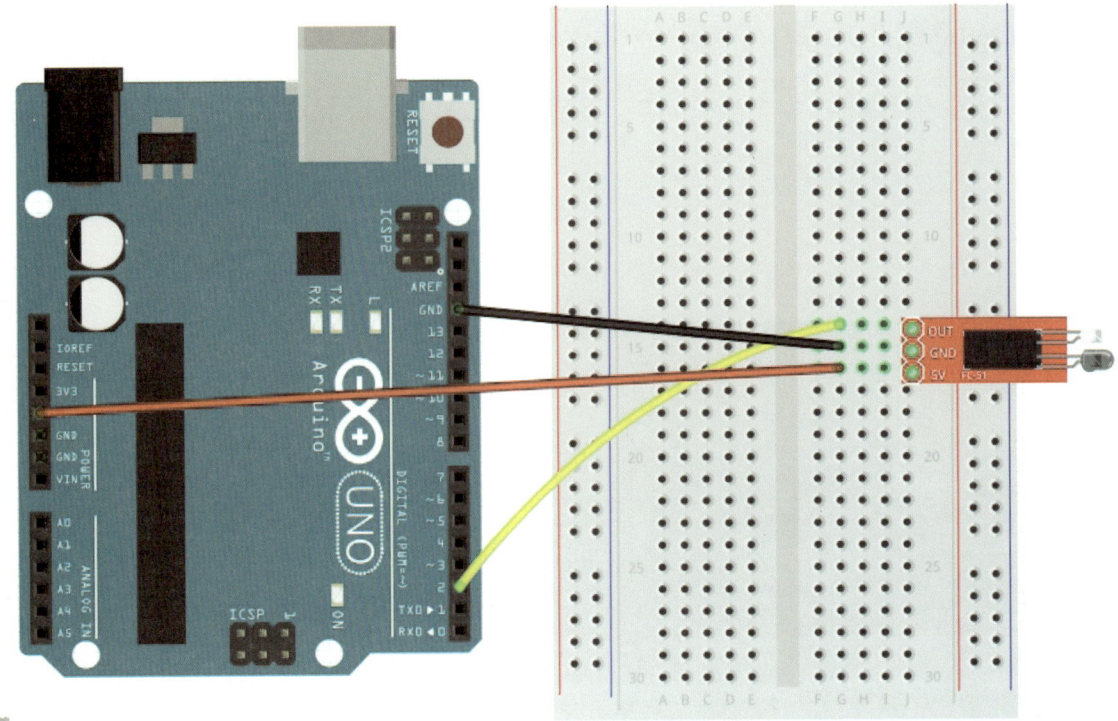

실제모습

❶ 브레드보드에 적외선 센서 꽂기

적외센 센서를 그림과 같이 꽂고 각 핀과 아두이노 보드를 연결합니다.

명칭	연결 위치
적외선 센서 VCC	5V
적외선 센서 GND	GND
적외선 센서 OUT	디지털 출력 2

(2) S4A 코드

❶ 적외선센서 제어하기

아두이노 스프라이트 모양을 '사람' 스프라이트 바꾸어서 사용합니다. 적외선 센서에 장애물이 없을 경우 '사람'모양이 변경되면서 걸어가게 하고 '폭탄숨기기'를 방송하여 걸어가는 동안에는 '폭탄'이 보이지 않도록 합니다. 적외선 센서에 손가락을 가져가면 '폭탄'이 방송되어 숨겨졌던 '폭탄'그림이 나타나고 '사람' 스프라이트가 '폭탄이다.'라고 말을 하도록 합니다.

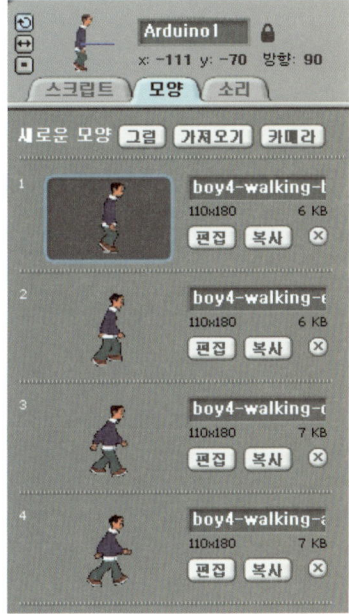
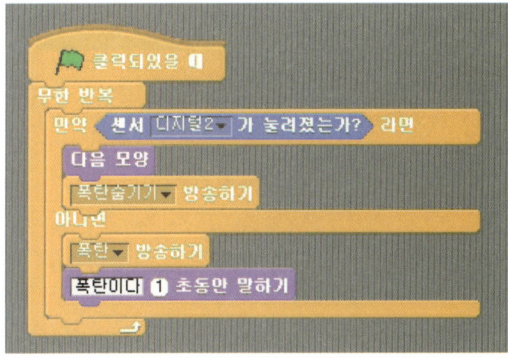
 Aduino 스프라이트

❷ '폭탄' 코딩하기

'폭탄' 메시지방송하기를 받았을 때 '폭탄'이 보인 후 모양을 바꾸어 불꽃이 움직이는 것처럼 보이도록 합니다.

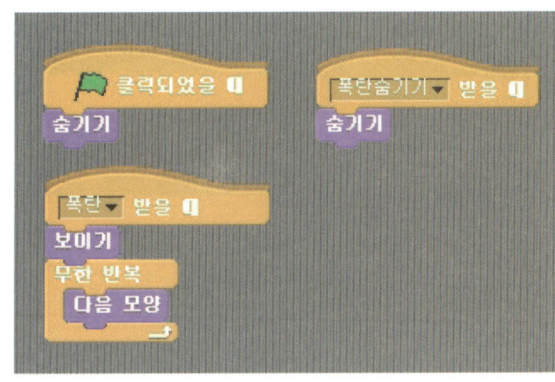
 스프라이트

❸ 무대 코딩하기

'무대'에는 세 가지 배경이 있습니다. 무대 배경이 3초 간격으로 바뀌도록 합니다.

 무대 스프라이트

❹ 확인하기

녹색깃발을 클릭하고 적외선센서에 손가락을 가져갈 때 '폭탄'이 나타나고 '사람'이 멈추는지 확인합니다.

2) 지구를 구하는 우주 원숭이

▶ 실습예제 : 실습-12-03-02 지구를 구하는 우주 원숭이

우주원숭이가 사자와 여우 장애물을 피해 바나나가 있는 곳까지 가야 지구를 구할 수 있습니다. 장애물이 나타났을 경우에는 적외선 센서에 장애물 감지를 하여 우주원숭이를 멈춰야 합니다.

■ 미션

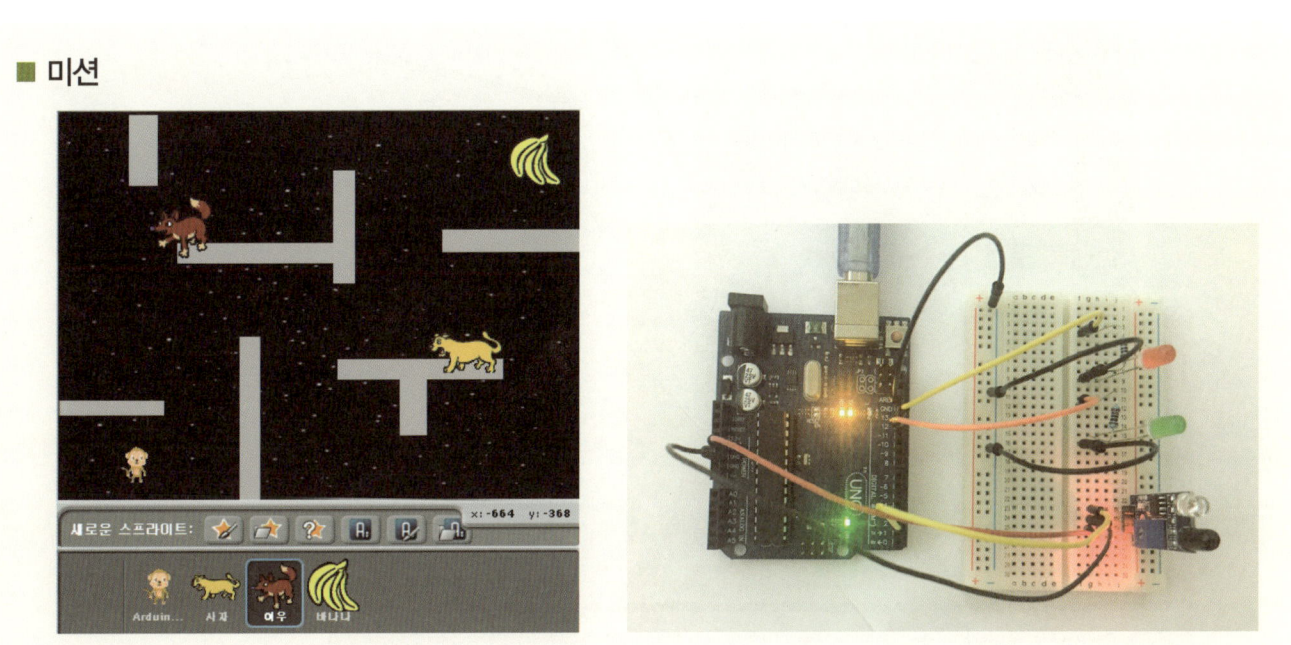

■ 준비물 : 우노보드, 브레드 보드, 적외선 센서(IR 송수신 센서), 점퍼선 8개

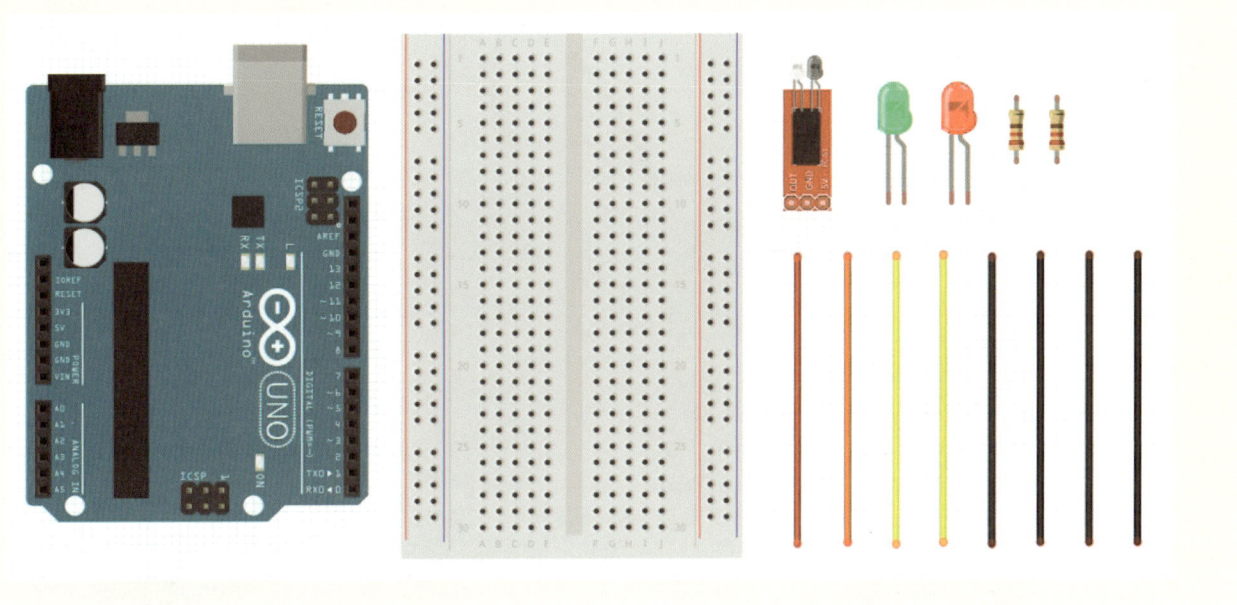

(1) 아두이노 연결

완성모습

실제모습

❶ 적외선센서와 LED 연결하기

명칭	연결 위치
적외선 센서 VCC	5V
적외선 센서 GND	GND
적외선 센서 OUT	디지털 출력 2
초록 LED +극	디지털 12번
초록 LED -극	GND
빨간 LED +극	디지털 13번
빨간 LED -극	GND

(2) S4A 코드

❶ 우주원숭이 코딩하기

적외선센서가 'true' 상태일 경우에는 초록색 LED가 켜지고 '우주원숭이'가 앞으로 나갑니다. 적외선센서에 손가락을 가져가면 장애물로 인식하여 'false' 상태가 되고 빨간색 LED가 켜지고 '우주원숭이'는 중지합니다. '여우'와 '사자'가 회색 벽에 닿으면 '게임끝'이 방송되며 'Game Over'라고 적힌 배경으로 바뀝니다. 바나나에 도착하면 '집으로'가 방송되고 '방' 배경으로 바뀌고 '우주원숭이'도 '사람'으로 바뀝니다. 방향키를 이용하여 '우주원숭이'의 방향을 변경할 수 있습니다. 위 내용을 반영하여 아래와 같이 코딩합니다.

 Aduino 스프라이트

❷ 사자와 여우 코딩하기

'사자'와 '여우'는 좌우로 계속해서 움직입니다. '우주원수이'가 바나나에 도착했을 때 실행되는 '집으로' 방송하기를 받은 후엔 사라지도록 합니다.

 '사자' 스프라이트
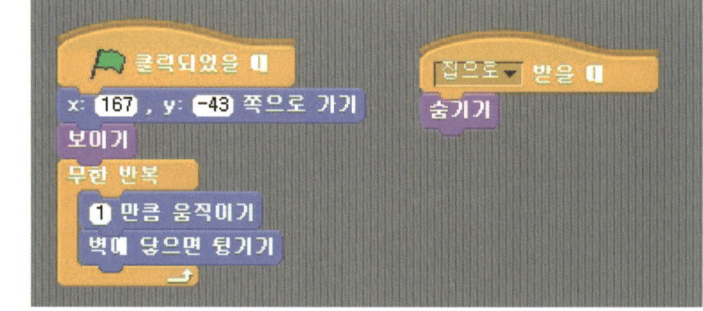

 '여우' 스프라이트
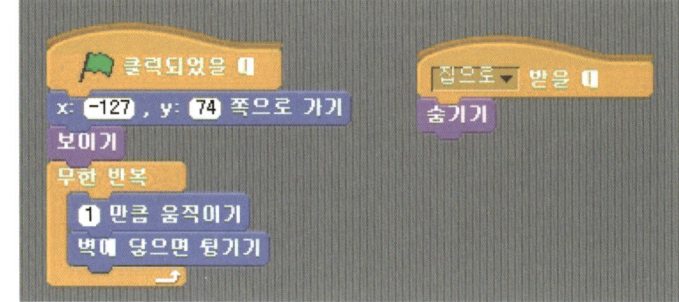

❸ 바나나와 무대 코딩하기

'바나나'는 '집으로'메시지 방송하기를 받은 후 사라지게 하고 '녹색깃발'을 클릭할 때 나타나게 합니다. '무대'는 '집으로' 메시지 방송을 받았을 때 '방' 배경으로 변경되고 '게임끝' 메시지 방송하기를 받았을 때 'Game Over'라고 적힌 '게임끝' 배경으로 변경됩니다. '녹색깃발'을 클릭하면 'stars' 배경으로 바뀌어서 게임을 시작하도록 합니다.

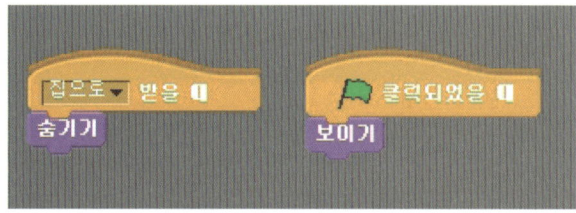

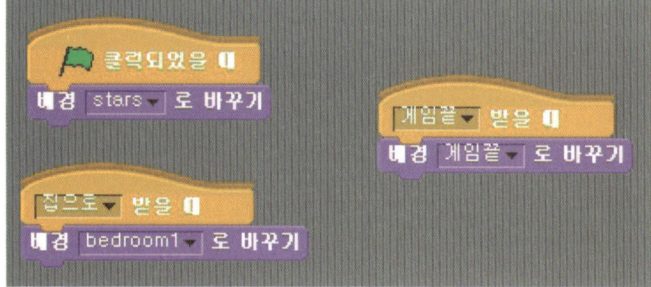

❹ 확인하기

녹색 깃발을 누르고 장애물을 만나면 적외선센서에 손을 가져가서 '우주원숭이'가 멈춰지고 손을 떼면 다시 앞으로 나가면서 게임을 즐겨봅니다. '바나나'에 도착하면 어떤 일이 벌어질지 확인해 봅니다.

4 CT 향상하기

적외선센서를 이용하여 무엇을 만들 수 있을지 생각하고 만들어 봅니다.

컴퓨터적 사고력 향상하기 — 무엇을 만들어 볼까?	
1. 아이디어 생각하기 만들고 싶은 것을 자유롭게 생각하고 적어봅니다.	
2. 주제 정하기 생각한 아이디어를 정리하여 만들 주제(제목)를 적어봅니다.	
3. 아두이노 연결하기 아두이노에 부품을 연결합니다.	
4. 코딩하기 연결한 부품이 잘 동작하도록 코딩합니다. S4A에 스프라이트들도 같이 동작하도록 코딩합니다.	
5. 친구들과 공유하기 내가 만든 작품을 친구들에게 보여줍니다.	

12장 평가문제

1 적외선 센서의 각 핀에 아두이노의 연결부분을 적습니다.

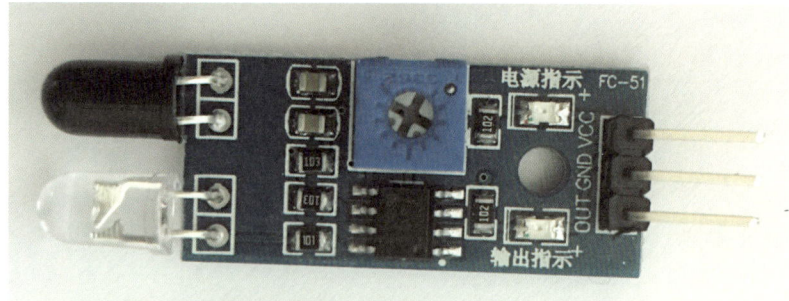

①
②
③
④
⑤
⑥

2 적외선 센서의 감지되는 거리의 범위는?

> 정답

1) ① VCC : 전원을 연결
   ② GND : GND와 연결
   ③ OUT : 디지털 2번핀 또는 3번핀과 연결
   ④ 가변저항 : 적외선 감지거리를 조절
   ⑤ 송신부 : 적외선을 내보냅니다.
   ⑥ 수신부 : 되돌아오는 적외선을 받습니다.

2) 2cm~30cm

형성평가

1 초음파 센서를 이용하여 DC모터를 동작합니다.

초음파 센서로 거리값을 표시하고 거리가 5보다 작을 경우 DC모터가 회전하도록 구현합니다.

2 가속도센서의 기울기에 따라 서보모터가 움직이는 프로젝트를 구현해봅니다.

가속도센서를 브레드보드에 장착한 후
브레드보드를 오른쪽으로 움직일 때 서보모터는 180도 회전합니다.
브레드보드를 왼쪽으로 움직일 때 서보모터는 0도 회전합니다.

3 적외선센서를 이용하여 부저와 서보모터를 동작해봅니다.

진입차단기 원리를 생각한 후 적용해 봅니다.
적외선센서에 물체가 감지되면 서보모터가 90도 방향을 보고 부저는 소리를 냅니다.
적외선센서에 물체가 감지되지 않으면 서보모터는 0도 또는 180도 방향을 바라보고 부저는 소리를 끕니다.

1. 전류, 전압, 저항 알아보기

1) 전류

전류는 전하가 흐르는 속도로, 전자들의 흐름입니다. 그럼 전자와 전하가 무엇인지 살펴보겠습니다.

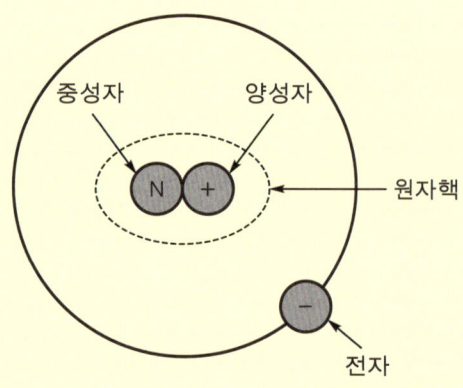

원자의 구성요소를 살펴보겠습니다. 모든 물질은 원자를 가지고 있고 원자는 원자핵을 중심으로 작은 입자들이 모여 있습니다. 이 입자를 '전자'라고 하며 전자는 음의 전하(-극)를 가지고 있고 원자핵은 양의 전하(+극)을 가지고 있습니다.

모든 물질은 원자로 구성되어있는데 이 원자는 원자핵(양성자+중성자)을 중심으로 작은 입자(전자)들이 모여 있습니다. 물질마다 원자핵과 전자의 구조가 다를 수 있지만 기본적으로 비슷합니다. 이 원자핵과 전자는 열, 마찰, 빛등 외부자극으로 본 위치를 이탈하여 이동할 수 있습니다. 이를 '자유전자'라고 합니다.

자유 전자가 많다면 전기가 잘 흐르는 '도체'이고 적으면 전자가 잘 흐르지 않는 '부도체' 물질이라고 합니다. 도체에는 은, 금, 구리, 알루미늄 등이 있고 부도체는 플라스틱 · 고무 · 나무 등이 있다.

전자의 흐름을 '전기'라고 하고 전기의 양을 '전하'라고 하며 전하가 이동하는 것을 '전류'라고 합니다. 전류의 단위는 A(암페어)를 사용합니다. 암페어는 프랑스의 물리학자인 앙페르의 이름에서 유래되었습니다.

▲ 번개는 공기중에 나타나는 전하의 흐름

그럼 전기는 어떻게 생길까요?

음의 전하인 전자가 움직이면서 전기가 발생하게 됩니다.

전자는 전위차로 인해 -극에서 +극으로 이동하지만 그림에서처럼 전류의 방향은 +극에서 -극으로 흐른다고 약속하고 있습니다.

그 이유는 전자가 발견되기 전에 과학자들이 전자의 흐름을 +극에서 -극으로 보고 정의하였기 때문입니다. 정의한 후 전자가 발견되고 전자의 흐름이 전류이며, 전자가 -극에서 +극으로 이동한다는 사실이 밝혀졌지만 예전에 정의한데로 사용하기로 약속하였습니다.

-극의 전하인 '전자'는 흘러 전자부품을 통과하여 +극으로 이동하고 다시 -극으로 오면서 전자부품이 동작하게 됩니다.

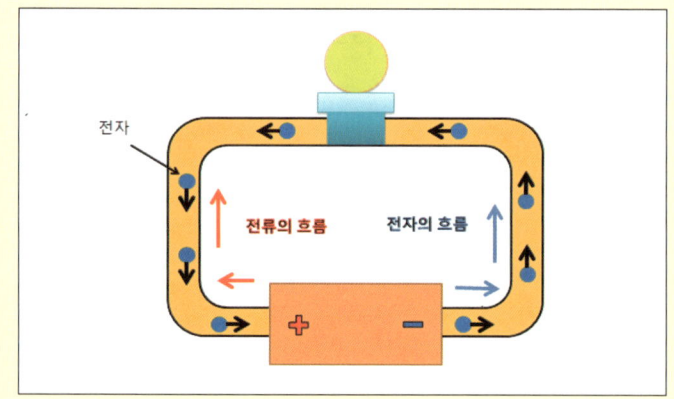

2) 전압

이런 전자를 움직이게 하는 힘은 '**전위차**'로 생기며. 이러한 전위차를 우리는 '**전압**'이라고 합니다.

전압은 사용할 수 있는 에너지를 말합니다. 흔히 구입하는 전지는 그 전지가 사용할 수 있는 에너지가 표시되어 있습니다. 몇 V 건전지라고 들어봤을 겁니다. 여기서 몇 V가 바로 **전압**입니다.

다시 말해 높은 전위(전하가 가지는 전기적 위치)에서 낮은 전위의 차이를 말하는 '전위'차를 '전압'이라고 합니다.

전지에서는 +극이 전위가 높고, -극이 전위가 낮습니다. 전압의 기호는 V(볼트)를 사용합니다.

전압이 높으면 이동하는 **전하(전기의 양)가 많아지고 전류도 강해집니다. 전압이 낮으면** 이동하는 **전하가 적어지고 전류도 약해집니다.** 즉, 1초 동안 얼마만큼 전하가 이동하느냐에 따라 전류의 세기가 정해집니다.

건전지를 처음 살 때 제공되는 전압의 크기를 가지고 있다가 시간이 지나면 전압의 크기가 작아져서 전하도 작아지고 전류도 작아지게 됩니다. 그럼 다시 충전을 하던가 아니면 새로 구입해야 됩니다. '**전압**'은 전기의 **세기**라고 보면 됩니다.

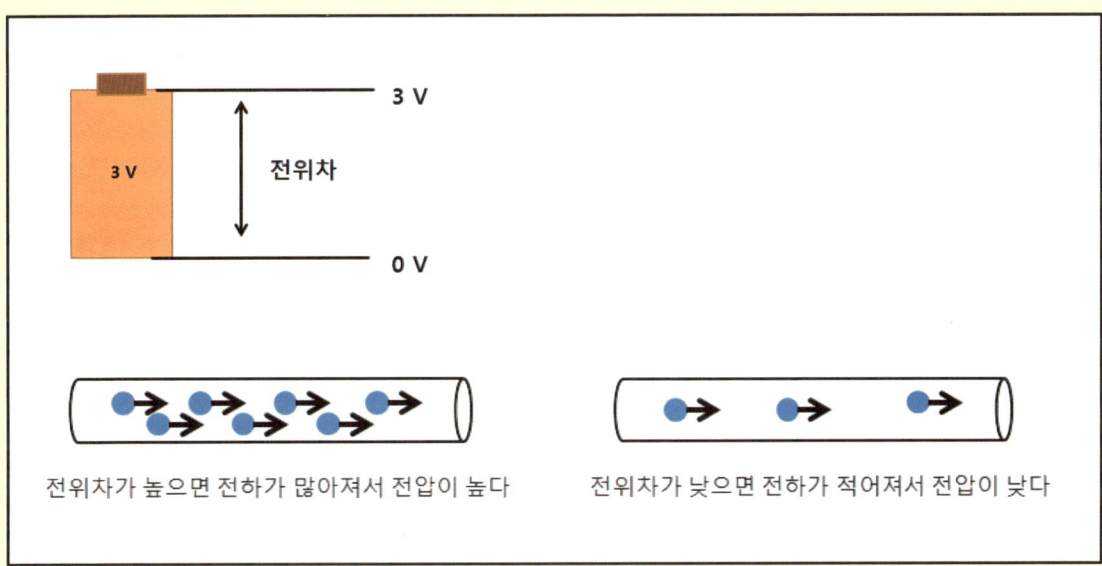

3) 저항

저항은 전류의 흐름을 방해하는 힘을 말합니다.

저항을 연결하면 전류의 흐름이 방해되어 전압이 약해지게 됩니다. 저항의 단위는 Ω(옴)을 사용하며, 독일의 물리학자인 '게오르그 옴'의 이름에서 따왔습니다. 옴은 1826년 베를린에서 전기 실험에 전념한 후 '옴의 법칙'을 발표했습니다.

옴의 법칙이란 전압이 커질수록 전류의 세기는 세지고, 일정한 전압일 때 전기 저항이 클수록 전류가 약해진다는 이론입니다.

1Ω(저항)은 1V(볼트)의 전압으로 1A(암페어)의 전류가 흐를 때 만들어지는 저항값입니다.

▲ 출처 : www.keri.re.kr/

2. 저항을 읽는 방법

저항은 색띠를 가지고 있다. 각 띠는 의미하는 숫자가 있고 이 숫자들이 모여 저항값을 표시합니다. 색띠는 검, 갈, 빨, 주, 노, 초, 파, 보, 회, 백, 금, 은 순으로 표현됩니다. 쉽게 암기하려면 검갈-무지개색(남색빼고)-금은 순으로 암기하면 좋습니다.

컬러(색명)	숫자	승수(0의 개수)	오차
검은색	0	1	+-1%
갈색	1	10	
빨간색	2	100	+-2%
주황색	3	1000	
노란색	4	10000	
초록색	5	100000	
파란색	6	1000000	
보라색	7	10000000	
회색	8	100000000	
백색	9	1000000000	
금색	-	0.1	+-5%
은색	-	0.01	+-10%
무색	-	-	+-20%

저항은 4색띠, 5색띠, 6색띠를 가지고 있습니다. 색띠의 개수마다 색띠가 의미하는 숫자가 조금 다를 수 있습니다. 우리는 가장 많이 사용하는 4색띠와 5색띠의 색값을 읽는 방법을 알아봅니다.

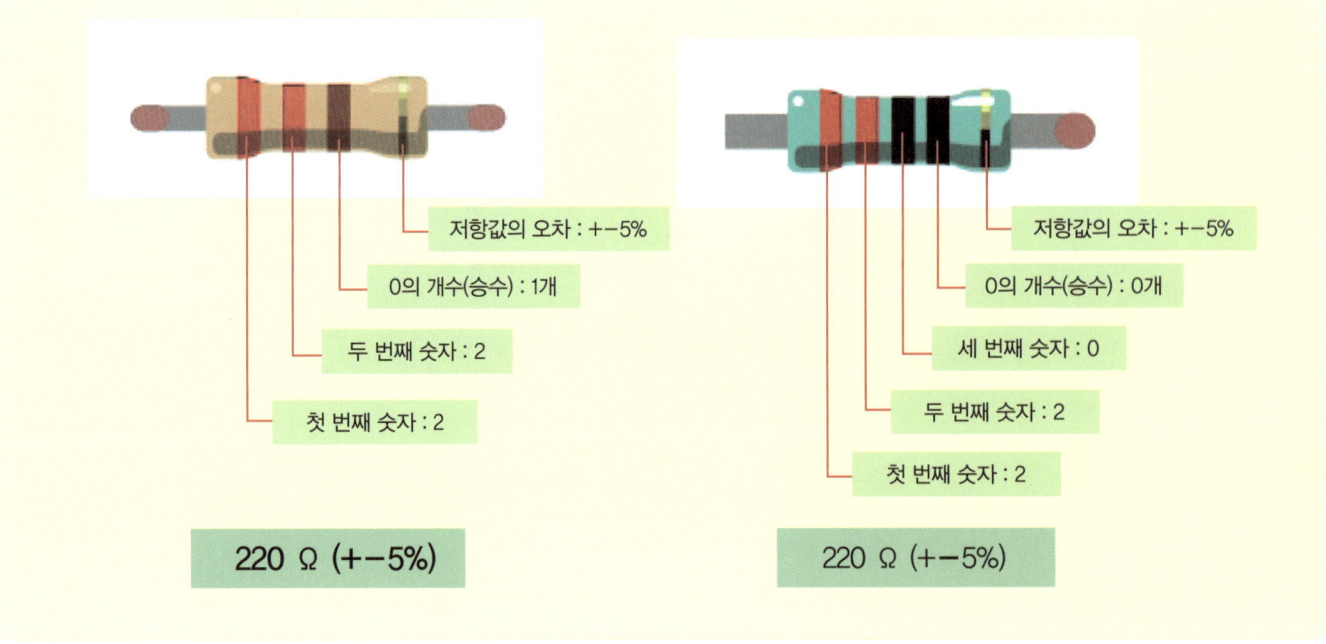

저항(4 Band)	4색띠	저항값	저항(5 Band)
	빨강 – 빨강 – 갈색 – 금색 2 2 1개 +–5% 숫자 숫자 승수 오차	220Ω +–5%오차를 가짐	 빨 빨 검 검 금
	갈색 – 검정 – 검정 – 금색 1 0 0개 +–5% 숫자 숫자 승수 오차	10Ω	 갈 검 검 그 금
	갈색 – 검정 – 갈색 – 금색 1 0 1개 +–5% 숫자 숫자 승수 오차	100Ω	 갈 검 검 검 금

 실력 쏙쏙

3. 저항 계산하기

V=I×R(전압=전류×저항)

- V : 전압, I : 전류(A), R : 저항(옴)
- I＝V/R(전류＝전압/저항)
- R＝V/I(저항＝전압/전류)

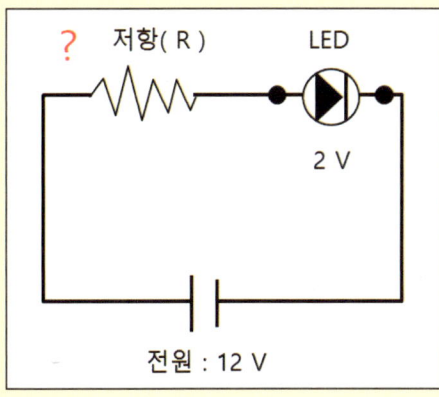

- 전원 : 12V
- LED 동작전압 : 2V
- LED 소모전류 : 10mA(0.01A(암페어), 1mA=0.001A)

LED에 걸리는 전압은 전체 전원 12V에서 LED를 동작하기 위한 전압 2V를 제외한 나머지가 저항의 전압입니다.

저항의 전압은?

12V–2V=10V

저항값은 전압/전류 이므로 저항값은?

R=10V/0.01A=1000Ω＝1KΩ

실력쏙쏙

4. 소리 녹음하기
'소리'에서 '~ 소리내기'블록을 가져와 삽입한 후 '녹음'을 클릭합니다.

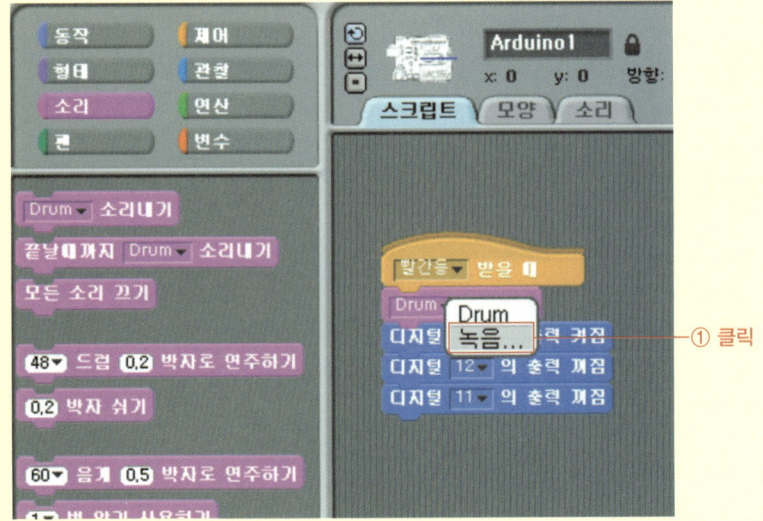

● 버튼을 클릭하여 목소리를 녹음하여 사용할 수 있습니다.

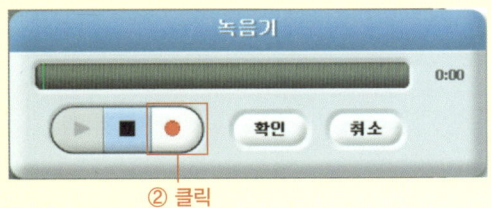

5. 풀 업 방식으로 버튼을 누르면 LED 끄기
풀업 방식은 저항을 전원쪽에 연결하여 전류가 5V쪽으로 흐르기 때문에 스위치를 누르지 않아도 HIGH(1)의 상태가 되어 LED 전구가 켜져 있습니다.

• 아두이노 연결   • S4A 코드

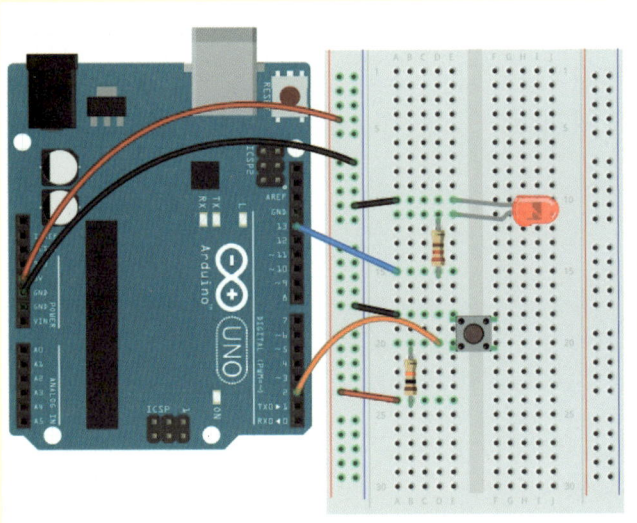

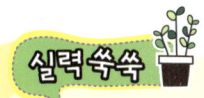

6. 아날로그 입력 핀의 최대 표현 수는 ?

1) 아날로그 입력 핀의 최대 표현 수

아두이노 아날로그 핀에서 읽을 수 있는 값은 1,024(2의 10승)이다. 즉 0~1,023입니다. 아날로그 핀은 총 10bit를 사용하는 0과 1을 나타나는 칸이 10개가 있다. 그래서 2의 10승을 해서 1,024개의 값을 표현할 수 있다. 아날로그 입력 핀과 연결된 조도센서가 표현하는 값은 0~1,023으로 1,024단계입니다. 이 1,024개의 단계를 256단계로 바꾸어야 한다. 이유는 LED 때문이다. LED의 아날로그 출력은 256단계로 표현되기 때문입니다. 아날로그는 입력은 0~1,023까지 받을 수 있지만 아날로그 출력은 0~5V의 값을 0~255까지 출력합니다. 아날로그 입력을 출력에 맞게 표현해 주어야하기 때문에 아날로그 입력이 1,023일 때 255의 출력이 되도록 변환해야 합니다.

아날로그 입력값	0~1,023
아날로그 출력값	0~255
전압	0V~5V

2) 아날로그 입력값에 따라 LED 출력 세기

아날로그 입력은 0~1,023의 단계를 가지고 있고 LED의 출력은 0~255의 단계를 가지고 있습니다. 아날로그 입력 핀이 입력이 가장 높은 1,023일 때 LED의 출력은 가장 높은 255가 됩니다. 여기서는 아날로그 입력핀이 조도센서와 연결되어 있습니다. 조도센서가 빛을 가장 많이 받을 때 표시할 수 있는 아날로그 입력핀의 값이 1,023입니다. 반대로 조도센서가 빛을 가장 적게 받을 때 표시할 수 있는 아날로그 입력핀의 값은 0입니다. 즉 빛을 가장 많이 받은 상태(1,023)일 때는 LED가 꺼져야 하므로 LED의 세기가 0이 되고 빛을 가장 적게 받은 상태(0)일 때는 LED가 켜져야 하므로 LED의 세기가 255가 되도록 하면 될 것입니다. LED의 255단계를 5단계로 나누어 51씩 나누었고 아날로그입력의 1,023단계를 5단계로 나누어 약 204씩 나누었습니다.

단계	아날로그 입력 핀	LED 세기	LED 밝기
1	819~1023	0~51	가장 어두움
2	615~818	52~103	
3	411~614	104~155	
4	207~410	156~207	
5	0~206	207~255	가장 밝음

7. 온도센서값을 섭씨온도로 바꾸기 공식 알아보기

온도센서는 온도의 변화를 전기적인 신호로 바꾸어 주는 역할을 한다고 앞에서 배웠습니다. 온도의 센서의 값을 아날로그 입력 핀은 0~1,023의 범위로 표현합니다. 현재 사용하고 있는 LM35는 1도에 10mV 단위로 값을 출력해내는 센서입니다.

예를 들어

단위	공식	온도계산
1V=1,000mV		1,000mV÷10mV=100°
0.1V=100mV	10mV=(섭씨)1°	100mV÷10mV=10°
0.01V=10mV		10mV÷10mV=1°
0.001V=1mV		1mV÷10mV=0.1°

제공되는 전압은 온도센서를 거치면 실제 온도에 따라 전압이 변화한다. 그 전압을 온도센서는 신호로 바꾸어 아날로그 값으로 표현해 준다. LM35는 +2~+150도까지 측정할 수 있다.

실제 온도에 따라 전압이 변화

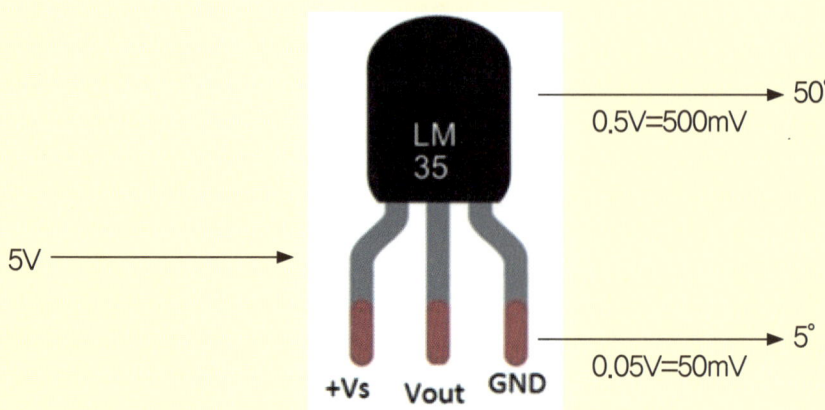

여기서는 실제 온도에 따라 달라지는 전압을 아날로그 값으로 출력됩니다.

즉, 실제 온도에 따라 온도센서가 연결된 A5의 값이 변화합니다. A5의 값에 1도의 아날로그 값을 곱해주면 섭씨온도를 알 수 있습니다.

그럼 먼저 1도의 아날로그 값을 알아야 합니다.

5V 전원이 공급되고 있으므로 5V의 온도를 알아야 합니다.

그다음 5V의 온도를 아날로그 범위가 1,024이므로 1,024로 나누면 1도의 아날로그 값을 알 수 있습니다.

5V=5,000mV

5,000mV/10mV=500°

500°/1,024=0.488....

- 온도센서 출력단위 : 10mV
- 온도센서 전원 : 5V
- 온도센서 아날로그 값 A5의 값 범위 : 0~1,023

섭씨온도 계산식 :

=A5의 값×(온도센서 전원 출력값/10)÷아날로그 범위

=A5의 값×(((5000mV)/10)÷1024))

=A5의 값×(500÷1024)

＊온도센서 전원 출력값 : 5V를 mV로 변환한 값

코드를 바꿔보도록 하겠습니다.

8. 트랜지스터와 다이오드로 DC모터 속도 조절하기

1) 트랜지스터와 다이오드

(1) 트랜지스터

트랜지스터는 전기 에너지를 변환시켜주는 반도체소자로 보통 3개의 단자를 가지고 있습니다. 가운데 있는 핀에 일정 전류 이상이 입력되면 양쪽 핀이 ON되어 전류가 흐를 수 있게 되는 일종의 스위치 역할을 할 수 있는 소자입니다. 여러 종류가 있지만 여기서는 2N2222를 사용합니다.

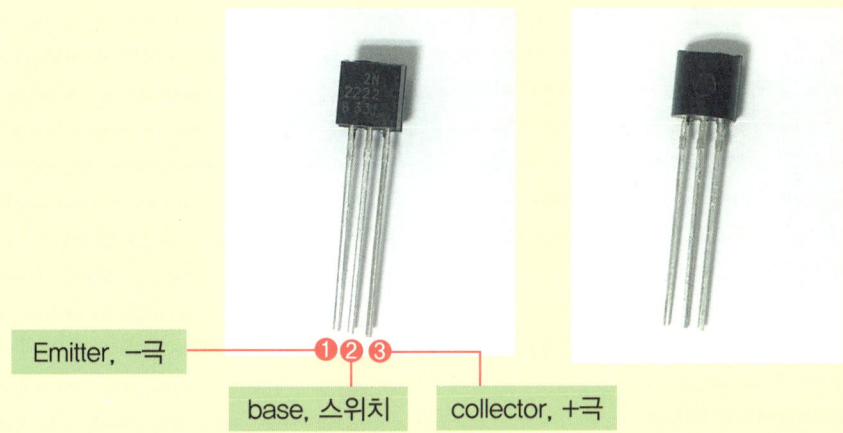

❶ : Emitter라고 하며, 그라운드로 연결합니다.

❷ : base라고 하며, 일정 이상의 전류가 들어오면 1에서 3으로 전류의 흐름이 가능하도록 하는 스위치 역할을 합니다.

❸ : collector라고 하며, DC모터와 직접적으로 연결합니다.

DC모터와 연결된 collector(콜렉터)로 들어온 전류가 base(베이스)의 개방여부에 따라 Emitter(에미터)로 흐를 수 있는지 없는지의 여부가 정해지는 것입니다.

(2) 다이오드

다이오드는 전류를 한쪽방향으로만 흐를 수 있도록 하는 반도체 부품입니다. LED도 다이오드의 한 종류인데, LED는 불빛이 들어온다는 특징을 가진 다이오드입니다. 회색 줄무늬가 있는 쪽이 −극입니다.

2) 아두이노 연결

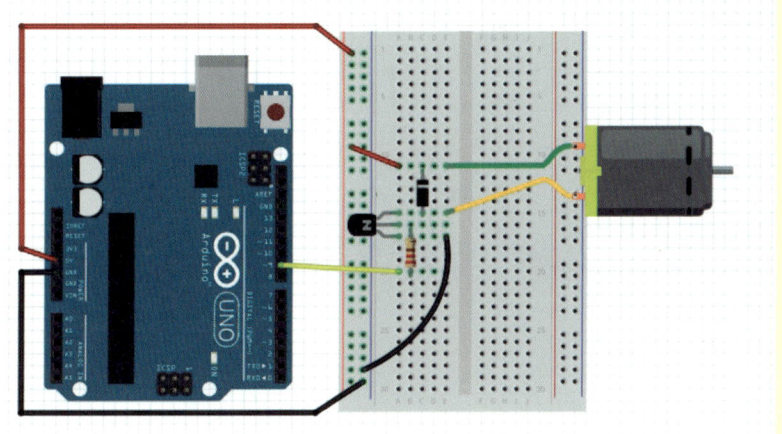

트랜지스터의 **베이스(스위치)에 전류가 공급되지 않아** 트랜지스터가 **스위치 오프 상태일 때** 전원(5V)으로부터 공급된 전압(전류)은 DC모터의 초록 선을 지나서 노란 선으로 나옵니다. 이 때 트랜지스터의 콜렉터 (+)쪽으로 흘러갔지만, **트랜지스터가 개방 되어있지 않다면 다이오드를 타고 흘러 다시 전원 쪽으로 연결이 됩니다.** 이 상태는 **전류가 어디로도 흐르지 못하고(그라운드가 없기 때문에), 고인 물과 같은 상태**가 된 것입니다.

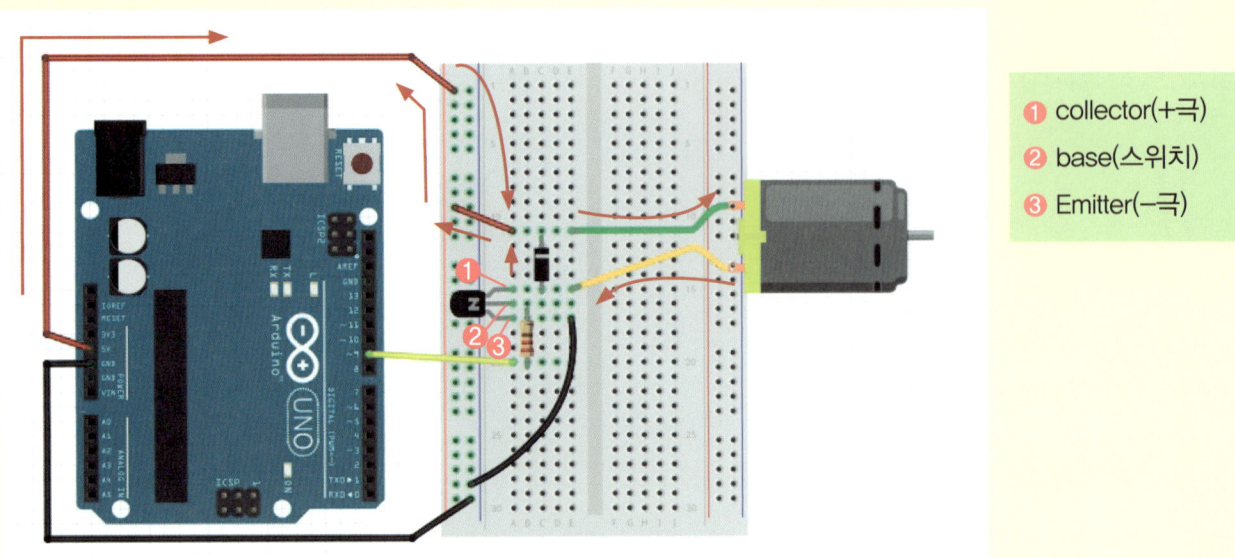

① collector(+극)
② base(스위치)
③ Emitter(-극)

베이스에 전류가 공급되어 트랜지스터가 스위치 온 상태일 때 전원(5V)으로부터 공급된 전압(전류)이 DC모터의 초록 선을 지나서 노란 선으로 나오는 것 까지는 동일합니다. 이 때 **트랜지스터가 개방이 되어 있다면 콜렉터(+) 쪽으로 흘러 들어간 전류는 에미터(-) 쪽에서 흘러 나오게 됩니다. 에미터는 그라운드와 연결되어 있기 때문에, 전류는 그라운드로 흘러 들어가 DC모터는 정상 동작**을 할 수 있게 되는 것입니다. 그라운드가 없으면 (전류가 흐를 수 있는 지점이 없으면) 전기를 사용할 수 없는 원리가 여기에도 적용됩니다. **베이스에 들어가는 전류가 강할수록** 콜렉터(+)에서 에미터(-)로 흐를 수 있는 **전류의 양은 커집니다.** 즉 베이스(스위치)로 들어가는 숫자의 값이 클수록 DC모터는 강하게 돌아갑니다. 베이스(스위치)로 들어가는 숫자는 ~9이므로 아날로그 출력핀입니다. 그래서 0~255값을 출력합니다. **~9번에 255값이 들어가면 DC모터가 강하게 돌아갑니다.**

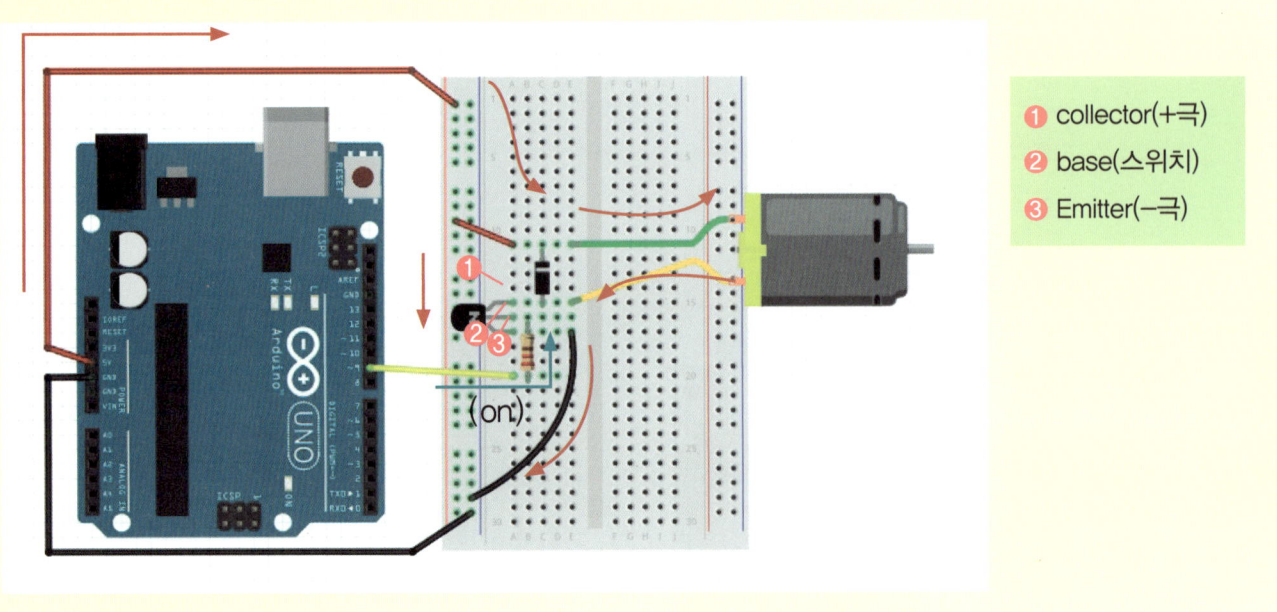

① collector(+극)
② base(스위치)
③ Emitter(-극)

3) S4A코드

(1) DC모터 켜고 끄기

녹색 깃발을 클릭하면 아날로그 9번 값이 255이므로 트랜지스터의 베이스에 255의 값이 들어갑니다. 가장 큰 전류가 흐르므로 DC모터는 강하게 돌아갈 것입니다.

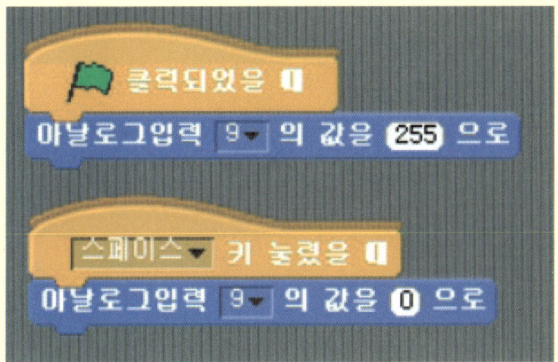

(2) 강중약 슬라이더를 이용하여 DC모터 속도 조절하기

'강중약' 변수를 만들어 아래와 같이 코딩합니다. '강중약'변수상자를 변수슬라이더로 만든 후 값을 조절해 봅니다. 값에 따라 DC모터의 속도가 변경됩니다.

Foreign Copyright:
Joonwon Lee
Address: 10, Simhaksan-ro, Seopae-dong, Paju-si, Kyunggi-do,
　　　　　Korea
Telephone: 82-2-3142-4151
E-mail: jwlee@cyber.co.kr

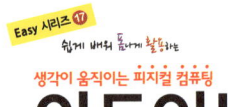
아두이노 코딩
Arduino Coding

2017. 7. 10. 1판 1쇄 발행
2018. 7. 3. 1판 2쇄 발행

> 저자와의
> 협의하에
> 검인생략

지은이 | 장수정
펴낸이 | 이종춘
펴낸곳 | BM 주식회사 성안당

주소 | 04032 서울시 마포구 양화로 127 첨단빌딩 5층(출판기획 R&D 센터)
　　　10881 경기도 파주시 문발로 112 출판문화정보산업단지(제작 및 물류)
전화 | 02) 3142-0036
　　　031) 950-6300
팩스 | 031) 955-0510
등록 | 1973. 2. 1. 제406-2005-000046호
출판사 홈페이지 | www.cyber.co.kr
내용 문의 | crystal0038@daum.net
ISBN | 978-89-315-5396-3 (13000)
정가 | 20,000원

이 책을 만든 사람들
책임 | 최옥현
진행 | 최재석
본문 디자인 | 인투
표지 디자인 | 박원석
홍보 | 박연주
국제부 | 이선민, 조혜란, 김해영
마케팅 | 구본철, 차정욱, 나진호, 이동후, 강호묵
제작 | 김유석

이 책의 어느 부분도 저작권자나 BM 주식회사 성안당 발행인의 승인 문서 없이 일부 또는 전부를 사진 복사나 디스크 복사 및 기타 정보 재생 시스템을 비롯하여 현재 알려지거나 향후 발명될 어떤 전기적, 기계적 또는 다른 수단을 통해 복사하거나 재생하거나 이용할 수 없음.

■ 도서 A/S 안내

성안당에서 발행하는 모든 도서는 저자와 출판사, 그리고 독자가 함께 만들어 나갑니다.
좋은 책을 펴내기 위해 많은 노력을 기울이고 있습니다. 혹시라도 내용상의 오류나 오탈자 등이 발견되면 **"좋은 책은 나라의 보배"**로서 우리 모두가 함께 만들어 간다는 마음으로 연락주시기 바랍니다. 수정 보완하여 더 나은 책이 되도록 최선을 다하겠습니다.
성안당은 늘 독자 여러분들의 소중한 의견을 기다리고 있습니다. 좋은 의견을 보내주시는 분께는 성안당 쇼핑몰의 포인트(3,000포인트)를 적립해 드립니다.
잘못 만들어진 책이나 부록 등이 파손된 경우에는 교환해 드립니다.

교재로 채택하여 강의 중인 컴퓨터학원입니다.

[서울특별시]

한양IT전문학원(서대문구 홍제동 330-54)
유림컴퓨터학원(성동구 성수1가 1동 656-251)
아이콘컴퓨터학원(은평구 갈현동 390-8)
송파컴퓨터회계학원(송파구 송파동 195-6)
강북정보처리학원(은평구 대조동 6-9호)
아이탑컴퓨터학원(구로구 개봉동 65-5)
신영진컴퓨터학원(구로구 신도림동 437-1)
방학컴퓨터학원(도봉구 방학3동 670)
아람컴퓨터학원(동작구 사당동 우성2차 09상가)
국제컴퓨터학원(서대문구 천연동 4)
백상컴퓨터학원(구로구 구로1동 314-1 극동상가 4층)
엔젤컴퓨터학원(도봉구 창2동 581-28)
독립문컴퓨터학원(종로구 무악동 47-4)
문성컴퓨터학원(동작구 대방동 335-16 대방빌딩 2층)
대건정보처리학원(강동구 명일동 347-3)
제6세대컴퓨터학원(송파구 석촌동 252-5)
명문컴퓨터학원(도봉구 쌍문2동 56)
영우컴퓨터학원(도봉구 방학1동 680-8)
바로컴퓨터학원(강북구 수유동 245-4)
뚝섬컴퓨터학원(성동구 성수1가2동)
오성컴퓨터학원(광진구 자양동 553-41)
해인컴퓨터학원(광진구 구의2동 30-15)
푸른솔컴퓨터학원(광진구 자양2동 645-5)
희망컴퓨터학원(광진구 구의동)
경일웹컴퓨터학원(중랑구 신내동 665)
현대정보컴퓨터학원(양천구 신정5동 940-38)
보노컴퓨터학원(관악구 서림동 96-48)
스마트컴퓨터학원(도봉구 창동 9-1)
모드산업디자인학원(노원구 상계동 724)
미주컴퓨터학원(구로구 구로5동 528-7)
미래컴퓨터학원(구로구 개봉2동 403-217)
중앙컴퓨터학원(구로구 구로동 437-1 성보빌딩 3층)
고려아트컴퓨터학원(송파구 거여동 554-3)
노노스창업교육학원(서초구 양재동 16-6)
우신컴퓨터학원(성동구 홍익동 210)
무궁화컴퓨터학원(성동구 행당동 245번지 3층)
영일컴퓨터학원(금천구 시흥1동 838-33호)
셀파컴퓨터회계학원(송파구 송파동 97-43 3층)
지현컴퓨터학원(구로구 구로3동 188-5)

[인천광역시]

이컴IT.회계전문학원(남구 도화2동 87-1)
대성정보처리학원(계양구 효성1동 295-1 3층)
상아컴퓨터학원(계양구 계산동 18-17 교육센터 4층)
명진컴퓨터학원(계양구 계산동 946-10 덕수빌딩 6층)
한나래컴퓨터디자인학원(계양구 임학동 6-1 4층)
효성한맥컴퓨터학원(계양구 효성1동 77-5 신한뉴프라자 4층)
시대컴퓨터학원(남동구 구월동 1225-36 롯데프라자 301-1)
피엘컴퓨터학원(남동구 구월동 1249)
하이미디어아카데미(부평구 부평동 199-24 2층)
부평IT멀티캠퍼스학원(부평구 부평5동 199-24 4, 5층)
돌고래컴퓨터아트학원(부평구 산곡동 281-53 풍성프라자 402, 502호)
미래컴퓨터학원(부평구 산곡1동 180-390)
가인정보처리학원(부평구 삼산동 391-3)
서부연세컴퓨터학원(서구 가좌1동 140-42 2층)
이컴학원(서구 석남1동 513-3 4층)
연희컴퓨터학원(서구 심곡동 303-1 새터빌딩 4층)
검단컴퓨터회계학원(서구 당하동 5블럭 5롯트 대한빌딩 4층)
진성컴퓨터학원(연수구 선학동 407 대영빌딩 6층)
길정보처리회계학원(중구 인현동 27-7 창대빌딩 4층)
대화컴퓨터학원(남구 만수5동 925-11)
new중앙컴퓨터학원(계양구 임학동 6-23번지 3층)

[대전광역시]

학사컴퓨터학원(동구 판암동 203번지 리라빌딩 401호)
대승컴퓨터학원(대덕구 법동 287-2)
열린컴퓨터학원(대덕구 오정동 65-10 2층)
국민컴퓨터학원(동구 가양1동 579-11 2층)
용운컴퓨터학원(동구 용운동 304-1번지 3층)
굿아이컴퓨터학원(서구 가수원동 656-47번지 3층)
경성컴퓨터학원(서구 갈마2동 1408번지 2층)
경남컴퓨터학원(서구 도마동 경남(아)상가 301호)
둔산컴퓨터학원(서구 탄방동 734 3층)
로얄컴퓨터학원(유성구 반석동 639-4번지 웰빙타운 602호)
자운컴퓨터학원(유성구 신성동 138-8번지)
오원컴퓨터학원(중구 대흥동 205-2 4층)
계룡컴퓨터학원(중구 문화동 374-5)
제일정보처리학원(중구 은행동 139-5번지 3층)

[광주광역시]

태봉컴퓨터전산학원(북구 운암동 117-13)
광주서강컴퓨터학원(북구 동림동 1310)
다음정보처리학원(광산구 신창동 1125-3 건도빌딩 4층)
광주중앙컴퓨터학원(북구 문흥동 999-3)
국제정보처리학원(북구 중흥동 279-60)
굿아이컴퓨터학원(북구 용봉동 1425-2)
나라정보처리학원(남구 진월동 438-3 4층)
두암컴퓨터학원(북구 두암동 602-9)
디지털국제컴퓨터학원(동구 서석동 25-7)
매곡컴퓨터학원(북구 매곡동 190-4)
사이버컴퓨터학원(광산구 운남동 387-37)
상일컴퓨터학원(서구 상무1동 147번지 3층)
세종컴퓨터전산학원(남구 봉선동 155-6 5층)
송정중앙컴퓨터학원(광산구 송정2동 793-7 3층)
신한국컴퓨터학원(광산구 월계동 899-10번지)
에디슨컴퓨터학원(동구 계림동 85-169)
엔터컴퓨터학원(광산구 신가동1012번지 우미아파트상가 2층 201호)
염주컴퓨터학원(서구 화정동 1035 2층)
영진정보처리학원(서구 화정2동 신동아아파트 상가 3층 302호)
이지컴퓨터학원(서구 금호동 838번지)
일류정보처리학원(서구 금호동 741-1 시영1차아파트 상가 2층)
조이컴정보처리학원(서구 치평동 1184-2번지 골든타운 304호)
중앙컴퓨터학원(서구 화정2동 834-4번지 3층)
풍암넷피아정보처리학원(서구 풍암 1123 풍암빌딩 6층)
하나정보처리학원(북구 일곡동 830-6)
양산컴퓨터학원(북구 양산동 283-48)
한성컴퓨터학원(광산구 월곡1동 56-2)

[부산광역시]

신흥정보처리학원(사하구 당리동 131번지)
경원전산학원(동래구 사직동 45-37)
동명정보처리학원(남구 용호동 408-1)
메인컴퓨터학원(사하구 괴정4동 1119-3 희망빌딩 7층)
미래컴퓨터학원(사상구 삼락동 418-36)
미래컴퓨터학원(부산진구 가야3동 301-8)
보성정보처리학원(사하구 장림2동 1052번지 삼일빌딩 2층)
영남컴퓨터학원(기장군 기장읍 대라리 97-14)
우성컴퓨터학원(사하구 괴정동 496-5 대원스포츠 2층)
중앙IT컴퓨터학원(북구 만덕2동 282-5번지)
하남컴퓨터학원(사하구 신평동 590-4)
다인컴퓨터학원(사하구 다대1동 933-19)
자유컴퓨터학원(동래구 온천3동 1468-6)
영도컴퓨터전산회계학원(영도구 봉래동3가 24번지 3층)
동아컴퓨터학원(사하구 당리동 303-11 5층)
동원컴퓨터학원(해운대구 재송동)
문현컴퓨터학원(남구 문현동 253-11)
삼성컴퓨터학원(북구 화명동 2316-1)

[대구광역시]

네트CAD그래픽컴퓨터학원(달서구 상인동 725-3 10층)
해인컴퓨터학원(북구 동천동 878-3 2층)
셈틀컴퓨터학원(북구 동천동 896-3 3층)
대구컴퓨터캐드회계학원(북구 국우동 1099-1 5층)
동화컴퓨터학원(수성구 범물동 1275-1)
세방컴퓨터학원(수성구 범어1동 371번지 7동 301호)
네트컴퓨터학원(북구 태전동 409-21번지 3층)
배움컴퓨터학원(북구 복현2동 340-42번지 2층)
윤성컴퓨터학원(북구 복현2동 200-1번지)
명성탑컴퓨터학원(북구 침산2동 295-18번지)
911컴퓨터학원(달서구 달구벌대로 1657 4층)
메가컴퓨터학원(수성구 신매동 267-13 3층)
테라컴퓨터학원(수성구 달구벌대로 3090)

[울산광역시]

엘리트정보처리세무회계(중구 성남동 청송빌딩 2층~6층)

경남컴퓨터학원(남구 신정 2동 명성음악사3,4층)
다운컴퓨터학원(중구 다운동 776-4번지 2층)
대송컴퓨터학원(동구 대송동 174-11번지 방어진농협 대송지소 2층)
명정컴퓨터학원(중구 태화동 명정초등 BUS 정류장 옆)
크린컴퓨터학원(남구 울산병원근처-신정푸르지오 모델하우스 앞)
한국컴퓨터학원(남구 옥동 260-6번지)
한림컴퓨터학원(북구 연암동 375-1 3층)
현대문화컴퓨터학원(북구 양정동 523번지 현대자동차문화회관 3층)
인텔컴퓨터학원(울주군 범서면 굴화리 49-5 1층)
대림컴퓨터학원(남구 신정4동 949-28 2층)
미래정보컴퓨터학원(울산시 남구 울산대학교앞 바보사거리 GS25 5층)
서진컴퓨터학원(울산시 남구 달동 1331-13 2층)
송샘컴퓨터학원(동구 방어동 281-1 우성현대 아파트상가 2, 3층)
에셋컴퓨터학원(북구 천곡동 410-6 아진복합상가 310호)
연세컴퓨터학원(남구 무거동 1536-11번지 4층)
홍천컴퓨터학원(남구 무거동(삼호동)1203-3번지)
IT컴퓨터학원(동구 화정동 855-2번지)
THC정보처리컴퓨터(울산시 남구 무거동 아이컨셉안경원 3, 4층)
TOPCLASS컴퓨터학원(울산시 동구 전하1동 301-17번지 2층)

[경기도]

샘물컴퓨터학원(여주군 여주읍 상리 331-19)
인서울컴퓨터디자인학원(안양시 동안구 관양2동 1488-35 골드빌딩 1201호)
경인디지털컴퓨터학원(부천시 원미구 춘의동 116-8 광덕프라자 3층)
에이팩스컴퓨터학원(부천시 원미구 상동 533-11 부건프라자 602호)
서울컴퓨터학원(부천시 소사구 송내동 523-3)
천재컴퓨터학원(부천시 원미구 심곡동 344-12)
대신IT컴퓨터학원(부천시 소사구 송내2동 433-25)
상아컴퓨터학원(부천시 소사구 괴안동 125-5 인광빌딩 4층)
우리컴퓨터전산회계디자인학원(부천시 원미구 심곡동 87-11)
좋은컴퓨터학원(부천시 소사구 소사본3동 277-38)
대명컴퓨터학원(부천시 원미구 중1동 1170 포도마을 삼보상가 3층)
한국컴퓨터학원(용인시 기흥구 구갈동 383-3)
삼성컴퓨터학원(안양시 만안구 안양1동 674-249 삼양빌딩 4층)
나래컴퓨터학원(안양시 만안구 안양5동 627-35 5층)
고색정보컴퓨터학원(수원시 권선구 고색동 890-169)
셀파컴퓨터회계학원(성남시 중원구 금광2동 4359 3층)
탑에듀컴퓨터학원(수원시 팔달구 팔달로2가 130-3 2층)
새빛컴퓨터학원(부천시 오정구 삼정동 318-10 3층)
부천컴퓨터학원(부천시 원미구 중1동 1141-5 다운타운빌딩 403호)
경원컴퓨터학원(수원시 영통구 매탄4동 성일아파트상가 3층)
하나탑컴퓨터학원(광명시 광명6동 374-10)
정수천컴퓨터학원(가평군 석봉로 139-1)
평택비트컴퓨터학원(평택시 비전동 756-14 2층)

[전라북도]

전주컴퓨터학원(전주시 완산구 삼천동1가 666-6)
세라컴퓨터학원(전주시 덕진구 우아동)
비트컴퓨터학원(전북 남원시 왕정동 45-15)
문화컴퓨터학원(전주시 덕진구 송천동 1가 480번지 비사벌빌딩 6층)
등용문컴퓨터학원(전주시 완산구 풍남1가 15-6번지)
미르컴퓨터학원(전주시 덕진구 인후동1가 857-1 새마을금고 3층)
거성컴퓨터학원(군산시 명산동 14-17 반석신협 3층)
동양컴퓨터학원(군산시 나운동 487-9 SK5층)
문화컴퓨터학원(군산시 문화동 917-9)
하나컴퓨터학원(전주시 완산구 효자동1가 518-59번지 3층)
동양인터넷컴퓨터학원(전주시 완산구 삼천동1가 288-9번 203호)
골든벨컴퓨터학원(전주시 완산구 평화2동 893-1)
명성컴퓨터학원(군산시 나운1동792-4)
다울컴퓨터학원(군산시 나운동 667-7번지)
제일컴퓨터학원(남원시 도통동 583-4번지)
뉴월드컴퓨터학원(익산시 부송동 762-1 번지 1001안경원 3층)
젬컴퓨터학원(군산시 문화동 920-11)
문경컴퓨터학원(정읍시 연지동 32-11)
유일컴퓨터학원(전주시 덕진구 인후동 안골사거리 태평양약국 2층)
빌컴퓨터학원(군산시 나운동 809-1번지 라파빌딩 4층)
김상미컴퓨터학원(군산시 조촌동 903-1 시영아파트상가 2층)
아성컴퓨터학원(익산시 어양동 부영1차아파트 상가동 202호)
민컴퓨터학원(전주시 완산구 서신동 797-2번지 청담빌딩 5층)
제일컴퓨터학원(익산시 어양동 643-4번지 2층)
현대컴퓨터학원(익산시 동산동 1045-3번지 2층)
이지컴퓨터학원(군산시 동흥남동 404-8 1층)
비전컴퓨터학원(익산시 동산동 607-4)
청어람컴퓨터학원(전주시 완산구 평화2가 890-5 5층)
정컴퓨터학원(전주시 완산구 삼천동1가 592-1)
영재컴퓨터학원(전라북도 완주군 삼례읍 삼례리 923-23)
탑스터디컴퓨터학원(군산시 수송동 827-10번지 강남빌딩 2층)

[전라남도]

한성컴퓨터학원(여수시 문수동 82-1번지 3층)

[경상북도]

현대컴퓨터학원(경북 칠곡군 북삼읍 인평리 1078-6번지)
조은컴퓨터학원(경북 구미시 형곡동 197-2번지)
옥동컴퓨터학원(경북 안동시 옥동 765-7)
청어람컴퓨터학원(경북 영주시 영주2동 528-1)
21세기정보처리학원(경북 영주시 휴천2동 463-4 2층)
이지컴퓨터학원(경북 경주시 황성동 472-44)
한국컴퓨터학원(경북 상주시 무양동 246-5)
예일컴퓨터학원(경북 의성군 의성읍 중리리 714-2)
김복남컴퓨터학원(경북 울진군 울진읍 읍내4리 520-4)
유성정보처리학원(경북 예천군 예천읍 노하리 72-6)
제일컴퓨터학원(경북 군위군 군위읍 서부리 32-19)
미림-엠아이티컴퓨터학원(경북 포항시 북구 장성동 1355-4)
가나컴퓨터학원(경북 구미시 옥계동 631-10)
엘리트컴퓨터외국어스쿨학원(경북 경주시 동천동 826-11번지)
송현컴퓨터학원(안동시 송현동 295-1)

[경상남도]

송기웅전산학원(창원시 진해구 석동 654-3번지 세븐코아 6층 602호)
빌게이츠컴퓨터학원(창원시 성산구 안민동 163-5번지 풍전상가 302호)
예일학원(창원시 의창구 봉곡동 144-1 401~2호)
정우컴퓨터전산회계학원(창원시 성산구 중앙동 89-3)
우리컴퓨터학원(창원시 의창구 도계동 353-13 3층)
웰컴퓨터학원(김해시 장유면 대청리 대청프라자 8동 412호)
이지컴스쿨학원(밀양시 내이동 북성로 71 3층)
비사벌컴퓨터학원(창녕군 창녕읍 말흘리 287-1 1층)
늘샘컴퓨터학원(함양군 함양읍 용평리 694-5 신협 3층)
도울컴퓨터학원(김해시 삼계동 1416-4 2층)

[제주도]

하나컴퓨터학원(제주시 이도동)
탐라컴퓨터학원(제주시 연동)
클릭컴퓨터학원(제주시 이도동)

[강원도]

엘리트컴퓨터학원(강릉시 교1동 927-15)
권정미컴퓨터학원(춘천시 후석로 246 4층)
형제컴퓨터학원(속초시 조양동 부영아파트 3동 주상가 305-2호)
강릉컴퓨터교육학원(강릉시 임명로 180 3층 301호)